Gabriele Seeberg/Gudrun Schillack

Nähen mit der Overlock

Spaß am Nähen

Gabriele Seeberg
Gudrun Schillack

Nähen mit der Overlock

Materialien,
Techniken,
Modelle

Ravensburger Ratgeber
im Urania Verlag

Wir danken der Viking Pfaff Vertriebs GmbH und dem Hause Gütermann für die freundliche Unterstützung bei diesem Buchprojekt.

Alle in diesem Buch veröffentlichten Abbildungen und Modelle sind urheberrechtlich geschützt und dürfen nur mit ausdrücklicher schriftlicher Genehmigung des Verlages und der Urheber gewerblich genutzt werden.

Bei der Anwendung im Unterricht und in Kursen ist auf dieses Buch hinzuweisen.

Die im Buch veröffentlichten Ratschläge wurden von den Autorinnen und vom Verlag sorgfältig erarbeitet und geprüft. Eine Garantie kann dennoch nicht übernommen werden, ebenso ist eine Haftung der Autorinnen bzw. des Verlages und seiner Beauftragten für Personen-, Sach- und Vermögensschäden ausgeschlossen.

Die Deutsche Bibliothek –
   CIP-Einheitsaufnahme
Ein Titeldatensatz für diese Publikation ist bei Der Deutschen Bibliothek erhältlich.
ISBN 3-332-01315-7

www.dornier-verlage.de
www.urania-ravensburger.de
1. Auflage März 2002
© 2002 Urania Verlag, Berlin
Der Urania Verlag ist ein Unternehmen der Verlagsgruppe Dornier.
Alle Rechte vorbehalten.
Mitarbeit: Margit Fesser-Wagner, Christiane Kreitner, Christel Popp, Lissy Steinfort, Andrea Weiling
Fotos: Pit Köther, Offenburg; Pfaff; Husqvarna Viking; Gütermann
Umschlaggestaltung:
Behrend & Buchholz, Hamburg
Lektorat: Eva Hauck
Gestaltung und Layout:
Berliner Buchwerkstatt, Britta Dieterle
Gesamtherstellung:
Urania Verlag, Berlin
Printed in Slovakia

Gedruckt auf alterungsbeständigem Papier mit chlorfrei gebleichtem Zellstoff.

Die Schreibweise entspricht den Regeln der neuen Rechtschreibung.

Inhalt

Wofür braucht man eine Overlock? 8
Tipps zum Kauf
    einer Overlock-Maschine 10

Modelle 14
Festliche Tischdekoration in Weiß 16
Wohnen in Harmonie 22
Exklusive Mode für jeden Tag 28
Mode für Kids:
    Ganz im Trend mit Cord & Co. 36
Sportswear, die nicht jeder hat 44
Der Sommerhit: Zweiteiler für
    Wassernixen und Sonnenhungrige ... 48
Zu Hause relaxen: Ein Kimono für
    die schönsten Stunden des Tages 52
Shirt und Shorty, edel aus Seide 56

Stoffe und Garne 60
Stoffe in Hülle und Fülle 61
Die richtigen Nähfäden 64

Overlock von A bis Z 66
Die praktischen Helfer: das Zubehör ... 68
Stichlänge und Schnittbreite 70
Sticharten und ihre Anwendung 72
Die Fadenspannung 74
Säume und Nähte 82

Ziergarne und -nähte 90
Die richtigen Fäden für Zierstepperein . 92
Ziernähte – Highlights für jeden Stoff .. 94
Zierstiche richtig einstellen 98

Tipps und Tricks 100
Eine Ecke sauber verarbeiten 101
Die Schulternaht 101
Eine Innenecke sauber verarbeiten ... 102
Heften 102
So einfach geht das Einfädeln 103
So wechseln Sie die Garnrollen
    bei eingefädelter Maschine 107
Nähte auftrennen 108
So vernähen Sie richtig 110
Die rund geschlossene Naht 112
Sonderzubehör 114
Der Differentialtransport 121
Pflege und Wartung 122

Kleine Pannenhilfe 124
Register 126

Alle Modelle
auf einen Blick

Wofür braucht man eine Overlock?

Außergewöhnlich zarte Stoffe wie Chiffon, Seide oder feine Viskose, aber auch Strickware oder sportive Stretchware, Lycra oder Sweatshirtstoff – für all diese Materialien brauchen Sie die Overlock, einen Spezialisten, der näht, schneidet, versäubert und manchmal sogar säumt und der dafür sorgt, dass Eigenkreationen der Konfektionsware in nichts nachstehen müssen. Overlock-Maschinen sind längst nicht mehr nur der Modeindustrie vorbehalten, sondern werden heute von vielen Näherinnen auch privat gerne genutzt. Die Overlocks für den „Hausgebrauch" haben alle positiven Eigenschaften der Industriemaschinen und sind zudem besonders leicht zu bedienen. Mit der Overlock hergestellte Mode aus Ihrem Atelier wird niemand von gekaufter Ware unterscheiden können!

Overlock-Nähmaschinen sind der Garant für Perfektion, die man sieht: Typisch ist der Doppelnadeleffekt auf der Oberseite des Stoffes und die gelungene Versäuberung auf der Innenseite des Saums. Die Overlock ist die ideale Ergänzung zur Haushaltsnähmaschine. Was diese nicht kann, erledigt die Overlock in Sekundenschnelle: Sie näht Stoffe zusammen, schneidet dabei die Kanten sauber ab und versäubert sie gleichzeitig mehrfädig, sodass absolut nichts mehr ausfransen kann – drei Arbeitsgänge in einem, die so perfekt durchgeführt werden, dass Selbstgenähtes nicht mehr von Konfektionsware zu unterscheiden ist.

Unschöne Wellen und Kräuselungen sind passé. Gleichgültig, welchen Stoff die Maschine verarbeiten und wie viele Stofflagen sie zusammennähen muss – die Overlock erfasst alle Stoffe sicher und versäubert sie perfekt.

Mit den unterschiedlichen Sticharten bekommen Overlock-Nähmaschinen jeden Stoff sicher in den Griff. Sweatshirtstoff lässt sich beispielsweise hervorragend mit der Covernaht verarbeiten, die wir von der Konfektionsware kennen. Bei elastischen Stoffen, die besonders gern für die Freizeitmode verwendet werden, sorgt die Überwendlichnaht dafür, dass die Nähte äußerst strapazierfähig sind und jede Bewegung spielend mitmachen. Feste Materialien bekommt man mit der Sicherheitsnaht in Griff; feine Stoffe erhalten mit dem Rollsaum nicht nur einen sauberen, sondern auch einen sehr dekorativen Kantenabschluss. Der Doppelkettenstich sollte beispielsweise bei der Verarbeitung von dicken Möbel- oder Jeansstoffen eingesetzt werden; auch für Ziernähte ist er geeignet.

Besonders kreative Näherinnen zaubern mit dem umfangreichen Sonderzubehör, wie z.B. dem Blindstich-, Kräusel-, Paspel-, Biesen- oder Perlannähfuß sowie dem Universal-Bandeinfasser, nicht nur die schönsten Modekreationen, sondern auch dekorative Accessoires für zu Hause.

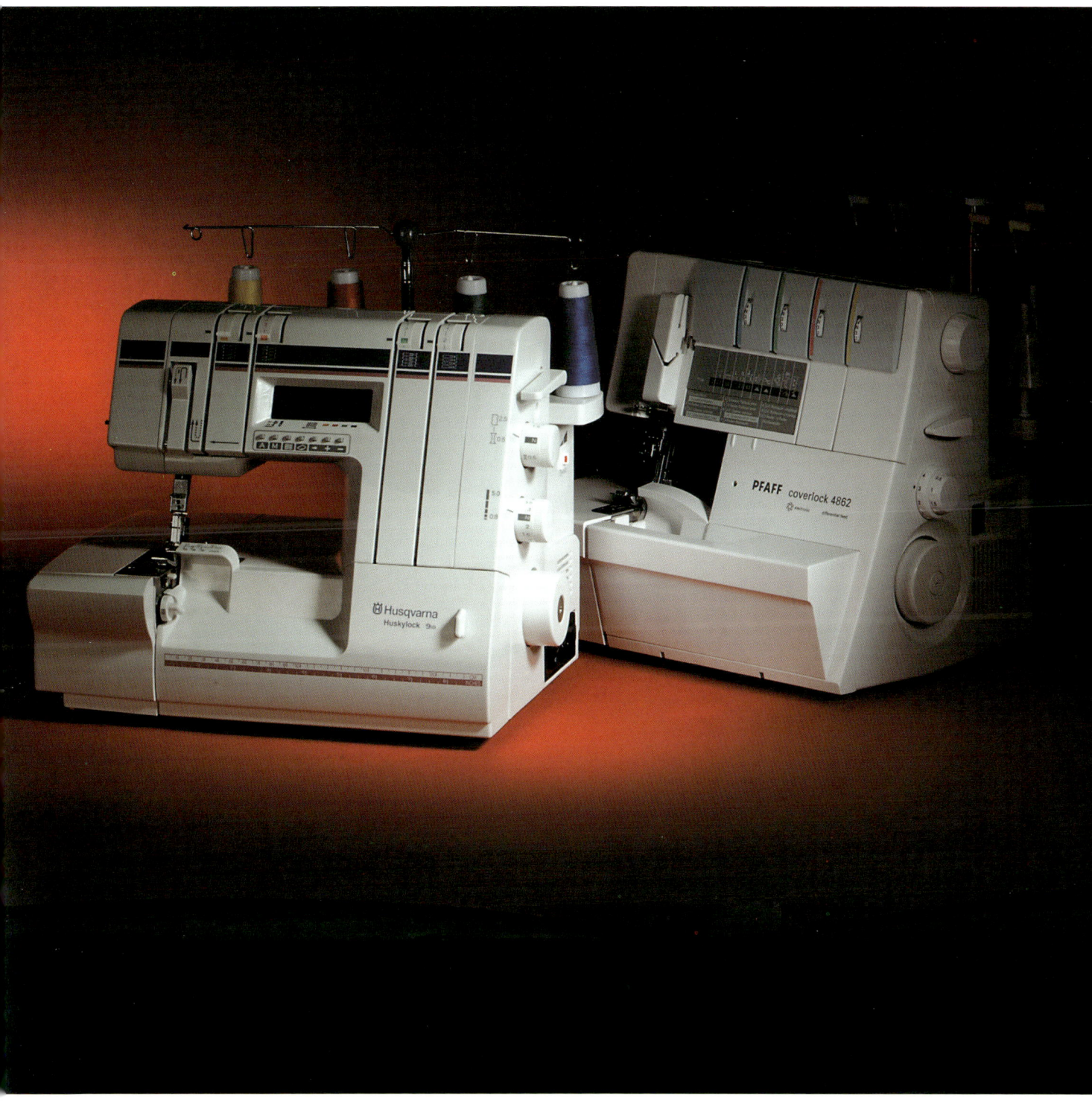

Tipps zum Kauf einer Overlock-Maschine

Sie wollen sich eine neue Overlock-Maschine kaufen? Dann überlegen Sie sich zunächst in aller Ruhe, welche Anforderungen Sie an die Maschine stellen. So können Sie sich im Fachgeschäft ganz gezielt beraten lassen. Fragen Sie sich also, welche Näharbeiten am häufigsten anfallen werden und welche Stoffe Sie am liebsten verarbeiten. Wer zum Beispiel gerne Kleidungsstücke aus weichen, dehnbaren Materialien nähen möchte, sollte in Erwägung ziehen, eine Maschine mit Differentialtransport zu kaufen. Und wer seine Maschine oft und gerne benutzt, entscheidet sich wahrscheinlich für ein anderes Gerät als jemand, der nur gelegentlich näht.

Damit Ihre neue Overlock-Maschine alle Erwartungen erfüllt und Sie Ihre Vorstellungen erfolgreich umsetzen können, sollten Sie die Overlock in jedem Fall bei Ihrem Fachhändler selber testen. Nur so können Sie ein Gefühl dafür entwickeln, wie sich die Maschine handhaben lässt. Bringen Sie Stoffe Ihrer Wahl von zu Hause mit und probieren Sie aus, wie man sie verarbeitet. Ein guter Fachhändler wird Sie gerne ausführlich beraten und auf alle Ihre Fragen eingehen.

Denken Sie daran, dass es auch mit der besten Maschine Probleme geben kann, zum Beispiel wenn Sie mit ausgefallenen, schwierigen Materialien experimentieren möchten. Fragen Sie Ihren Fachhändler deshalb bereits im Vorfeld, ob Sie sich nach dem Kauf einer Overlock mit speziellen Fragen an ihn wenden können bzw. ob man Ihnen mit Nähtipps zur Seite stehen kann. Und klären Sie außerdem bereits beim Kauf, ob im Falle eines Falles ein Reparatur-Service vorhanden ist.

Um eine Maschine besser beurteilen zu können, ist es sinnvoll, wenn Sie bereits über die Funktionsweise von Overlock-Maschinen informiert sind. Damit Ihnen die Overlock-Maschinen schon ein wenig vertraut sind, haben wir auf den folgenden Seiten die wichtigsten Fachbegriffe für Sie zusammengestellt.

So testen Sie Ihre Overlock

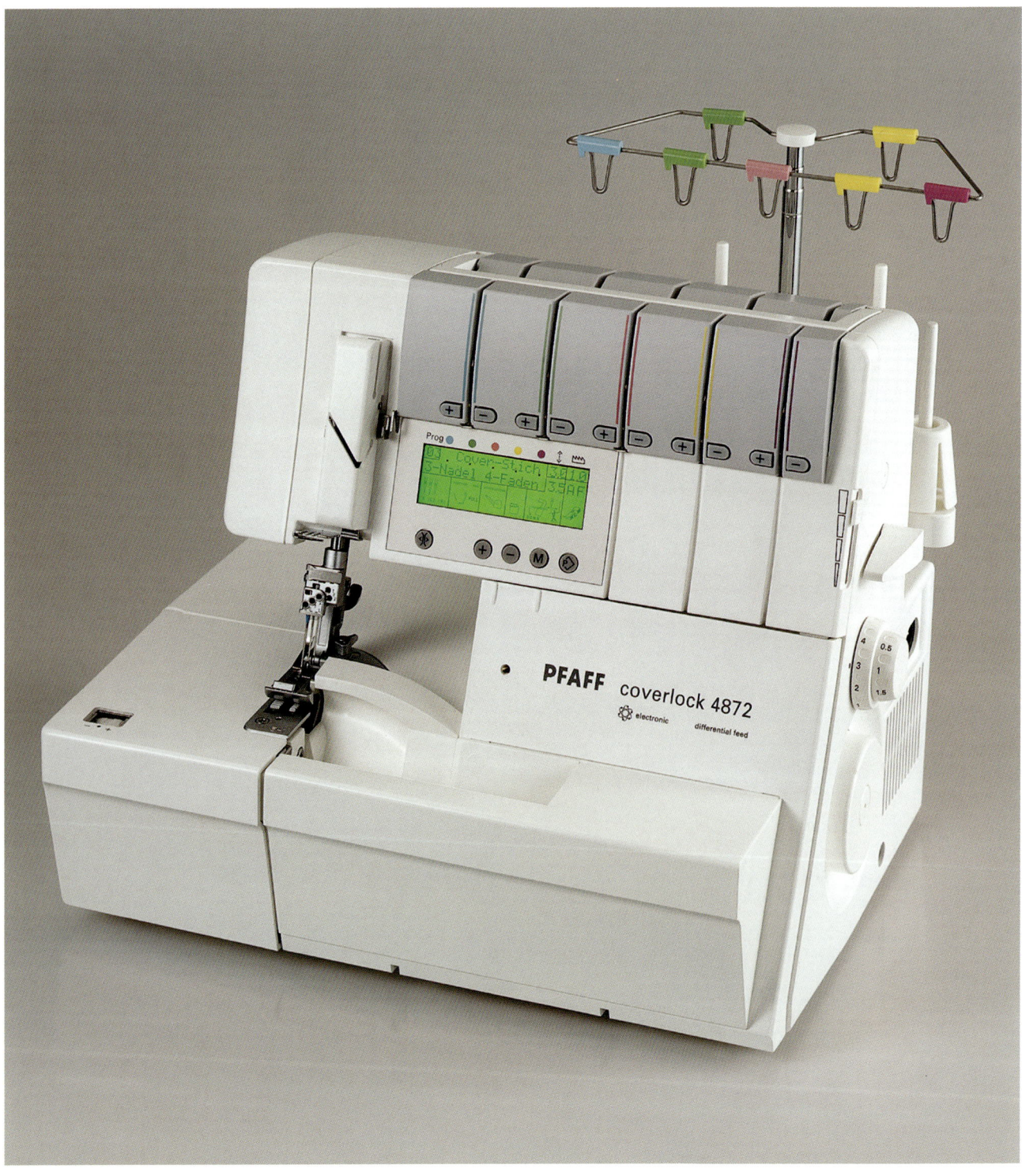

Wenn Sie eine Maschine in die engere Wahl gezogen haben, sollten Sie genau testen, wie sie funktioniert und ob Sie damit zurechtkommen.

- **Wie wird die Maschine eingefädelt?** Lassen Sie es sich vom Verkäufer zeigen und versuchen Sie es dann selbst.

- **Welche Stiche und Nähte gibt es, welche Stichlängen und Schnittbreiten sind möglich?** Lassen Sie sich alle Einstellungen erklären.

- **Wie wird die Fadenspannung richtig eingestellt?** Probieren Sie ruhig aus, wie sich eine veränderte Fadenspannung beim Nähen auswirkt, und lassen Sie sich zeigen, wie Sie die Idealspannung wieder herstellen.

- **Wie werden die verschiedenen Stoffe verarbeitet?** Mit einem feinen Chiffon geht man natürlich anders um als beispielsweise mit einem festen Jeansstoff. Lassen Sie es sich vom Verkäufer zeigen.

- **Bietet die Maschine besondere Möglichkeiten?** Bitten Sie den Verkäufer, Ihnen zu zeigen, wie beispielsweise der Differentialtransport funktioniert.

- **Welches Zubehör gehört zur Maschine?** Mit dem entsprechenden Sonderzubehör lässt sich die Maschine noch effektiver nutzen.

Das ist „typisch Overlock":

Abketteln: Vor und nach einer Naht ins Leere gesteppte Stichkette.

Anfangskette: Stiche, die vor einer Naht und vor Erreichen der Stoffkanten ins Leere gesteppt werden (ca. 5 cm).

Differentialtransport: Zusatzvorrichtung, die ein Ausdehnen oder Zusammenziehen des Stoffes beim Nähen verhindert, die sich aber auch gezielt für Kräuseleffekte einsetzen lässt.

Endkette: Nach einer Naht über die Stoffkanten hinaus ins Leere gesteppte Stiche (ca. 5 cm).

Fadenspannung: Es gibt Maschinen, die eine automatische Einstellung der Fadenspannungen für jedes Stichprogramm bieten.

Fadenspannungsscheiben: Andruckplatten in der Maschine, die den richtigen Druck auf den entsprechenden Faden erzeugen, der für ein ausgewogenes Stichbild wichtig ist. Die Fadenspannungsscheiben lassen sich durch den Fadenspannungswähler einstellen.

Fadenspannungswähler: Mit ihnen kann die Spannung der einzelnen Fäden individuell eingestellt werden.

Flachstich: Ein durch zwei oder drei Fäden gebildeter Spezialstich, der meist für dekorative Effekte eingesetzt wird.

Greifer: Bewegliche Arme, die anstelle der Spule zusammen mit den Nadeln die Stiche bilden.

Kettelfinger: Zinkenartige Vorsprünge an Stichplatte oder Nähfuß. Beim Steppen von Versäuberungsnähten greifen die Fäden gleichzeitig um Finger und Stoffkante.

Kettenstich: Der Stich, der die Hauptnaht bildet und die Stoffkante nicht umschließt.

Messer: Mit ihnen werden die Stoffkanten beschnitten. Jede Overlock-Maschine verfügt über ein fest stehendes und ein bewegliches Messer.

Overlock: Eine Nähmaschine, mit der Nähte in einem Arbeitsgang gesteppt, beschnitten und versäubert werden können.

Overlock-Stich: Ein Stich, bei dem die Fäden an der Schnittkante der Nahtzugabe miteinander verschlungen werden. Mit diesem Stich kann man gleichzeitig Nähte steppen und die Nahtzugaben versäubern.

Rollsaumstich: Ein Saumstich, bei dem während des Steppens automatisch die Schnittkanten umgelegt und gleichzeitig mit Überwendlichstichen eingefasst werden.

Schnittbreite: Abstand zwischen dem Nadelfaden und der beschnittenen Stoffkante, angegeben in Millimetern.

Stichlänge: Abstand zwischen zwei Nadeleinstichen, angegeben in Millimetern.

Überwendlichstich: Ein Stich, der gleichzeitig mit der eigentlichen Naht die Stoffkanten versäubert. Er kann auch nur zum Versäubern eingesetzt werden.

Coverstich: Der Stich, mit dem Sie einen Saum umnähen. Mit ihm lassen sich auch, besonders in Verbindung mit dem Sonderzubehör, fantastische Ziereffekte auf allen Stoffarten erzielen.

Modelle

Festliche Tischdekoration in Weiß

Glänzender Satin und duftiger Organza, edles Weiß und ein bisschen Glitzer – das sind die Zutaten für diese wunderschöne, zeitlose Tischdekoration! Wie Tischdecke, Unterdecke, Servietten und Schleifen genäht werden, zeigen wir Ihnen auf den folgenden Seiten step by step. Lernen Sie dabei den großen Komfort kennen, den die Overlock bietet: Selbst weiche und seidige Stoffe lassen sich schnell und problemlos verarbeiten.

So nähen Sie die Satin-Unterdecke

Größe: Die angegebenen Maße gelten für eine Tischgröße von 100 cm x 100 cm. Die Unterdecke kann natürlich auch für jedes andere Tischmaß genäht werden.

Material: 550 cm Satin in Weiß, 150 cm breit; passendes Nähgarn.

Zuschneiden: 2-mal 132,5 cm x 263 cm. In den Maßen sind 5,5 cm Saum und eine Nahtzugabe von 1 cm ringsum enthalten. Die Schemazeichnung zeigt die Vermaßung der fertigen Unterdecke.

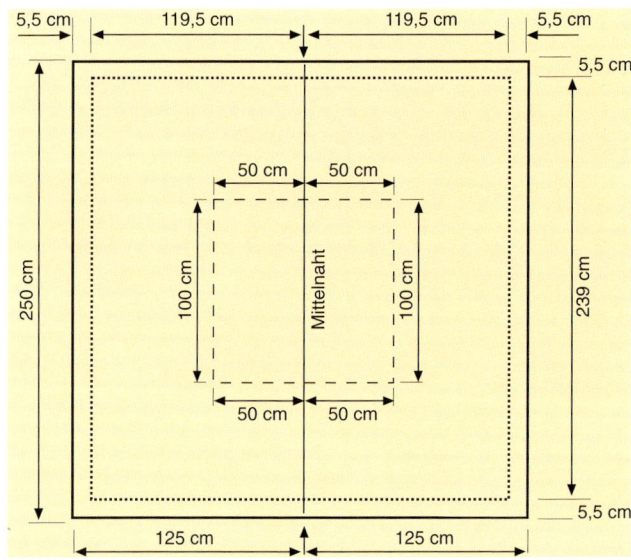

Nähen:
1. Zuerst nähen Sie die Mittelnaht (= Pfeile im Schema). Dazu legen Sie die beiden Teile rechts auf rechts zusammen und wählen den 3-Faden-Überwendlichstich schmal. Nach dem Zusammennähen Nahtzugaben zur Seite bügeln.
2. Anschließend versäubern Sie ebenfalls mit dem 3-Faden-Überwendlichstich schmal ringsum die Außenkanten der Decke.
3. Mit einem wasserlöslichen oder einem selbstlöschenden Textilstift zeichnen Sie auf der linken Stoffseite die Markierungen für die Briefecken ein: zuerst 5,5 cm Schnittbreite über Kreuz einzeichnen, dann dazwischen diagonal die Stepplinie markieren.
4. Nun falten Sie jeweils eine Stoffecke rechts auf rechts zusammen, sodass die eingezeichneten Diagonallinien übereinander liegen. Wählen Sie den Doppelkettenstich und nähen Sie die Briefecke entlang der diagonalen Linie ab.
5. Den überstehenden Stoff schneiden Sie ab Naht auf ca. 1 cm Breite ab. Bügeln Sie die Nahtzugabe auseinander und wenden Sie die abgenähte Ecke. Alle vier Ecken so fertig stellen und die Saumkanten einbügeln.
6. Zum Schluss nähen Sie den Saum ringsum mit dem Doppelkettenstich fest.

So nähen Sie die Satin-Unterdecke

1. Nähen der Mittelnaht mit dem 3-Faden-Überwendlichstich schmal.

2. Versäubern der Kanten mit dem 3-Faden-Überwendlichstich schmal.

3. Einzeichnen der Diagonallinie für das Abnähen der Briefecke.

4. Abnähen der Briefecke mit dem Doppelkettenstich.

5. Abschneiden der Briefeckenzugabe auf 1 cm Breite.

6. Feststeppen des Saumes mit dem Doppelkettenstich.

So nähen Sie die Oberdecke aus Organza

Größe: Die angegebenen Maße gelten für eine Tischgröße von 100 cm x 100 cm. Die Decke kann natürlich auch für jedes andere Tischmaß genäht werden.

Material: 450 cm Organza in Weiß, 150 cm breit; passendes Nähgarn; Metallic-Stickgarn; Lurexbändchen.

Zuschneiden: 2-mal 112 cm x 222 cm. Eine Nahtzugabe von 1 cm ringsum ist in den Maßen enthalten. Die Schemazeichnung zeigt die Vermaßung der fertigen Oberdecke.

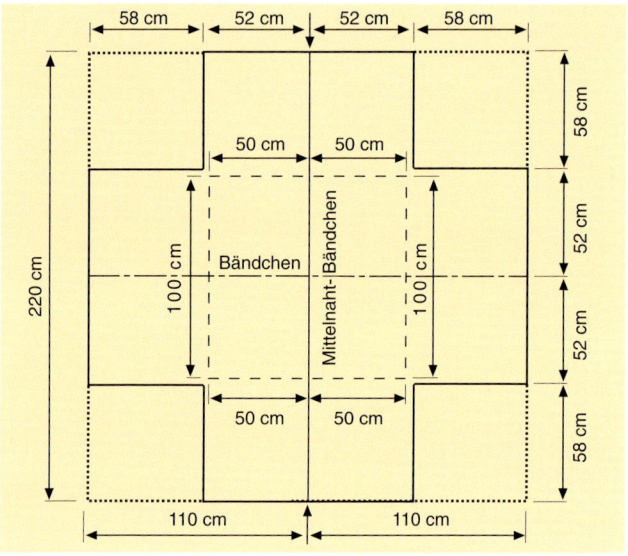

Nähen:
1. Wählen Sie den 2-Faden-Überwendlichstich schmal. Legen Sie die zwei Stoffbahnen der Länge nach übereinander und schließen Sie die Mittelnaht der Decke (= Pfeile in der Schemazeichnung). Die Nahtzugabe bügeln Sie zu einer Seite um.
2. Um das Lurexbändchen aufnähen zu können, verwenden Sie aus dem Sonderzubehör der Pfaff-Overlock-Maschinen den Klarsichtfuß N und die Ziernahtführung N1 (bei anderen Maschinen das entsprechende Zubehör aussuchen). Wählen Sie dann den Coverstich. Das Lurexbändchen wird in die Ziernahtführung eingelegt und mit dem Coverstich über die zur Seite gebügelte Nahtzugabe aufgesteppt. Dadurch wird die Nahtzugabe verdeckt.
3. Nun steppen Sie über Kreuz, genau in der Stoffmitte, ein zweites Bändchen auf.
4. Auf Seite 19 Mitte rechts sehen Sie die Unterseite des Coverstiches. Der Stoff wird durch die sich überkreuzenden Bändchen in vier gleiche Quadrate eingeteilt. Laut Maßangaben in der Schemazeichnung schneiden Sie nun in jeder Ecke ein Quadrat aus.
5. Wählen Sie den 3-Faden-Rollsaum. Für die rosafarbene Einfädelung wird der Metallic-Stickgarnfaden verwendet. Dadurch entsteht ein leichter Glitter-Effekt im Rollsaum. Steppen Sie den Rollsaum bis in die tiefe Ecke des ausgeschnittenen Quadrates, dann ziehen Sie den Stoff so in eine gerade Linie, dass sich der Stoff auf der linken Seite des Nähfüßchens in Wellen legt und Sie über die Eckspitze weiternähen können.
6. Auf Seite 19 unten sehen Sie die fertige innere Ecke mit dem Rollsaum. Versäubern Sie fortlaufend ringsum alle Kanten der Organza-Oberdecke mit Rollsaum.

So nähen Sie die Oberdecke

1. Schließen Sie die Mittelnaht mit dem 2-Faden-Überwendlichstich schmal.

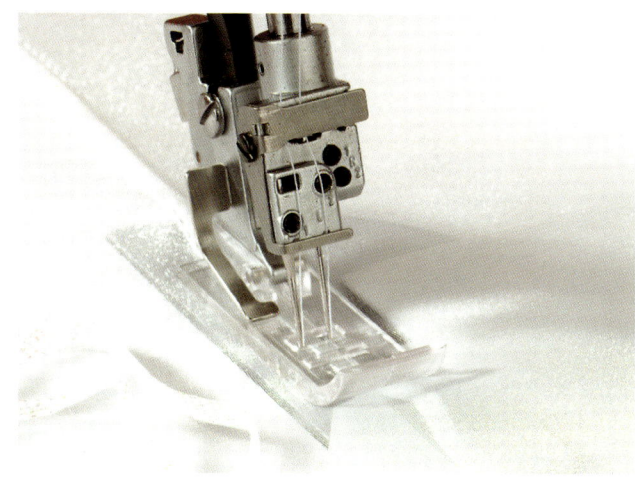

2. Mit dem Coverstich, dem Klarsichtfuß N und der Ziernahtführung N1 steppen Sie die Bändchen auf.

3. In der Mitte der Organza-Oberdecke überkreuzen sich die aufgesteppten Bändchen.

4. So sieht die Unterseite der Coverstich-Nähte aus.

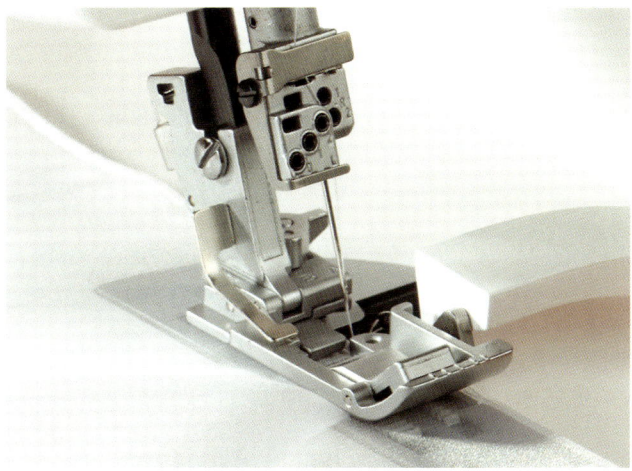

5. Beim Nähen des Rollsaumes ziehen Sie die Ecken in eine gerade Linie.

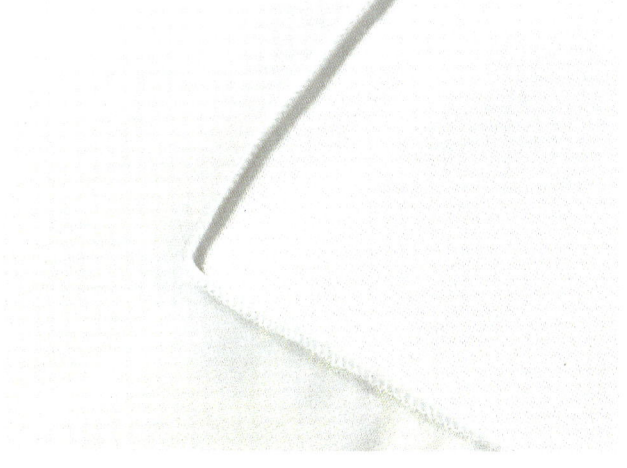

6. So sieht die fertige Rollsaum-Innenecke aus.

So nähen Sie die Servietten und Schleifen

Material: *Für 4 bis 6 Servietten:*
100 cm Satin in Weiß, 150 cm breit; passendes Nähgarn; Lurexbändchen.

Für die Schleifen: Je nach gewünschter Anzahl 30 cm bis 50 cm Organza in Weiß, 150 cm breit; Metallic-Stickgarn; passendes Nähgarn.

Zuschneiden: Pro Serviette 44 cm x 44 cm. Schleifenbänder in beliebigen Breiten, z.B. 5 cm, 4 cm, 3 cm oder 2 cm.

Nähen:
1. Versäubern Sie zuerst die Stoffaußenkanten der Servietten. Wählen Sie dafür den 3-Faden-Überwendlichstich schmal. Dann nähen Sie mit dem Coverstich und mit Hilfe des Klarsichtfußes N und der Ziernahtführung N1 aus dem Sonderzubehör der Pfaff-Overlock-Maschinen das Lurexbändchen auf (wenn Sie keine Pfaff-Maschine verwenden, entsprechendes Zubehör wählen). Lurexbändchen in die Ziernahtführung einlegen und mit 5 cm Abstand zur Außenkante aufnähen. An den Stoffecken laufen die Lurexbändchen über Kreuz.
2. Für die Briefecken zeichnen Sie auf der linken Stoffseite der Servietten mit wasserlöslichem oder selbstlöschendem Textilstift die Nahtzugaben 3 cm ab Stoffaußenkante ein. Dann zeichnen Sie jeweils in die markierte Eckkreuzung die Diagonale ein (siehe auch Satin-Unterdecke auf Seite 17). Falten Sie nun jeweils eine Stoffecke rechts auf rechts zusammen, sodass die eingezeichneten Diagonallinien übereinander liegen. Wählen Sie den Doppelkettenstich und nähen Sie die Briefecke entlang der diagonalen Markierungslinie ab. Den überstehenden Stoff in der Ecke beschneiden Sie auf 1 cm Breite, die Nahtzugabe bügeln Sie auseinander. Auf diese Art und Weise alle 4 Ecken fertig stellen. Dann Ecken wenden, Eckspitzen exakt herausziehen und Stoffkanten bügeln.
3. Mit dem eingestellten Doppelkettenstich nähen Sie die Saumzugaben entlang der inneren Bändchenkante fest.
4. Auf Seite 21 Mitte rechts sehen Sie die Unterseite einer Serviette mit Doppelkettenstichnaht entlang der versäuberten Saumzugabe.
5. Eine dekorative Variation zeigt die Serviette auf Seite 21 links unten: Hier wurde ein zweites Lurexbändchen im Abstand von 1,5 cm zum ersten Bändchen über Kreuz aufgesteppt.
6. Zum Versäubern der Organza-Schleifenbänder wählen Sie den 3-Faden-Rollsaum. Für die rosafarbene Einfädelung verwenden Sie das Metallic-Stickgarn, das einen schönen Glitter-Effekt zaubert. Die Enden der Schleifen können Sie je nach Wunsch gerade oder schräg mit der Schere beschneiden.

> **Tipp:**
> Rollsaumenden eventuell mit etwas Textilkleber fixieren.

So nähen Sie die Servietten und Schleifen

1. Aufnähen der Lurexbändchen auf die Servietten mit dem Coverstich und mit Sonderzubehör Klarsichtfuß N und Ziernahtführung N1.

2. Briefecken mit dem Doppelkettenstich absteppen und bis auf 1 cm Nahtzugabe abschneiden.

3. Eine fertige Serviettenecke mit Glitzerbändchen und Doppelkettenstichnaht.

4. So sieht die fertige Serviettenecke mit Doppelkettenstichnaht von unten aus.

5. Eine dekorative Servietten-Variante mit doppelter Bändchenreihe.

6. Fertige Organza-Bänder mit Rollsaum und mit verschieden beschnittenen Enden.

Wohnen in Harmonie

„Privacy" heißt der neue Trend, bei dem Home-Deko eine wichtige Rolle spielt. Am schönsten wirken selbst gemachte Wohnaccessoires, die in Stoff- und Farbauswahl sensibel auf Möbel und Wohnstil abgestimmt werden – wie beispielsweise die Gardine und die Bettwäsche aus gecrashtem Baumwollstoff, die Sie auf den folgenden Seiten finden.

So nähen Sie die Gardine

Größe: 150 x 210 cm

Material: 210 cm Chiffon, 160 cm breit; 210 cm farblich passender Blümchenstoff, 90 cm breit; 125 cm Schrägband; 450 cm Satinband, 3 mm breit; 155 cm Faltenband; 4 Rollen passendes Overlockgarn, z.B. von Gütermann.

Zuschneiden: Chiffonstoff: 150 x 210 cm. Aus dem Blümchenstoff 3 Streifen à 24 x 203 cm zuschneiden.

Nähen:
1. An Ihrer Overlock den 3-Faden-Überwendlichstich schmal wählen. Die beiden Längskanten der Chiffongardine versäubern, dabei das schmale Satinband als Zierkante mitlaufen lassen.
2. Den 3-Faden-Rollsaum wählen und den Saum der Chiffongardine nähen.
3. Nun die Chiffongardine für das Faltenband an der oberen Kante 2-mal 5 cm einschlagen und umschlagen, danach bügeln.
4. Den Doppelkettenstich wählen und das Obermesser ausschalten.
5. Auf den Einschlag (linke Gardinenseite) das Faltenband legen und entlang beider Bandkanten aufnähen.
6. Die drei Stoffstreifen jeweils an einer Schmalkante als Saum 1 cm nach links umbügeln. Danach die Stoffstreifen jeweils der Länge nach zur Hälfte umbügeln, linke Stoffseite liegt innen.
7. Nun die doppelt liegenden, langen Seiten mit Schrägband einfassen und mit dem eingestellten Doppelkettenstich zusammennähen.
8. Die fertigen Dekostreifen an der offenen Schmalkante jeweils 2 cm einschlagen. In gleichen Abständen von der rechten Gardinenseite aus auf das Faltenband auflegen und mit dem Doppelkettenstich in derselben Naht aufnähen.

So nähen Sie die Gardine

1. Mit Sonderzubehör, z.B. Biesenfuß mit Biesenführung K2 (Pfaff) oder Kordel- und Paspelfuß (Husqvarna Viking), schmales Satinband (3 mm) aufnähen und somit als Zierkante mitlaufen lassen.

2. Den Saum mit 3-Faden-Rollsaum nähen. Das wirkt plastischer und die Gardine fällt schöner.

3. Lamellen mit Schrägband einfassen. Mit Schrägbandführung (Sonderzubehör) und dem Kettenstich nähen.

4. Die fertig versäuberten Streifen am offenen Ende 2 cm einschlagen. Im gleichen Abstand von der rechten Gardinenseite aus auf das Faltenband auflegen und mit dem Doppelkettenstich in derselben Naht aufnähen.

So nähen Sie das Kissen

Größe: 80 x 80 cm

Material: 160 cm Blümchenstoff, 140 cm breit; 22 cm Unistoff, 140 cm breit; 4 Rollen passendes Overlockgarn, z.B. von Gütermann.

Zuschneiden: *Vorderseite:* Blümchenstoff, 82 x 66 cm; Unistoff, 82 x 22 cm.
Rückseite: Blümchenstoff, 82 x 94 cm.

Nähen:
1. An Ihrer Overlock den 4-Faden-Überwendlichstich wählen.
2. Uni- und Blümchenstoff für die Vorderseite über die Breite von 82 cm rechts auf rechts zusammennähen. Naht bügeln.
3. Rückenteil und Vorderteil an der oberen Kante rechts auf rechts aufeinander legen und zusammennähen. Naht bügeln.
4. Entlang der Naht des Rückenteils eine 1,5 cm breite Paspel umbügeln.
5. Den Doppelkettenstich wählen, das Obermesser ausschalten.
6. Mit dem Doppelkettenstich die Paspel entlang der Naht absteppen. Nun die Schmalseiten von Vorder- und Rückenteil jeweils 2 cm auf die linke Stoffseite ein- und umschlagen, bügeln und mit dem Doppelkettenstich absteppen.
7. Den 4-Faden-Überwendlichstich einstellen und das Obermesser einschalten.
8. Das Kissen auf die fertige Größe zusammenlegen, die rechte Stoffseite liegt dabei innen. Den Übertritt des Rückenteils nach oben umlegen. So liegt er später, wenn Sie das Kissen nach rechts wenden, innen. Beide Seiten des Kissens mit dem 4-Faden-Überwendlichstich zusammennähen.

So nähen Sie den Bettbezug

Größe: 135 x 200 cm

Material: 390 cm Blümchenstoff, 140 cm breit; 32 cm Unistoff, 140 cm breit; 4 Rollen passendes Overlockgarn, z.B. von Gütermann.

Zuschneiden: *Vorderseite:* Blümchenstoff, 137 x 172 cm; Unistoff, 137 x 32 cm.
Rückseite: Blümchenstoff, 137 x 218 cm.

Nähen:
1. An Ihrer Overlock die 5-Faden-Sicherheitsnaht wählen.
2. Uni- und Blümchenstoff über die Breite von 137 cm rechts auf rechts zusammennähen. Naht bügeln.
3. Rücken- und Vorderteil an der oberen Kante rechts auf rechts zusammennähen.
4. Den Doppelkettenstich wählen und das Obermesser ausschalten.
5. Entlang der oberen Kante des Rückenteils eine 1,5 cm breite Paspel umbügeln und entlang der Naht mit dem Doppelkettenstich absteppen.
6. Nun die Schmalseiten von Vorder- und Rückenteil jeweils 2 cm auf die linke Stoffseite ein- und umschlagen, bügeln und mit dem Doppelkettenstich absteppen.
7. Den 4-Faden-Überwendlichstich einstellen.
8. Den Bettbezug auf die fertige Größe zusammenlegen, die rechte Stoffseite liegt dabei innen. Den Übertritt des Rückenteils nach oben umlegen. So liegt er später, wenn Sie den Bettbezug nach rechts wenden, innen. Beide Längsseiten des Bettbezugs mit dem 4-Faden-Überwendlichstich zusammennähen.

So nähen Sie die Bettwäsche

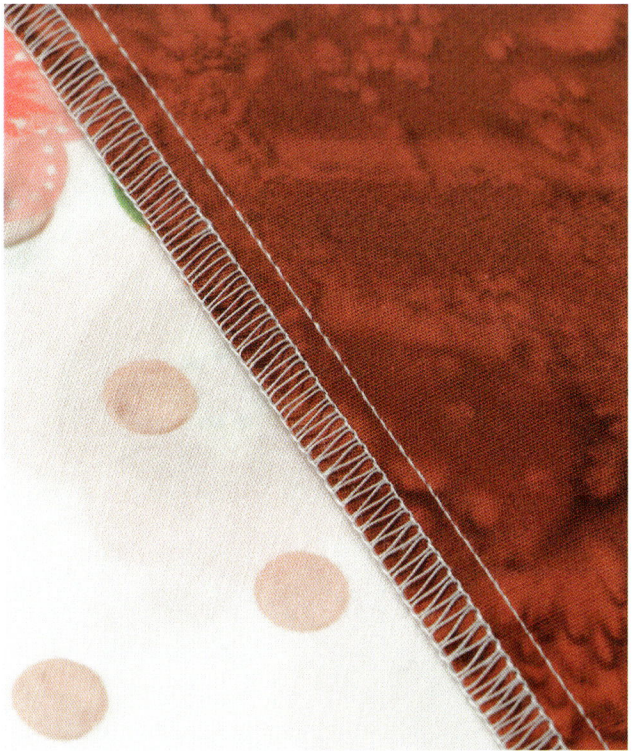

1. Uni- und bunten Stoff (hier Blümchenstoff) rechts auf rechts mit der 5-Faden-Sicherheitsnaht zusammennähen.

2. Mit dem Doppelkettenstich die Paspel entlang der Naht absteppen.

3. Die Schmalseiten von Vorder- und Rückenteil jeweils 2 cm auf die linke Stoffseite einschlagen und umschlagen. Bügeln und mit dem Doppelkettenstich absteppen.

Exklusive Mode für jeden Tag

Die „Zutaten" sind alltäglich, das Ergebnis ist außergewöhnlich: Aus pflegeleichten T-Shirt-Stoffen, die professionell mit der Overlock verarbeitet und fantasievoll bestickt werden, entsteht Ihr Lieblingsoutfit für jeden Tag. Besondere Eleganz erhält der Rock (siehe Seite 30) durch den Wellensaum mit eingenähtem Perlgarn (von Gütermann). Das Muster für die Stickerei des T-Shirts wurde am PC entworfen und mit der Stickmaschine aufgestickt. Wer keine Stickmaschine besitzt, kann die Verzierungen in Freihandstickerei aufbringen.

So nähen Sie das T-Shirt

Größe: Kleidergröße 38

Material: 95 cm Jersey, 140 cm breit; 3 Rollen passendes Overlockgarn, z.B. von Gütermann.

Zuschneiden: Körpermaße mit dem Schnitt (Fertigschnitt von Burda) vergleichen und gegebenenfalls auf den Schnittteilen abändern, danach ausschneiden. Stoff im Bruch auslegen, rechte Stoffseite liegt innen. Schnittteile sparsam in einer Richtung auflegen, dabei 1 cm Nahtzugabe und 3 cm Saumzugabe zugeben und ausschneiden.

Nähen:
1. Nähen Sie eine Probenaht, um die Einstellung des Differentialtransports sowie der Fadenspannung zu überprüfen. Ändern Sie diese gegebenenfalls, damit Sie eine korrekte Naht erhalten. Stellen Sie die 4-Faden-Überwendlichnaht ein.
2. Vorder- und Rückenteil rechts auf rechts an einer Schulternaht aufeinander legen und zusammennähen.
3. Halsausschnittblende der Länge nach zur Hälfte umbügeln, linke Stoffseite liegt dabei innen. An den Halsausschnitt mit Stecknadeln leicht gedehnt feststecken und zusammennähen. Die Nahtzugabe nach innen umbügeln. Danach die zweite Schulternaht und die Blende zusammennähen.
4. Ärmel im Armausschnitt mit Stecknadeln feststecken – dabei die Markierungen auf dem Schnitt beachten – und einnähen.
5. Seiten- und Ärmelnähte durchgehend von der Saumkante zur Ärmelkante hin zusammennähen.
6. Shirtsaum und Ärmelsaum 3 cm nach links umbügeln.
7. An Ihrer Overlock den Coverstich einstellen und von der rechten Stoffseite aus den Saum absteppen.

So nähen Sie den Rock

Größe: Kleidergröße 38

Material: 75 cm bedruckter Jersey, 140 cm breit, 75 cm passender Futterstoff, 140 cm breit; passendes Perlgarn; 2 Rollen Stickgarn; 4 Rollen passendes Overlockgarn, z.B. von Gütermann; 20 cm Vlieseline H 200, z.B. von Freudenberg; Reißverschluss, 20 cm lang.

Zuschneiden: Körpermaße mit dem Schnitt (Fertigschnitt von Burda) vergleichen und gegebenenfalls auf den Schnittteilen abändern, danach ausschneiden. Stoff im Bruch auslegen, rechte Stoffseite liegt innen. Schnittteile sparsam in einer Richtung auflegen, dabei 1 cm Nahtzugabe zugeben. Den Rocksaum ohne Nahtzugaben, den Futtersaum mit 2 cm Nahtzugabe zuschneiden, an der Seitennaht mit Reißverschluss 2 cm zugeben.

Nähen:
1. Nähen Sie eine Probenaht, um die Einstellung des Differentialtransports sowie der Fadenspannung zu überprüfen. Ändern Sie diese gegebenenfalls, damit Sie eine korrekte Naht erhalten. Stellen Sie die 4-Faden-Überwendlichnaht ein, eventuell die Stichlänge kleiner stellen.
2. Abnäher an Rock und Futterrock steppen. Dafür die Abnäher mit Stecknadeln abstecken und absteppen.
3. Stichlänge an Ihrer Overlock wieder vergrößern.
4. Seitennähte schließen. Die hintere Rocknaht mit dem Kettenstich der Overlock oder mit der Nähmaschine nähen.
5. Den Reißverschluss mit dem Kettenstich der Overlock oder mit der Nähmaschine einnähen.
6. Nun den Rollsaum nähen. Hierfür an Ihrer Overlock den 3-Faden-Rollsaum wählen und den Differentialtransport auf 0,5 stellen. Fädeln Sie in den Ober- und Untergreifer das Stickgarn ein.
7. Für den modischen Welleneffekt das Perlgarn durch die Führungsöse des Standardnähfußes (Pfaff Coverlocks) einfädeln und in den Rollsaum mit einnähen, dabei den Stoff zusätzlich noch dehnen. Wenn der Nähfuß Ihrer Overlock nicht über eine Führungsöse verfügt, fädeln Sie das Perlgarn über den Nähfuß in die Naht ein, sodass der Rollsaum das Perlgarn übernäht.
8. An Ihrer Overlock den 4-Faden-Überwendlichstich einstellen und den Differentialtransport wieder verändern, Perlgarn ausfädeln.
9. Taillenbelege an das jeweilige Futterrockteil nähen.
10. Seitennähte schließen, für den Reißverschluss einen Schlitz lassen.
11. Futterrock an den Rock nähen. Dafür an Ihrer Overlock wieder den 4-Faden-Überwendlichstich einstellen.
12. Rock und Futterrock – rechts auf rechts an der Taille zusammengesteckt, ebenso Futterschlitz exakt an den Reißverschluss gesteckt – zusammennähen. Futter nach innen wenden.
13. An Ihrer Overlock den Kettenstich einstellen.
14. Entlang der Taillennaht schmalkantig absteppen.
15. Den Futtersaum 1 cm auf die linke Stoffseite ein- und umschlagen und ebenfalls absteppen.

So nähen Sie das T-Shirt

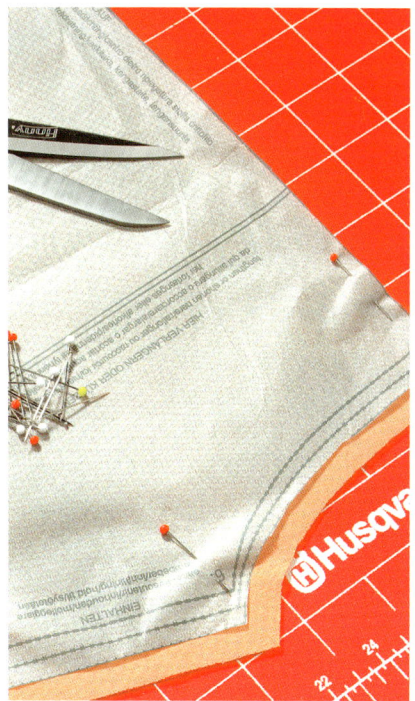  

1. T-Shirt zuschneiden mit 1 cm Nahtzugabe. Ideal hierfür ist die Schneidmatte mit Bügelfläche auf der Rückseite von Husqvarna Viking (im Fachhandel erhältlich).

2. Saum zuschneiden mit 3 cm Saumzugabe. Das Gütermann-Handmaß, der Piktogrammstift, dessen Linien nach wenigen Stunden wie von selbst verschwinden, und die Schneidmatte sind hierbei praktische Helfer.

3. Halsbündchen im schrägen Fadenlauf 3 cm breit zuschneiden. Am bequemsten geht's mit Rollschneider und Matte.

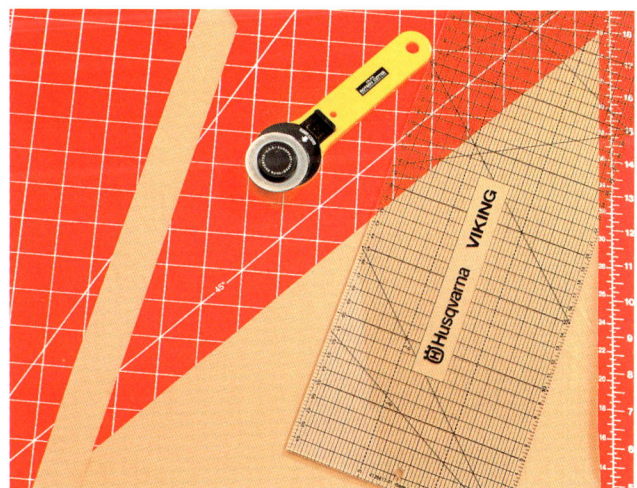 

4. Mit dem richtigen Zubehör wie hier Lineal und Rollschneider wird das Zuschneiden zum Kinderspiel. Ideal fürs Zuschneiden von Bündchen oder Schrägsteifen ist der 45°-Winkel, der auf der Matte markiert ist.

5. Matte drehen, Schrägband falten und zusammenbügeln, linke Stoffseite ist dabei innen. Die Schneidmatte eignet sich nicht nur zum Schneiden mit dem Rollschneider. Wenn Sie die Matte umdrehen, verfügen Sie über eine Fläche, die zum Legen von Rundungen und anderen Formen, zur Fixierung beim Bügeln, aber auch für Patchworkarbeiten geeignet ist.

6. Zur Verstärkung der Schulternaht Nahtband (von Vlieseline) aufbügeln und mit der 4-Faden-Überwendlichnaht annähen.

7. Ärmel mit der 4-Faden-Überwendlichnaht einnähen, Seitennaht schließen. Einige Overlock-Maschinen verfügen über eine Zentimeter-/Inch-Einteilung auf der Greiferabdeckung als Orientierungshilfe beim Abschneiden während des Nähens.

8. Halsbündchen ausmessen, Bündchen 2 cm kleiner im schrägen Fadenlauf als Halsausschnitt zuschneiden. Bündchen zusammennähen und mit 4-Faden-Überwendlichnaht annähen.

9. Maschine auf Kettenstich umstellen; dies ergibt eine flache Naht. Halsausschnitt absteppen.

10. Das Ergebnis kann sich sehen lassen: Der fertige Halsausschnitt mit einem Stichbild wie beim Geradstich.

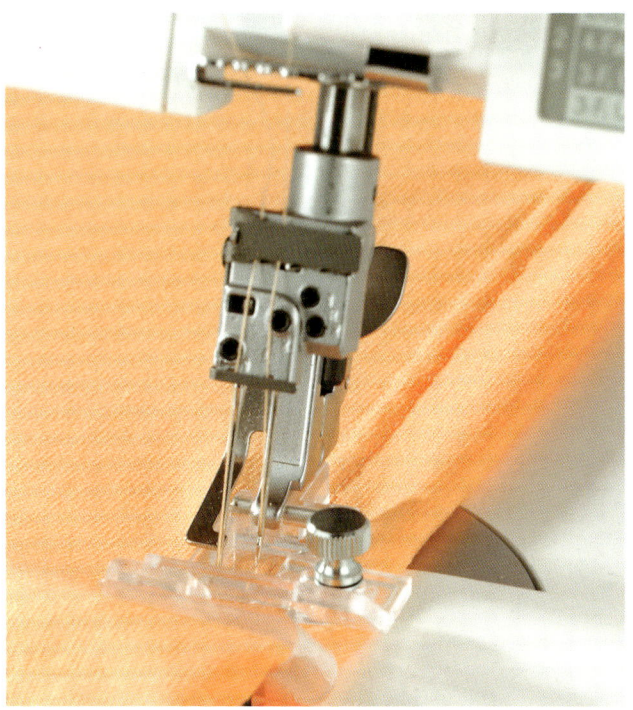

11. Saum und Ärmel, wenn möglich, mit Saumführung nähen (Sonderzubehör, im Fachhandel). So erhalten Sie auch von links ein perfektes Ergebnis. Mit dem Coverstich absteppen.

12. Fertiges T-Shirt von links: Vorzeigenaht im Coverstich, so perfekt wie jede Industrienaht!

13. Stickerei für den Ärmel am PC nach eigenen Ideen entwerfen und mit der geeigneten Software übertragen. Anschließend mit der Stickmaschine sticken. Wer keine Stickmaschine besitzt, kann die Verzierungen in Freihandstickerei aufbringen.

So nähen Sie den Rock

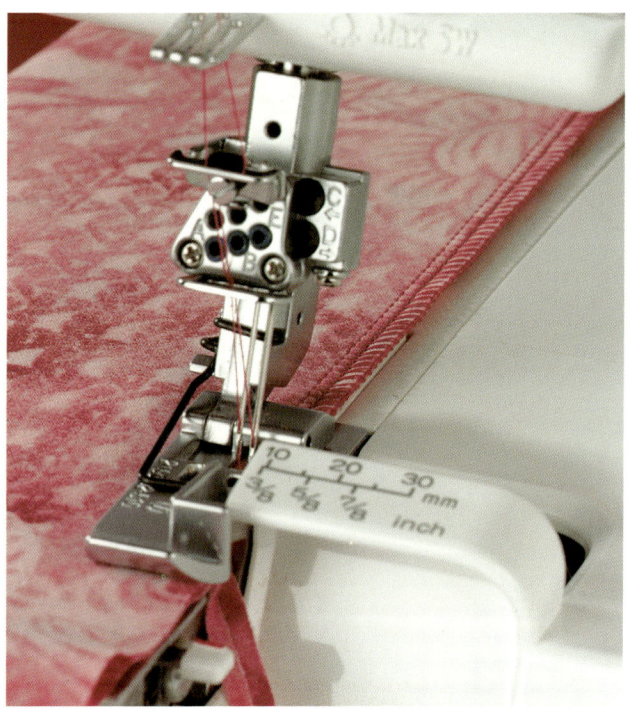

1. Rock-Seitennaht mit der 4-Faden-Überwendlichnaht schließen.

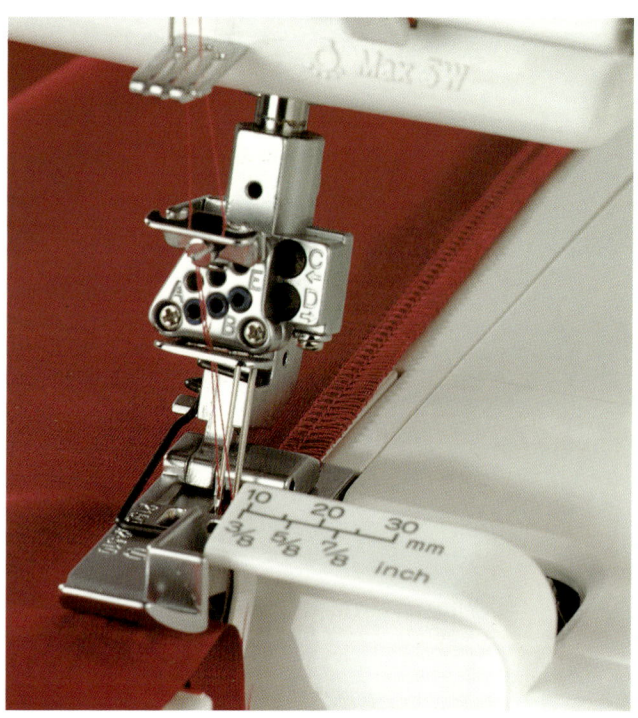

2. Seitennaht vom Futterstoff mit der 4-Faden-Überwendlichnaht schließen.

3. Hintere Futternaht versäubern und im Kettenstich zusammennähen. Reißverschluss mit der Nähmaschine oder mit dem Kettenstich der Overlock-Maschine einnähen.

4. Futter am Bund annähen, Vlieseline einbügeln. Fragen Sie in Ihrem Fachgeschäft nach Spezial-Vlieseline für weich fallende Stoffe (von Freudenberg).

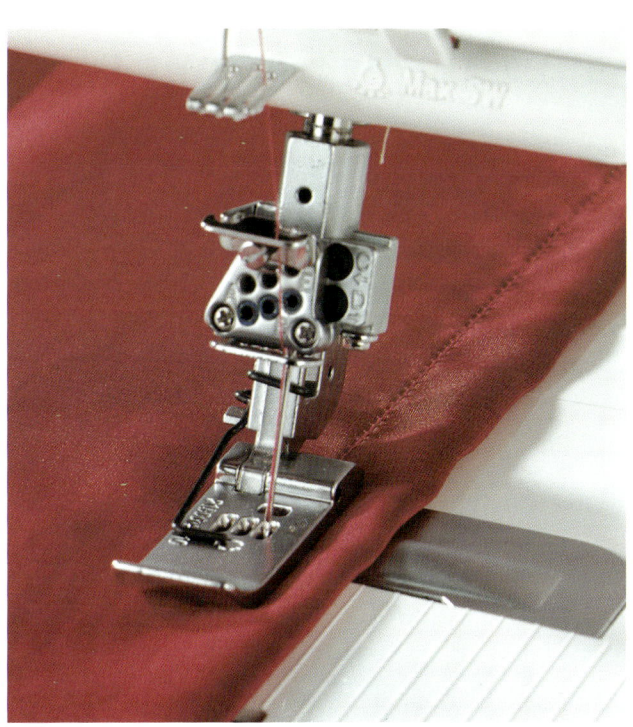

5. Bund mit Kettenstich absteppen. Auf dem Foto sehen Sie Bund und Futter von links. Die Naht ist so perfekt wie jede Industrienaht!

6. Futtersaum mit Kettenstich nähen.

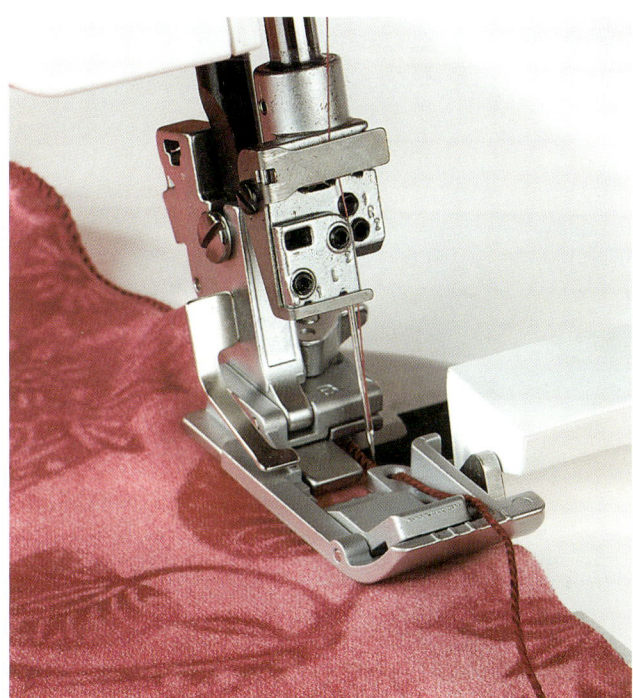

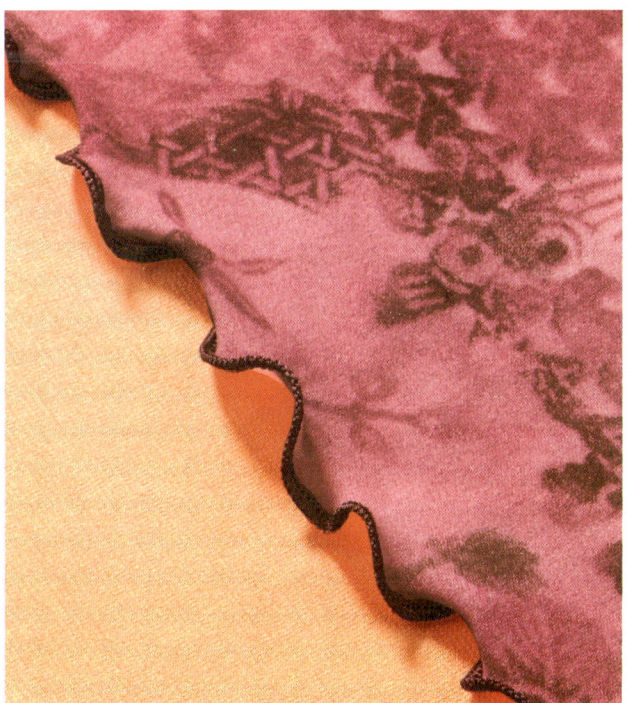

7. Rocksaum mit Rollsaum nähen. Dabei wird gleichzeitig Perlgarn mit eingenäht, damit der Saum plastischer wirkt.

8. Das modische Endergebnis ist ein weich fallender Rocksaum mit Welleneffekt.

Mode für Kids:
Ganz im Trend mit Cord & Co.

Cord feiert sein Comeback, auch bei den Kids. Kombinieren Sie Cordjeans mit einem Poncho aus superweichem Fransenstoff und kreieren Sie Ihren eigenen Modetrend! Der Poncho hält nicht nur schön warm, sondern lässt auch jede Menge Bewegungsfreiheit beim Spielen. Mit dem weißen Superlong-Schal, der ganz fix aus einem Stoffrest entsteht, wird das Outfit richtig ausgehfein. Das Frotteeshirt mit gestepptem Einsatz, das Sie auf Seite 39 sehen, komplettiert diese Kombination in ansprechenden Kontrastfarben.

So nähen Sie den Kinderponcho

Größe: Kindergröße 128

Material: 140 cm Fransenstoff, 140 cm breit; ca. 140 cm Fransenborte, 5 cm breit; 4 Rollen passendes Overlockgarn, z.B. von Gütermann.

Zuschneiden: Vorder- und Rückenteil im Stoffbruch sowie die Blende ringsum mit 1,5 cm Nahtzugabe zuschneiden.

Nähen:
1. Weil es sich um einen Strickstoff handelt, empfiehlt es sich, eine Probenaht zu nähen, da es sein kann, dass Sie den Differentialtransport an Ihrer Overlock korrigieren müssen.
2. Zuerst nähen Sie die Seitennähte des Ponchos zusammen. Dazu legen Sie das Vorderteil rechts auf rechts auf das Rückenteil und wählen den 4-Faden-Überwendlichstich. Nach dem Zusammennähen die Nahtzugaben zur Seite bügeln.
3. Anschließend versäubern Sie mit dem 4-Faden-Überwendlichstich den Saum. Danach den Saum nach links umbügeln. Nun die Fransenborte an die Saumkante nähen. Dazu wählen Sie den Coverstich.
4. Die Blende zur Rundung schließen, dafür den 4-Faden-Überwendlichstich wählen. Nach dem Zusammennähen die Nahtzugabe zur Seite bügeln. Die Blende entlang der Umbruchlinie zur Hälfte falten, die linke Stoffseite liegt innen. Nun die Blende an den Halsausschnitt stecken, mit dem 4-Faden-Überwendlichstich feststeppen und gleichzeitig versäubern. Die Nahtzugabe in das Vorder- und Rückenteil bügeln.

So nähen Sie die Feincordhose

Größe: Kindergröße 128

Material: 110 cm Feincord aus Baumwolle, 150 cm breit; farblich passender Futterrest für Taschenbeutel; Vlieseline Bundfix, ca. 75 cm; Reißverschluss, 14 cm lang; 1 Knopf; 4 Rollen passendes Overlockgarn; 1 Rolle passendes Nähgarn, beides z.B. von Gütermann.

Zuschneiden: Körpermaße Ihres Kindes mit dem Schnitt vergleichen und gegebenenfalls auf den Schnittteilen abändern, danach ausschneiden. Stoff im Bruch auslegen, rechte Stoffseite liegt innen. Schnittteile sparsam in einer Richtung auflegen (gegen den Strich), dabei Platz für Nahtzugaben und Saum berücksichtigen sowie auf den Fadenlauf achten. Mit 1 cm Nahtzugabe und 3 cm Saum alle Teile zuschneiden.

Nähen:
1. An Ihrer Overlock die 5-Faden-Sicherheitsnaht einstellen. Die Hosenteile zusammennähen (Teile liegen rechts auf rechts).
2. Nähen Sie den Sattel an die obere Kante im rückwärtigen Teil der Hose. Nahtzugabe in Richtung Bund umbügeln und mit dem Coverstich der Overlock absteppen.
3. Aufgesetzte Taschen fertigen. Dazu den Beleg nach links einschlagen, umschlagen und bügeln. Mit dem Coverstich absteppen. Danach die restlichen Nahtzugaben nach links umbügeln. Taschen auf den markierten Stellen im rückwärtigen Teil der Hose platzieren, mit dem Kettenstich aufsteppen.
4. Futtertaschenbeutel an den Tascheneingriff nähen, mit dem Coverstich absteppen. Den Stofftaschenbeutel unterheften. Dabei die Markierungen und die Mehrweite des Tascheneingriffs beachten. Taschenbeutelteile aufeinander stecken und mit dem 4-Faden-Überwendlichstich zusammennähen.
5. Obere und untere Vorderteile mit der 5-Faden-Sicherheitsnaht zusammennähen, Nahtzugaben nach oben umbügeln und mit dem Coverstich absteppen. Die äußeren Beinnähte mit der 5-Faden-Sicherheitsnaht zusammennähen und mit dem Coverstich

absteppen. Anschließend die inneren Beinnähte zusammennähen und zum rückwärtigen Teil der Hose hin umbügeln.

6. Nun die Hosennaht hinten schließen. Dazu die Hosenbeine rechts auf rechts ineinander ziehen und, am Reißverschlusszeichen beginnend, die hintere Hosennaht zusammennähen.

7. Den Reißverschluss einsetzen. Die einzelnen Schritte mit der Nähmaschine zusammennähen und absteppen. Dazu den Obertrittbeleg an die linke Vorderhose steppen und exakt am letzten Stich der hinteren Hosennaht enden. Die Nahtzugaben etwas zurückschneiden, auf eine Seite bügeln. Danach den Beleg nach links wenden, bügeln und knappkantig absteppen. Nun die Nahtzugabe der rechten Vorderhose bis kurz vor die Stepplinie der hinteren Hosennaht einschneiden. Den Reißverschluss ca. 0,5 cm von der Schnittkante entfernt auf die Vorderhose steppen. Den Reißverschluss schließen. Anschließend das linke Vorderteil entlang der vorderen Mitte auf das rechte Vorderteil stecken. Die linke Reißverschlusshälfte auf den Obertrittbeleg steppen, dabei darauf achten, dass die Vorderhose nicht mitgefasst wird. Den Obertrittbeleg entsprechend der Markierungslinien auf der linken Vorderseite steppen. Den Schlitzbeleg rechts auf rechts umfalten und entlang der unteren Kante steppen. Den Beleg wenden und die Kanten bügeln. Den Schlitzbeleg unter die rechte Reißverschlusshälfte stecken und von rechts knappkantig stecken und steppen.

8. Nun 5 Gürtelschlaufen fertigen: Hierfür den Stoff 2,5 cm breit im Fadenlauf und ca. 5 cm lang schräg zuschneiden. Den Träger- und Gürtelschlaufenfuß (Pfaff) oder den Nähfuß zum Aufnähen von Schräg-/Kantenbändern (Husqvarna Viking) einsetzen und mit dem Coverstich absteppen. Die fertigen Schlaufen auf der Oberseite positionieren und an der Taillenkante feststeppen.

Tipp:
Mit dem Träger- und Gürtelschlaufenfuß oder dem Schräg- oder Kantenbandfuß (Husqvarna Viking) lassen sich Gürtelschlaufen und Träger problemlos herstellen. Er kann aber auch für Verzierungen verwendet werden.

9. Vlieseline Bundfix auf die linke Stoffseite des Hosenbundes bügeln. Danach den Bund rechts auf rechts an die Taillenkante nähen. Die Nahtzugaben in den Bund bügeln. Die Bundenden im Umbruch rechts auf rechts umfalten und die Schmalseiten steppen. Nahtzugaben der Ecken schräg abschneiden. Den Bund nach rechts wenden, bügeln und knappkantig mit dem Kettenstich aufsteppen.

10. Am Obertritt entsprechend der Knopfgröße ein Knopfloch mit der Nähmaschine nähen. Den Knopf am Untertritt annähen.

11. Zum Schluss den Saum mit der 3-Faden-Überwendlichnaht versäubern, nach links umbügeln und mit dem Coverstich feststeppen.

Tipp:
Da die Overlock beim Nähen der Hose mehrfach umgestellt werden muss, ist es ratsam, entsprechend dem gerade eingestellten Stich jeweils mehrere Hosenteile vorzubereiten.

So nähen Sie das Shirt

Größe: Kindergröße 128

Material: 110 cm Frotteevlies in Blau, 150 cm breit; Rest Frotteejersey in Creme, ca. 15 cm breit und 50 cm lang; 4 Rollen passendes Overlockgarn und 1 Rolle Stickgarn, Stärke 30 in Multi Color; Phantomstift in Weiß (von Prym); Schneidmatte und Lineal; Applikationsschere.

Zuschneiden: Körpermaße Ihres Kindes mit dem Schnitt vergleichen und gegebenenfalls auf den Schnittteilen abändern, danach ausschneiden. Blauen Stoff im Bruch auslegen, rechte Stoffseite liegt innen. Schnittteile sparsam in einer Richtung auflegen, dabei Platz für Nahtzugaben und Saum lassen; auf den Fadenlauf achten. Mit 1 cm Nahtzugabe und 3 cm Saum alle Teile zuschneiden. Cremefarbenen Stoff ebenfalls im Bruch auslegen, Schnittteil auflegen und mit 2 cm Nahtzugabe zuschneiden. Mit Hilfe von Phantomstift, Schneidmatte und Lineal Stepplinien im Winkel von 45° aufzeichnen.

Nähen:
1. An der Overlock den Kettenstich einstellen, Obermesser ausschalten. Fädeln Sie in den Doppelkettenstichgreifer das Stickgarn ein. Die auf dem Einsatz aufgezeichneten Stepplinien mit Hilfe des Führungslineals im Abstand von 3 cm nacheinander bis zur Stoffkante steppen.

2. Nun an der Overlock den 4-Faden-Überwendlichstich wählen, Obermesser wieder einschalten. Die Shirt-Teile werden mit der rechten Stoffseite aufeinander liegend zusammengenäht.
3. Setzen Sie den fertig gesteppten Einsatz zwischen die beiden Vorderteile ein.
4. Danach die Schulternähte nähen. Vorderteil rechts auf rechts auf das Rückenteil legen und zusammennähen. Die Weite des Rückenteils dabei leicht einhalten. Nahtzugaben nach hinten bügeln.
5. Das Halsbündchen einsetzen. Hierfür das Bündchen zu einem Kreis (Stoff rechts auf rechts zusammengelegt) zusammennähen. Nahtzugabe zur Seite bügeln. Danach das Bündchen zur Hälfte umbügeln, sodass die Nahtzugabe innen liegt. Nun das Bündchen rechts auf rechts auf den Halsausschnitt stecken und von der Bündchenseite aus aufsteppen. Dabei muss das Bündchen stark gedehnt und das Halsloch eingehalten werden.
6. Ärmel einsetzen. Dafür die zusammengenähten Vorder- und Rückenteile mit der rechten Stoffseite nach oben auf den Arbeitstisch auslegen. Ärmel rechts auf rechts in den Armausschnitt stecken, dabei die Markierungen der Armkugel sowie der Armausschnitte des Vorder- und Rückenteils beachten.
7. Seitennähte und Ärmelnähte schließen. Die Seiten- und Ärmelnähte durchgehend von der Saumkante zur unteren Ärmelkante hin schließen. Saum an den Ärmeln und am Shirt nähen. Hierfür den Saum umbügeln. Den Coverstich wählen, das Obermesser ausschalten und Ärmel- sowie Shirt-Saum absteppen. Anschließend überstehenden Stoff mit der Applikationsschere abschneiden.

So nähen Sie den Kinderponcho

1. Die Seitennähte des Ponchos werden mit dem 4-Faden-Überwendlichstich zusammengenäht.

2. Saum mit 4-Faden-Überwendlichstich versäubern, Fransenborte an Saumkante annähen.

3. Fransenborte von links: Fransenborte an Schrägstreifen und anschließend mit Coverstich an den Poncho annähen. Da der Ponchostoff sehr locker gewebt ist, lassen sich die Fäden leicht herausziehen.

So nähen Sie die Feincordhose

1. Sattel an den rückwärtigen Teil der Hose annähen. Mit dem Coverstich abnähen.

2. Taschen auf den markierten Stellen im rückwärtigen Teil der Hose platzieren, mit dem Kettenstich aufsteppen.

3. Taschenbeutelteile aufeinander stecken und mit dem 4-Faden-Überwendlichstich zusammennähen.

4. Obere und untere Vorderteile mit der 5-Faden-Sicherheitsnaht zusammennähen, Nahtzugaben nach oben umbügeln und mit dem Coverstich absteppen.

5. Die inneren Beinnähte zusammennähen und zum rückwärtigen Teil der Hose hin umbügeln.

6. Stoff 2,5 cm breit im Fadenlauf und ca. 5 cm lang schräg zuschneiden. Träger- und Gürtelschlaufenfuß einsetzen, mit dem Coverstich absteppen.

7. Bund rechts auf rechts an die Taillenkante nähen.

8. Nahtzugaben in den Bund bügeln. Bundenden rechts auf rechts umfalten, Schmalseiten steppen. Nahtzugaben der Ecken schräg abschneiden. Bund nach rechts wenden, bügeln, mit dem Kettenstich aufsteppen. Saum mit der 3-Faden-Überwendlichnaht versäubern, nach links umbügeln und mit Coverstich feststeppen.

So nähen Sie das Shirt

1. Schneidmatte und Lineal für ein einfacheres Markieren von Linien (im Husqvarna Viking Fachgeschäft).

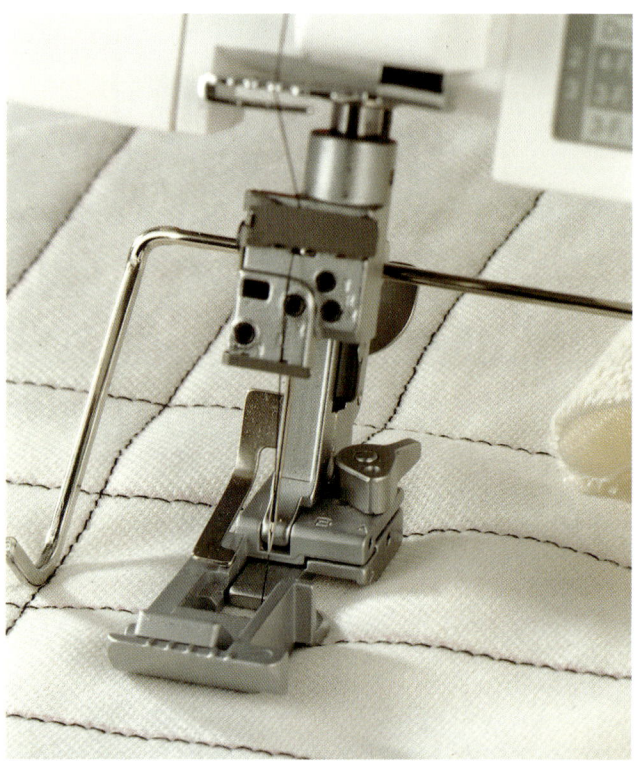

2. Kettenstich: Ein Führungslineal vereinfacht die Arbeit.

3. Einsatz mit dem 4-Faden-Überwendlichstich rechts auf rechts annähen.

4. Das Nähergebnis von der rechten Seite.

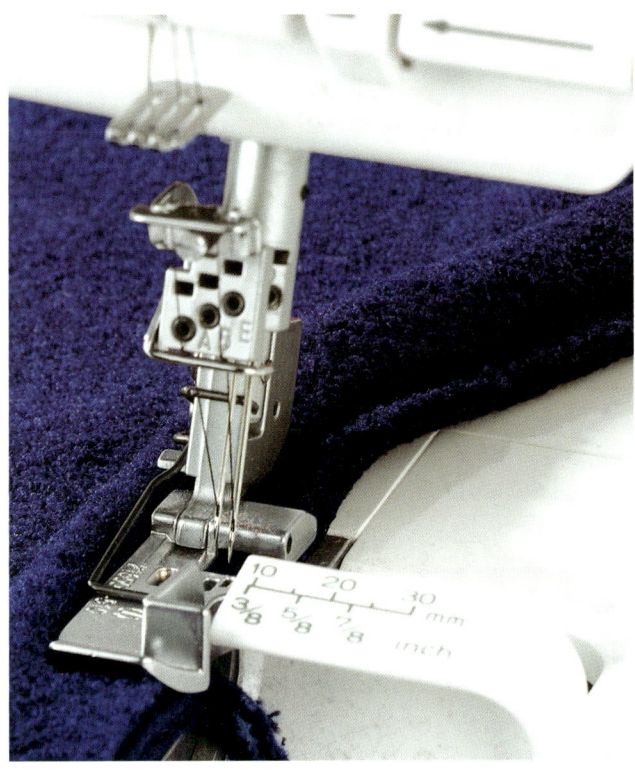

5. Bündchen rechts auf rechts auf den Halsausschnitt stecken, mit 4-Faden-Überwendlichnaht annähen.

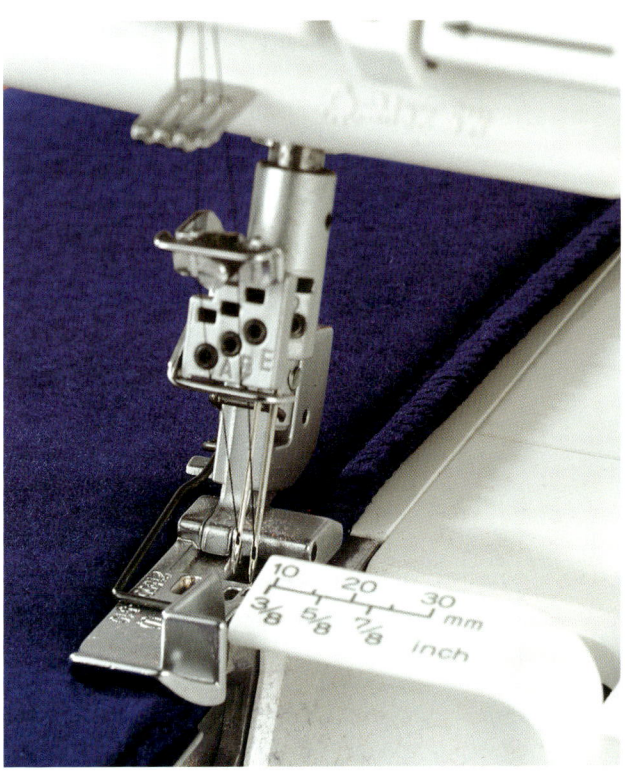

6. Seiten- bzw. Schulternaht mit der 4-Faden-Überwendlichnaht nähen.

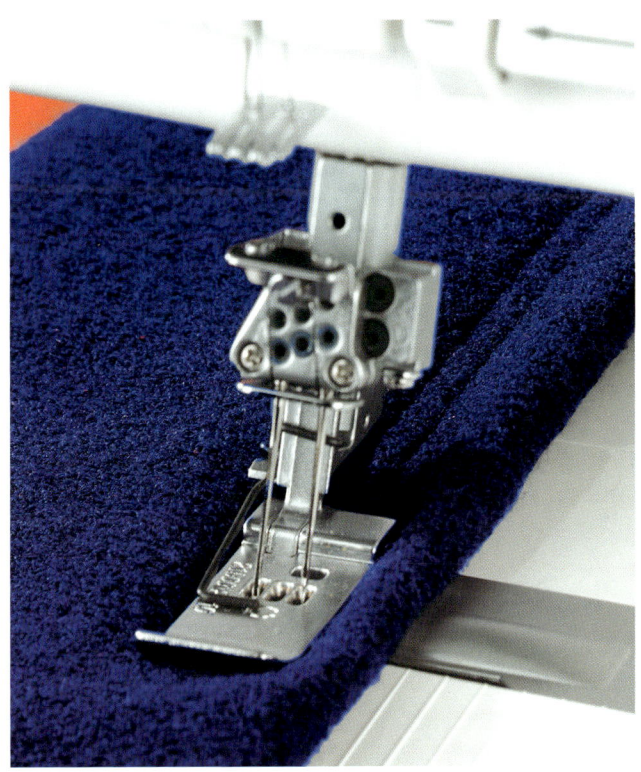

7. Saum großzügig umbügeln und mit dem Coverstich umnähen.

8. Stoff mit Applikationsschere zurückschneiden.

Sportswear, die nicht jeder hat

Elegant ins Fitnessstudio oder auf den Trimm-Dich-Parcours: In T-Shirt und Hose aus superelastischem Unistoff ist der Erfolg vorprogrammiert.

So nähen Sie das T-Shirt

Größe: Kleidergröße 38

Material: 30 cm bi-elastischer, dunkler Unistoff, 140 cm breit; 20 cm bi-elastischer, heller Unistoff, 140 cm breit; 4 Rollen passendes Overlockgarn; 1 Rolle Stickgarn, Stärke 30, Multi Color; Gummiband, 1,3 cm breit oder schmaler; farblich passender Schrägstreifen.

Sonderzubehör für Coverlocks (Pfaff): Mehrzweckfuß C; Gummibandeinsatz, 13 mm.

Zuschneiden: Körpermaße mit dem Schnitt vergleichen und gegebenenfalls auf den Schnittteilen abändern, danach ausschneiden. Dunklen Stoff im Bruch auslegen, rechte Stoffseite liegt innen. Schnittteile sparsam in einer Richtung auflegen, dabei mit 1 cm Nahtzugabe und 1,5 cm Saum die Teile zuschneiden. Hellen Stoff auslegen und Schnittteile auflegen. Entlang den Seitennähten keine Nahtzugabe zugeben. Am Armausschnitt 1 cm und am Saum 1,5 cm zugeben und ausschneiden. Bündchen 4 cm breit ohne Nahtzugabe zuschneiden. Halsausschnitt: 5 cm breit; Länge: Umfang abzüglich 10%. Gummiband zuschneiden in der Länge Ihres Bauchumfangs minus 10–20% (je nach Stoffelastizität).

Nähen:
1. Nähen Sie eine Probenaht, um die Einstellung des Differentialtransports und die Fadenspannung zu überprüfen, damit Sie eine korrekte Naht erhalten. Wenn nötig, korrigieren. 2-Faden-Flatlocknaht breit einstellen, Konverter anbringen.
2. Den hellen Einsatz links auf links auf die Vorder- und Rückenteil-Seitennaht legen und absteppen. Naht auseinander ziehen.
3. Ärmelbündchen entlang der langen Seite umbügeln, linke Stoffseite liegt innen. Links auf links auf die Ärmelkanten legen und absteppen, Nähte auseinander ziehen. An Ihrer Overlock die 4-Faden-Überwendlichnaht einstellen, Mehrzweckfuß und Gummibandeinsatz anbringen, Konverter entfernen.
4. Vorder- und Rückenteil an den Schulternähten rechts auf rechts aufeinander legen und zusammennähen, dabei das Schrägband unterschieben und mitsteppen, damit sich die Naht nicht ausdehnt.
5. Ärmel rechts auf rechts zusammenlegen und zusammennähen.
6. Fertigen Ärmel rechts auf rechts in den Ärmelausschnitt nähen, dabei die Markierungen beachten.
7. Blende an V-Ausschnitt nähen. Blende entlang der langen Seite zur Hälfte umbügeln, linke Stoffseite liegt dabei innen. Rechts auf rechts an der Spitze beginnend die Blende an einer Seite des Ausschnitts aufstecken, an der Spitze großzügig über die Mitte hinaus anlegen und absteppen. Bevor Sie an der Spitze wieder ankommen, schneiden Sie die Nahtzugabe bis knapp zur Nahtspitze ein. Danach bis zur Spitze hin nähen, Blende in der Spitze übereinander schieben, Nahtzugabe nach innen umbügeln. Dann den Coverstich einstellen, Mehrzweckfuß und Gummibandeinsatz anbringen.
8. Zugeschnittenes Gummiband in die Führung des Gummibandeinsatzes führen. Der Vorteil des Sondernähfußes ist, dass Sie in einem Arbeitsgang das Gummiband aufnähen und kräuseln können. Wie stark die Kräusel werden sollen, lässt sich mit dem Nähfuß regulieren. Stellen Sie die Führung so ein, dass die Nadel mittig in das Gummiband einsticht. Gummiband aufnähen.
9. Mehrzweckfuß und Gummibandeinsatz entfernen.
10. Die Saumkante 3 cm nach links umschlagen und von der rechten Stoffseite aus gedehnt gehalten absteppen.

So nähen Sie das T-Shirt

1. Hellen Streifen links auf links auf die Vorder- und Rückenteil-Seitennaht legen, mit der 2-Faden-Flatlocknaht absteppen. Naht auseinander ziehen.

2. Ärmel und Bund mit 2-Faden-Flatlocknaht annähen.

3. Zum Einsetzen von Ärmeln und zum Fertigstellen der Schulternähte 4-Faden-Überwendlichnaht verwenden.

4. Halsausschnitt mit der 4-Faden-Überwendlichnaht fertig stellen.

5. Saum mit Coverstich fertig stellen. Gummiband mit einnähen.

So nähen Sie die Hose

Größe: Kleidergröße 38

Material: 90 cm bi-elastischer, dunkler Unistoff, 140 cm breit; 20 cm bi-elastischer, heller Unistoff, 140 cm breit; 4 Rollen passendes Overlockgarn; 1 Stickgarn, Stärke 30, Multi Color; Gummiband, 3 cm breit.

Zuschneiden: Körpermaße mit dem Schnitt vergleichen und gegebenenfalls auf den Schnittteilen abändern, danach ausschneiden. Dunklen Stoff im Bruch auslegen, rechte Stoffseite liegt innen. Schnittteile sparsam in einer Richtung auslegen, dabei 1 cm Nahtzugabe und 4 cm Zugabe für Bund und Saum beachten. Gummiband zuschneiden entsprechend Ihres Taillenumfangs minus 10–20 % (je nach Stoffelastizität).

Nähen:
1. Nähen Sie eine Probenaht, um die Einstellung des Differentialtransports und die Fadenspannung zu überprüfen, damit Sie eine korrekte Naht erhalten. Wenn nötig, korrigieren. 2-Faden-Flatlocknaht breit einstellen, Konverter anbringen.
2. Die Seitenstreifen an der Hose einsetzen. Dafür den Einsatz links auf links auf die äußeren Seitennähte der Hosenteile auflegen und absteppen. Nähte auseinander ziehen.
3. Danach die 4-Faden-Überwendlichnaht einstellen, Konverter entfernen.
4. Am Vorder- sowie Rückenteil der Hose die Schrittnaht separat schließen. Innere Beinnähte schließen. Vorder- und Rückenteil rechts auf rechts entlang den inneren Beinnähten aufeinander legen und zusammennähen.
5. Den Coverstich wählen, Obermesser ausschalten.
6. Zugeschnittenes Gummiband mit Stecknadeln auf die linke Stoffseite der Bundzugabe aufstecken, dabei Gummiband dehnen.
7. Bundzugabe nach links umschlagen und von der rechten Hosenseite aus den Bund gedehnt gehalten auf 3 cm Breite mit dem Coverstich absteppen.
8. Hosenbeinsaum auf die linke Stoffseite umbügeln und mit dem Coverstich von der rechten Hosenseite aus absteppen.

So nähen Sie die Hose

1. Konverter einschalten. Streifen mit 2-Faden-Flatlocknaht einnähen.

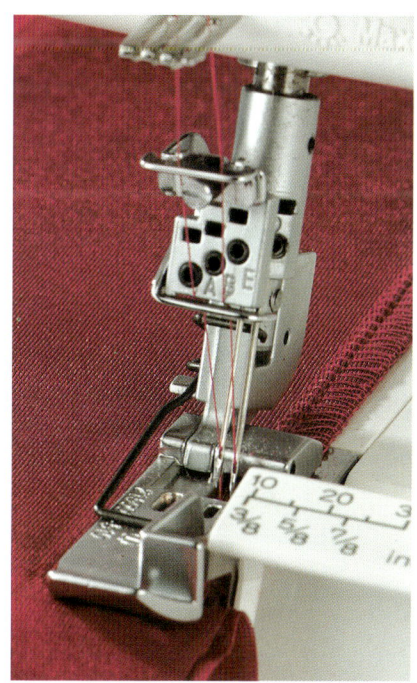

2. Am Vorder- und Rückenteil der Hose Schrittnaht mit der 4-Faden-Überwendlichnaht separat schließen.

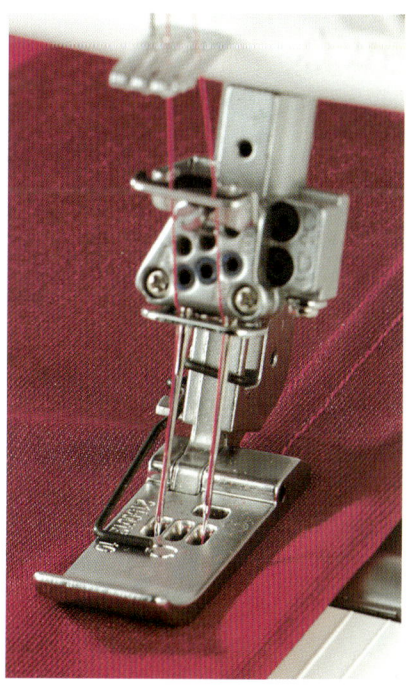

3. Hosenbein-Saum mit dem Coverstich von der rechten Hosenseite aus absteppen.

Der Sommerhit: Zweiteiler für Wassernixen und Sonnenhungrige

Urlaubsreif? Dann schnell die Badesachen eingepackt und raus in die Sonne! Der Zweiteiler in modischem Printdruck macht alles mit, ob im Wasser oder draußen, bei Sport, Spiel oder Müßiggang am Strand. Ein Sommerhit, der sitzt – und das nicht nur einen herrlich unbeschwerten Sommer lang!

So nähen Sie die Hose

Größe: Kleidergröße 38

Material: 40 cm bi-elastischer, bunter Stoff, 140 cm breit; ca. 70 cm Taillengummiband, 3 cm breit; 2 Rollen passendes Overlockgarn, z.B. von Gütermann.

Zuschneiden: Körpermaße mit dem Schnitt vergleichen und gegebenenfalls Schnittteile ändern. Seitennähte der Hose rundum mit 1 cm Nahtzugabe zuschneiden. Taille und Hosensaum mit 3 cm Nahtzugabe zuschneiden. Gummiband zuschneiden in der Länge des Taillenumfangs minus 10–20% (je nach Stoffelastizität).

Nähen:
1. Nähen Sie eine Probenaht, um die Einstellung des Differentialtransports und die Fadenspannung zu überprüfen, damit Sie eine korrekte Naht erhalten. Wenn nötig, korrigieren.
2. An Ihrer Overlock den 4-Faden-Überwendlichstich einstellen.
3. Mittelnaht von Vorder- und Rückteil der Hose – rechts auf rechts zusammengelegt – nähen.
4. Hosenschrittnaht nähen – Teile rechts auf rechts zusammengelegt.
5. Zugeschnittenes Gummiband mit Stecknadeln auf die linke Stoffseite der Taille stecken und dabei das Band dehnen.
6. Entlang der Saumkante das Gummiband feststeppen.
7. Nun den 3-fach-Coverstich einstellen.
8. Saumkante auf Gummibandbreite nach links umschlagen und, von der rechten Seite aus gedehnt gehalten, absteppen. Eventuell Stecknadeln zu Hilfe nehmen, um das Gummiband gleichmäßig abzusteppen.
9. Anschließend den Hosenbeinsaum nähen. Dafür den Saum nach links umschlagen und mit Stecknadeln fixieren.
10. Von der rechten Seite aus absteppen.

So nähen Sie das Oberteil

Größe: Kleidergröße 38

Material: 40 cm bi-elastischer, bunter Stoff, 140 cm breit; ca. 130 cm flaches, chlorfestes Gummiband, 1 cm breit, für Brustumfang, Hals- und Armausschnitt; 2 Rollen passendes Overlockgarn, z.B. von Gütermann.

Zuschneiden: Seitennähte des Oberteils rundum mit 1 cm Nahtzugabe zuschneiden. Gummiband zuschneiden in der Länge des Umfangs von Brust, Hals- und Armausschnitt minus 10–20% (je nach Stoffelastizität).

Nähen:
1. An Ihrer Overlock die 4-Faden-Überwendlichnaht wählen.
2. Seitennähte sowie Trägernähte des Oberteiles schließen. Dafür Vorder- und Rückenteil rechts auf rechts zusammenlegen und zusammennähen.
3. Danach den 3-fach-Coverstich einstellen. Mehrzweckfuß und Gummibandeinsatz anbringen.
4. Zugeschnittenes Gummiband in die Führung des Gummibandeinsatzes führen. Der Vorteil des Sondernähfußes ist, dass Sie in einem Arbeitsgang das Gummiband aufnähen und kräuseln können. Die Stärke der Kräuselung können Sie am Nähfuß regulieren. Stellen Sie die Führung so ein, dass die Nadel mittig in das Gummiband einsticht. Das Gummiband so auf der linken Stoffseite an Arm- und Halsausschnitt aufnähen.
5. Mehrzweckfuß und Gummibandeinsatz entfernen.
6. Saum mit dem Gummiband auf die linke Seite umschlagen und von der rechten Seite aus das Gummiband mit dem Saum zusammen, leicht gedehnt gehalten, absteppen.

So nähen Sie den Zweiteiler

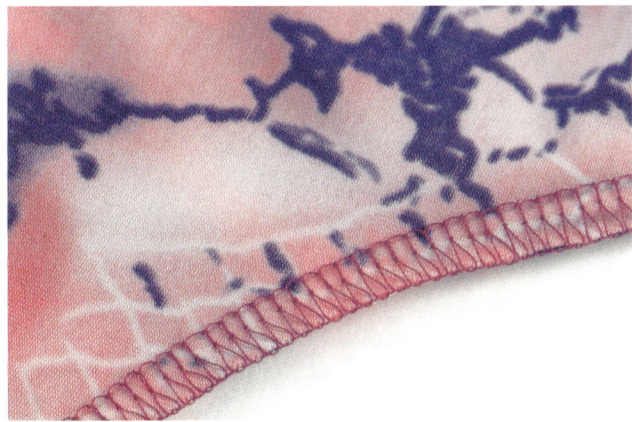

1. Seitennähte der Hose mit 4-Faden-Überwendlichnaht steppen, vordere und hintere Naht sowie Schrittnaht schließen.

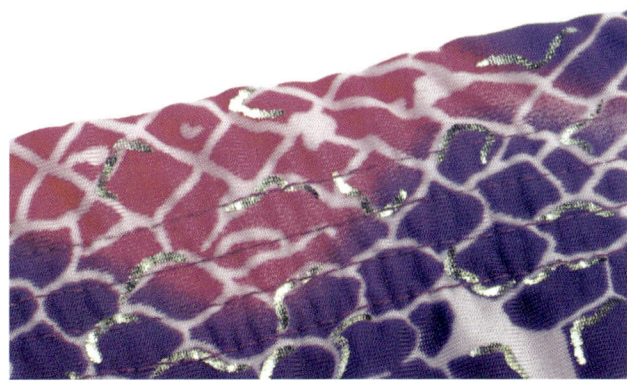

2. Gummiband mit Gummibandnähfuß an den Bund annähen, Kante einschlagen, mit 3-fach-Coverstich absteppen.

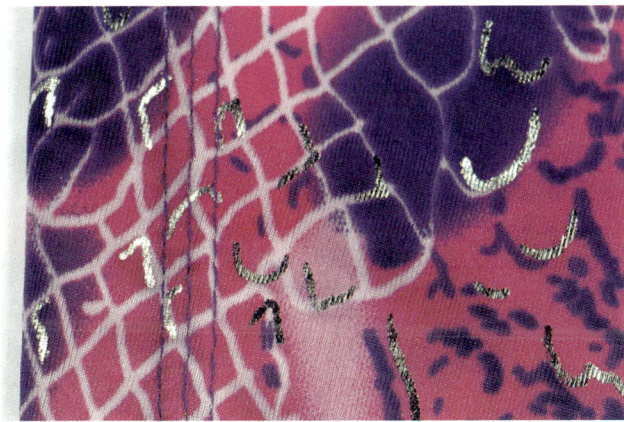

3. Saum mit 3-fach-Coverstich nähen. Die Saumführung erleichtert den Nähvorgang.

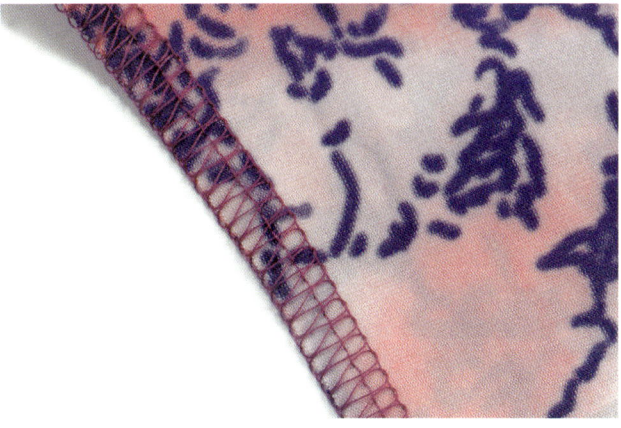

4. Seitennaht des Oberteils mit 4-Faden-Überwendlichnaht schließen.

5. Maschine auf Covernaht umstellen. Gummiband mit Gummibandnähfuß am Ausschnitt und den Ärmeln annähen, dabei leicht einhalten, Kante einschlagen und mit Coverstich absteppen.

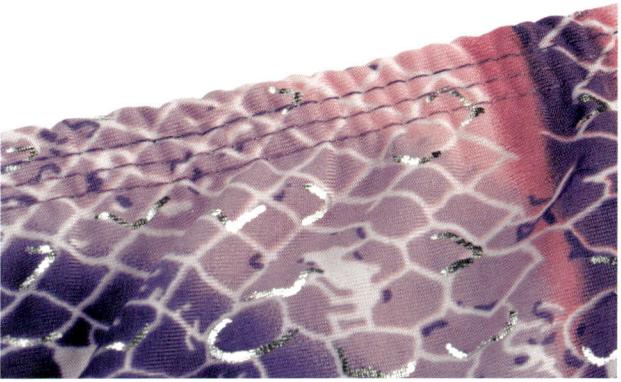

6. Gummiband mit Gummibandfuß einnähen, wie am Halsausschnitt leicht einhalten, Kante umschlagen, mit 3-fach-Coverstich absteppen.

Zu Hause relaxen: Ein Kimono für die schönsten Stunden des Tages

Den Tag ausklingen lassen, relaxen und neue Energien tanken: Der Kimono lädt dazu ein, dem süßen Nichtstun zu frönen. Die weich fließende Cupro-Seide ist elegant und besonders angenehm auf der Haut. Der bequeme Schnitt sorgt dafür, dass Sie sich rundum wohlfühlen und die schönsten Stunden des Tages richtig genießen können.

So nähen Sie den Kimono

Größe: Kleidergröße 38 bzw. 48

Material: 300 cm Cupro-Seide; 150 cm Vlieseline H 180; 5 Rollen Overlockgarn in passender Farbe, z.B. von Gütermann; Wendenadel.

Sonderzubehör der Overlock: Gürtelschlaufenfuß, Mehrzweckfuß und Saumführung.

Zuschneiden: Körpermaße mit dem Schnitt vergleichen und gegebenenfalls Schnitt ändern, danach Schnittteile ausschneiden. Stoff im Bruch auslegen, rechte Stoffseite liegt innen. Schnittteile sparsam in einer Richtung auflegen, dabei 1 cm Nahtzugabe und 4 cm Saumzugabe zugeben und ausschneiden. Beleg und Gürtel aus Stoff und Vlieseline zuschneiden. Vlieseline mit dem Bügeleisen jeweils auf der linken Stoffseite fixieren.

Nähen:
1. An Ihrer Overlock die 5-Faden-Sicherheitsnaht einstellen.
2. Schulternaht schließen, dafür Vorder- und Rückenteil rechts auf rechts aufeinander steppen. Nahtzugabe zum Rückenteil bügeln.

3. Ärmel in den Armausschnitt einsetzen. Ärmel rechts auf rechts auf Vorder- und Rückenteil mit Stecknadeln an den Armausschnitt stecken (dabei die Markierungen beachten) und steppen.
4. Taschenbeutel an den Markierungen von Vorder- und Rückenteil rechts auf rechts anstecken und annähen. Nahtzugaben in Richtung Taschenbeutel bügeln. Danach die Taschenbeutel der Vorderteile entlang der Naht auf die linke Seite umbügeln.
5. Den Doppelkettenstich einstellen. Die Eingriffkante der Taschen an den Vorderteilen schmalkantig absteppen. Nahtzugabe bis zur Naht hin einschneiden.
6. Den Coverstich einstellen und den Gürtelschlaufenfuß anbringen.
7. Gürtelschlaufen mit dem Gürtelschlaufenfuß nähen und auf 10 cm Länge zuschneiden. Zur Schlaufe gelegt an den Markierungen der Seitennaht feststecken, die Schlaufe liegt dabei innen.
8. Die 5-Faden-Sicherheitsnaht einstellen, den Gürtelschlaufenfuß wieder entfernen.
9. Seiten- und Ärmelnähte durchgehend von der Saumkante zur Ärmelkante hin zusammennähen. Darauf achten, dass der abgesteppte Taschenbeuteleingriff des Vorderteils nicht mitgenäht wird.
10. Vorderteil-Belege rechts auf rechts an den Halsausschnitt-Beleg nähen. Nahtzugaben in Richtung Hals bügeln. Beleg rechts auf rechts an Vorderteil und Halsausschnitt nähen. Danach auf die linke Seite bügeln. Offene Kanten versäubern.
11. Den Doppelkettenstich einstellen.
12. Vorderteil entlang der Kante schmalkantig absteppen.
13. Den Gürtel rechts auf rechts in den Bruch legen und zusammennähen. Zum Wenden ein Stück der Naht offen lassen. Mit Hilfe der Wendenadel den Gürtel nach rechts wenden und bügeln. Gürtel rundum schmalkantig absteppen.
14. Den Coverstich wählen; Mehrzweckfuß und Saumführung anbringen.
15. Saum an Kimono und Ärmel umbügeln und absteppen.

So nähen Sie den Kimono

1. Coverstich einstellen, Gürtelschlaufe mit Träger- und Gürtelschlaufenfuß nähen. Da der Nähfuß eine Führung hat, wird der Stoff automatisch umgelegt.

2. Tasche und Gürtelschlaufe mit Stecknadeln fixieren. Taschenbeutel und Gürtelschlaufe zwischen den markierten Punkten mit der 5-Faden-Sicherheitsnaht in einem Arbeitsgang annähen.

3. Schulternaht schließen, Ärmel einnähen, Seitennaht schließen. Blende mit 5-Faden-Sicherheitsnaht annähen.

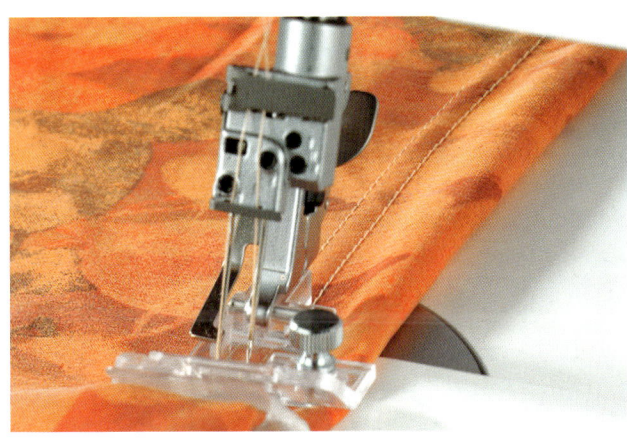

4. Saum unten und Ärmelsäume mit Coverstich nähen. Zur Arbeitserleichterung empfiehlt sich hier die Saumführung aus dem Sonderzubehör.

5. Die 4-Faden-Überwendlichnaht oder 5-Faden-Sicherheitsnaht einstellen. Gürtel wenden.

6. Mit Doppelkettenstich absteppen.

Shirt und Shorty, edel aus Seide

Elegant und verführerisch wirkt dieser Wäschetraum in Weiß. Die weich fließende Seide umschmeichelt den Körper und ist besonders angenehm zu tragen. Blickfang dieser Dessous, die sich sowohl als Tages- als auch als sommerliche Nachtwäsche eignen, ist der herrliche Spitzeneinsatz am Dekolletee.

So nähen Sie Shirt und Shorty

Größe: Kleidergröße 38

Material: 80 cm Viskose, Seide oder leicht fallender Jerseystoff, 140 cm breit; Ziergummiband für die Träger sowie für den Hals- und Armausschnitt, 1 cm breit; Taillengummi, 2,5 cm breit; 4 Rollen passendes Overlockgarn, z.B. von Gütermann.

Sonderzubehör der Coverlocks (Pfaff): Bandeinfasser

Zuschneiden: Körpermaße mit dem Schnitt vergleichen und gegebenenfalls Schnittteile ändern, danach ausschneiden. Stoff im Bruch auslegen, rechte Stoffseite liegt innen. Schnittteile sparsam in einer Richtung auflegen, dabei mit 1 cm Nahtzugabe für vordere und hintere Mittelnaht sowie für die Schrittnaht zuschneiden. Für Hosenbund und Shirtsaum 3 cm zugeben. Hosensaum ohne Nahtzugabe zuschneiden.

Nähen:

Shirt
1. Nähen Sie eine Probenaht, um die Einstellung des Differentialtransports und die Fadenspannung zu überprüfen, damit Sie eine korrekte Naht erhalten. Wenn nötig, korrigieren. An Ihrer Overlock die 4-Faden-Überwendlichnaht einstellen.
2. Spitze rechts auf rechts auf das mittlere Vorderteil legen und zusammennähen.
3. Seitennähte rechts auf rechts legen und zusammennähen.
4. Danach den Shirtsaum umbügeln.
5. Den Coverstich einstellen und damit den Saum von der rechten Seite absteppen.
6. Mehrzweckfuß und Gummibandeinsatz anbringen (Sonderzubehör).
7. Zugeschnittenes Gummiband in die Führung des Gummibandeinsatzes legen. Der Vorteil des Sondernähfußes besteht darin, dass Sie in einem Arbeitsgang das Gummiband aufnähen und kräuseln können. Die Stärke der Kräuselung lässt sich am Nähfuß regulieren. Stellen Sie die Führung so ein, dass die Naht mittig in das Gummiband einsticht. Gummiband so auf der rechten Stoffseite an Arm- und Halsausschnitt aufnähen.
8. Mehrzweckfuß und Gummibandeinsatz entfernen.
9. Trägerlänge individuell anpassen und an den Markierungen (im Schnitt) mit dem Kettenstich oder mit der Nähmaschine annähen.

Shorty
1. An Ihrer Overlock die 4-Faden-Überwendlichnaht einstellen.
2. Schrittnaht von vorderem und hinterem Hosenteil rechts auf rechts zusammennähen.
3. Beinnaht schließen.
4. Taillengummi mit Stecknadeln auf die linke Stoffseite der Bundzugabe aufstecken, das Gummiband dabei etwas dehnen.
5. Den Coverstich einstellen. Den Hosenbund mit dem Gummiband auf die linke Seite umschlagen und von der rechten Seite aus das Gummiband mit dem Bund zusammen (leicht gedehnt gehalten) im Coverstich absteppen.
6. Für den Rollsaum an der Hose den Differentialtransport auf 0,5 stellen (dadurch wird der Stoff stark gedehnt) sowie an Ihrer Overlock den 3-Faden-Rollsaum wählen.
7. Unter leichtem Zug den Rollsaum an den Hosenbeinen nähen.

So nähen Sie das Shirt

1. Beim Shirt Seitennaht mit 4-Faden-Überwendlichnaht schließen.

2. Spitzen mit der 4-Faden-Überwendlichnaht annähen.

3. Ziergummiband als Hemdabschluss und Träger mit Coverstich annähen. Trägerlänge individuell anpassen.

4. Overlock auf Coverstich einstellen, Saum nähen. Die Saumführung erleichtert die Arbeit.

So nähen Sie die Hose

1. Bei der Hose vordere und hintere Schrittnaht mit der 4-Faden-Überwendlichnaht schließen.

2. Gummiband mit 4-Faden-Überwendlichnaht an der Stoffkante, leicht gedehnt gehalten, aufnähen. Overlock auf Coverstich einstellen, Kante einschlagen und mit Coverstich absteppen.

3. Beinabschluss mit 3-Faden-Rollsaum nähen. Beim Nähen Stoff leicht dehnen; dies ergibt den eleganten Welleneffekt. Einfacher geht's, wenn Sie den Differentialtransport auf niedere Stufe einstellen.

Tipp:
Besonders schön wird der Rollsaum, wenn Sie als rechten Greiferfaden (4) Stickgarn verwenden.

Stoffe und Garne

Stoffe in Hülle und Fülle

Wer heute Stoff kaufen will, darf sich über eine riesige Auswahl freuen. Die Palette reicht von traditionellen Materialien wie Baumwolle, Leinen oder Wollstoff in vielfältigen Strukturen und Musterungen über superedle Seidengewebe, Chiffons und Organza bis hin zu den vielen neuartigen Kunstfaserprodukten, die eine große und begeisterte Fan-Gemeinde gefunden haben. All diese Materialien lassen sich mit der Overlock-Maschine hervorragend verarbeiten. Einige Stoffgruppen verlangen geradezu den Einsatz der Overlock, denn sie gewährleistet auch bei schwierigen Materialien perfekte Nahtversäuberungen. So sieht Ihr fertiges Stück aus wie gekauft!

Natürlich beeinflussen Webart, Stoffstruktur, Stärke und Gewicht des Materials das Nähergebnis. Am besten ist es daher, jeden Stoff zuerst einmal Probe zu nähen. Erst wenn Sie mit Ihrer Arbeit vollkommen zufrieden sind, sollten Sie mit Ihrem eigentlichen Nähprojekt beginnen. Besonders hilfreich beim Nähen schwieriger Stoffe ist übrigens in vielen Fällen der Differentialtransport, über den inzwischen die meisten Overlock-Maschinen verfügen. Mit ihm lassen sich auch rutschige, dehnbare oder schräg zugeschnittene Stoffe problemlos verarbeiten, ohne dass sich die Stofflagen gegeneinander verschieben und ohne dass sich die Nähte wellen. Die fertigen Nähte sind immer schön gleichmäßig – es sei denn, Sie nutzen den Differentialtransport gezielt dazu aus, Wellenkanten zu nähen.

Klassische Baumwollstoffe, Leinen, Jeans und Wollstoffe sind die Materialien, die zweifelsohne am häufigsten gekauft werden. In der Regel sind sie mit der Overlock-Maschine vollkommen problemlos zu verarbeiten, und zwar auch dann, wenn sie, wie beispielsweise Jeansstoff, relativ dick und fest gewebt sind.

Frottee und andere Fransenstoffe sind besonders geeignete Kandidaten für die Overlock. Wie der Name schon sagt, fransen sie leicht aus. Bei normaler Nähmaschinenverarbeitung lassen sich keine zufrieden stellenden Nahtversäuberungen erzielen. Overlock-Maschinen dagegen versäubern sogar Frottee- und Fransenstoffe professionell und sauber.

Strickstoffe, Sweatshirtstoffe und Jersey können Sie mit der Overlock wunderbar zu lässigen, bequemen Kleidungsstücken oder zu weichen, kuscheligen Decken verarbeiten, denn die dehnbaren Stoffe verlangen nach dehnbaren Nähten. Ideal ist auch die Kantenverarbeitung mit der Overlock, da die Maschen optimal eingefasst und somit „verwahrt" werden, ohne dass dabei die Elastizität leidet.

Bei Nähten, die sich nicht dehnen sollen, zum Beispiel an der Schulter, den Armausschnitten und am Halsausschnitt von Kleidungsstücken, fassen Sie beim Nähen Vlieseline-Nahtband oder Bobbins-Band mit. Das geht besonders einfach mit dem Bandannähfuß von Pfaff.

Maschenware dehnt sich beim Nähen leicht. Um wellige Nähte zu vermeiden, bedienen Sie sich des Differentialtransports. Falls nicht vorhanden, schieben Sie den Stoff direkt vor dem Nähfuß leicht an. Auf keinen Fall darf der Stoff hinter dem Nähfuß gezogen werden!

Elastische Stoffe für Badeanzüge, Vlies und die neuen bi-elastischen Stoffe, aus denen zum Beispiel pfiffige Tops und freche Hosen genäht werden können, enthalten einen großen Anteil an elastischem Material wie Lycra. Für ihre Verarbeitung gilt prinzipiell dasselbe wie für Jersey und Strickstoffe. Bei Nähten, die sich nicht dehnen sollen, können Sie wiederum Vlieseline-Nahtband oder Bobbins-Band mitnähen.

Samt und Pannesamt, Chenille, Cord und Nickistoffe haben einen zarten Flor, der für den typischen streichelweichen Charakter sorgt. Dieser Flor muss mit Vorsicht behandelt werden. Deshalb schon beim Stecken und Heften und natürlich auch später beim Nähen dünne Nadeln mit einwandfreier Spitze und dünnes Garn verwenden! Beim Nähen gilt es zu beachten, dass sich Flor auf Flor leicht verschiebt. Schalten Sie den Differentialtransport ein oder heften Sie die Stofflagen vor dem Nähen mit schrägen Spannstichen. Bei Nickistoff und bei Pannesamt beachten Sie bitte auch die Empfehlungen für elastische Materialien.

> **Tipp:**
> Wenn Sie testen wollen, ob eine Nadel eine einwandfreie Spitze hat, stecken Sie diese in das Gewebe einer feinen Strumpfhose. Bleibt die Spitze hängen, Nadel lieber aussortieren!

Kuschelige Webpelze gibt es in großer Auswahl. Besonders beliebt sind Pelzimitate, die echten Pelzen täuschend ähnlich sehen, sowie Plüschvarianten in fröhlichen Farben und Mustern. Beim Zuschneiden der Teile sollten Sie auf den Strich achten; bei Kleidungsstücken muss er immer von oben nach unten laufen. Nähen sollten Sie, wenn möglich, immer in Strichrichtung. Beachten Sie außerdem, dass das Material oft sehr voluminös ist. Wird es normal verarbeitet, tragen die Nahtzugaben zu sehr auf. Sie vermeiden dies, indem Sie den Flor im Bereich der Nahtzugabe vor dem Steppen zurückschneiden. Sie können aber auch auf die Methode des Flachsteppens zurückgreifen.

Ein Trick fürs Zuschneiden von Webpelzen: Arbeiten Sie von links und schneiden Sie die Härchen dabei nicht durch. So vermeiden Sie unnötige Fusseln und der Flor bleibt unbeschädigt. Zum Schneiden können Sie eine Schere oder auch eine Rasierklinge verwenden.

Lederimitate sind topaktuell. Wichtig ist, dass Sie beim Nähen keine zu engen Stiche wählen, da das Material sonst zu stark perforiert wird und bei Belastung leicht reißen kann. Apropos Stiche: Bedenken Sie, dass jeder Stich in Lederimitat sichtbar bleibt. Verwenden Sie deshalb keine Stecknadeln! Am besten ist es, Sie nähen Ihr Wunschmodell zuerst einmal aus einem billigen Stoff und übertragen dann die nötigen Korrekturen auf die Schnittteile. So können Sie sicher gehen, dass das gute Stück später keine Beschädigungen aufweist und richtig sitzt.

Zarte Seide, Organza, Lamé, Satin und glänzende Crashstoffe garantieren im Modebereich einen glänzenden Auftritt. Sie können damit aber auch tolle Deko-Ideen für Ihre Wohnung verwirklichen. Allerdings stehen diese Stoffe in dem Ruf, in punkto Verarbeitung anspruchsvoll zu sein. Damit nichts schief geht, sollten Sie besonders sorgfältig damit umgehen. Denken Sie daran, dass defekte Nadelspitzen den empfindlichen Stoff beschädigen können. Deshalb schon beim Feststecken der Schnittteile und beim Heften nur Nadeln mit einwandfreien Spitzen verwenden! Zum Nähen benutzen Sie prinzipiell neue, dünne Nadeln (Stärke 70 oder 75), kleine Stiche (1,5 mm bis 2 mm) und feines Garn. Um zu verhindern, dass sich die Nähte beim Steppen kräuseln oder sich die oft sehr glatten Stofflagen gegeneinander verschieben, verwenden Sie den Differentialtransport. Falls nicht vorhanden, halten Sie den Stoff vor und hinter dem Nähfuß straff.

Viele dieser Edel-Materialien sind sehr dünn und transparent. Die perfekte Nahtverarbeitung ist hier unerlässlich, denn das Innenleben des Kleidungsstücks ist von außen sichtbar. Für die Verarbeitung solcher Materialien ist der Einsatz einer Overlock-Maschine mit ihren hervorragenden Versäuberungsmöglichkeiten geradezu ideal.

Edle Spitzenstoffe gehören ebenfalls zu den Favoriten bei der Gestaltung der festlichen Abendgarderobe. Sie sollten mit kleinen Stichen (2 mm) und einer schmalen Schnittbreite (2,5 mm bis 3,5 mm) genäht werden. Auch hier gilt: Differentialtransport zuschalten oder Stoff beim Nähen straff führen. Wenn die Spitze stark durchbrochen ist und die Nadeln beim Nähen zu oft in Leerräume greifen, hilft es, Vlieseline-Nahtband oder Bobbins-Band mitzusteppen.

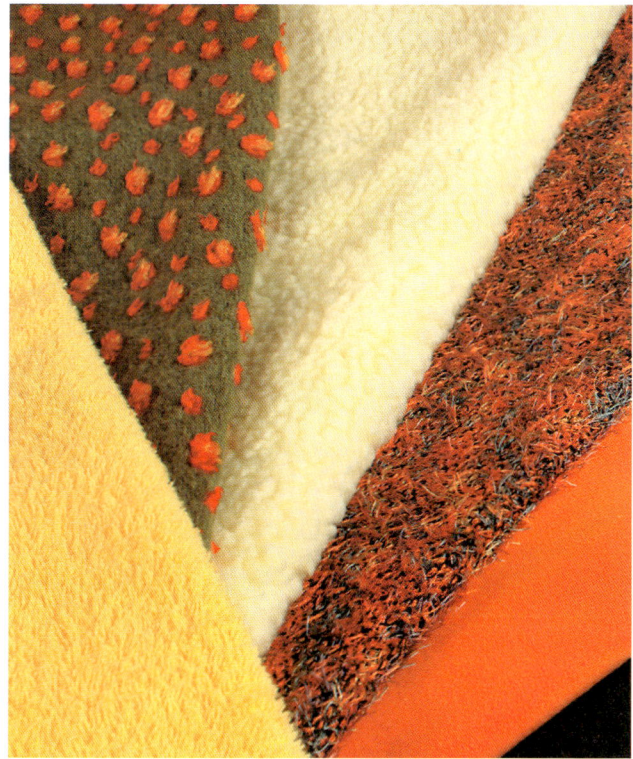

Favoriten für unkomplizierte und sportliche Mode: Frottee, Strickstoff, Teddyplüsch, Fransenstoff, Vlies und Frotteevlies.

Von romantisch bis klassisch: Baumwollstoffe mit und ohne Crash-Effekt, Leinen, Leinen mit Elastikanteil, Cord, Lederimitat, Jeansstoff.

Bildschöne Stoffe für anschmiegsame Kleidungsstücke: Nickistoff, T-Shirt-Ware (uni und gemustert), Badeanzugstoff.

Eine zauberhafte Palette edler Materialien: Seide, Organza und Goldlamé, hauchdünner Crash-Stoff und zart durchbrochene Spitze.

Die richtigen Nähfäden

Beim Kauf von Nähfäden sollten Sie daran denken, dass Overlock-Maschinen wesentlich mehr Material verbrauchen als herkömmliche Nähmaschinen. Overlock-Stiche bilden einen dichten Besatz um die Stoffkanten – ein großer Unterschied zu den typischen Geradstichen der normalen Nähmaschine. Deshalb werden Nähfäden für Overlock-Maschinen in größeren Einheiten angeboten, und zwar in Form von so genannten Konen, Miniking- und King-Spulen. Miniking-Spulen liefern Nähfaden in einer Länge von 1000 m bis 2000 m, Konen sogar von bis zu 5000 m!

Für mittlere bis schwere Stoffe können Sie problemlos die handelsüblichen Mehrzwecknähfäden verwenden. Sie sind in einer großen Farbpalette erhältlich. Für jeden Stoff lässt sich hier leicht der richtige Farbton finden (zum Beispiel Gütermann-Allesnäher aus 100 % Polyester oder Gütermann-Baumwollgarn). Mehrzwecknähfäden erhalten Sie in Parallelwicklung oder in Kreuzwicklung. Da sich parallel gewickelte Nähfadenspulen leicht von selbst abwickeln, verwenden Sie diese am besten mit einer Spulenkappe.

Grundsätzlich gilt: Damit die dichten Stiche der Overlock nicht zu sehr auftragen, sollten die Nähfäden eine Stärke feiner gewählt werden als bei einer normalen Nähmaschine. Ideal sind, vor allem auch für dünnere Stoffe, spezielle Overlock-Nähfäden. Von Gütermann gibt es zum Beispiel Gütermann-Miniking, einen Overlock-Nähfaden aus 100 % Polyester, der mit der Stärke No. 120 etwas feiner ist als der Gütermann-Allesnäher und eine Lauflänge von 1000 m hat. Sehr gut zu verarbeiten ist der noch feinere Overlock-Nähfaden Gütermann T 162 Miniking (Stärke No. 180) mit einer Lauflänge von 2000 m. Dieser Overlock-Nähfaden ist leicht transparent und garantiert dadurch eine optimale Farbanpassung. Und selbst bei feinen Stoffen gibt's beim Bügeln keinen Abdruck der Versäuberungsnaht!

Ob aus Baumwolle, Synthetik oder Materialmischungen – Overlock-Maschinen verarbeiten praktisch jeden Nähfaden. Reine Baumwoll-Nähfäden werden allerdings in den Fadenspannungsscheiben leicht abgerieben. Qualitativ nicht hochwertige Synthetiknähfäden haben den Nachteil, einen klebenden Film zu hinterlassen, der jedoch problemlos durch regelmäßige Reinigung der Spannungsscheiben mit dem Knotenfaden entfernt werden kann.

Egal, welches Material Sie verarbeiten: Sollte der Nähfaden gegen Ende der Spule wellig werden, kann das Stichprobleme verursachen. Wechseln Sie dann am besten die Spule aus und verwenden Sie den Rest des Nähfadens für Handarbeiten.

Darauf sollten Sie beim Nähfadenkauf achten:
- Entscheiden Sie sich grundsätzlich für gute Qualität. Bedenken Sie, dass Overlock-Maschinen mit hoher Nähgeschwindigkeit arbeiten und das Garn entsprechend stark strapaziert wird. Billiger Nähfaden, der schnell reißt, macht oft Ärger!
- Schauen Sie sich den Nähfaden genau an: Er sollte fein und regelmäßig sein und keine losen Fasern aufweisen. Mit ungleichmäßigem Nähfaden kann man keine saubere Naht erzielen! Übrigens sollten Sie es auch einmal mit einem Nähfaden-Wechsel versuchen, falls Ihnen das Stichbild bei einer Näharbeit nicht gefällt und Korrekturen der Fadenspannung nichts bewirken.
- In punkto Farbauswahl gilt: Nehmen Sie immer eine Stoffprobe zum Einkauf mit. Bei schwierigen Stoffen ist Gütermann T 162 Miniking zu empfehlen, da sich dieser spezielle Overlock-Nähfaden auf Grund seiner Semitransparenz farblich wunderbar anpasst.

Overlock von A bis Z

Man erkennt sie auf den ersten Blick: die funktionalen Overlock-Maschinen, die die ausgereifte Technik von Haushaltsnähmaschinen und Industriemaschinen in sich vereinen. So groß die Auswahl an Overlock-Maschinen auch ist, alle Modelle zeichnen sich durch die Variabilität und ausgesprochene Perfektion der Stiche aus.

Der kleine, feine Unterschied liegt in der Ausstattung: Je nach Typ und Fabrikat werden die Maschinen mit einer unterschiedlichen Anzahl von Fäden (bis zu fünf) und Sticharten angeboten. Jede Stichart kann ganz gezielt eingesetzt werden und liefert immer ein unverwechselbares Stichbild.

Das unterscheidet die Overlocks:

Die 4-fädige Overlock verfügt über zwei Greifer, einen oberen und einen unteren, und zwei Nadeln. Dadurch dass die 4-Faden-Überwendlichnaht mit zwei Nadeln genäht wird, bekommt sie zusätzliche Stabilität. Ansonsten sieht sie der 3-fädigen Overlocknaht zum Verwechseln ähnlich. Arbeitet man nur mit einer Nadel, entsteht eine 3-fädige Overlocknaht. Mit einer 4/3/2-fädigen Overlock-Maschine gelingen auch 2-fädige Überwendlichnähte.

Die 4-fädige Overlock mit Coverstich verfügt über drei Greifer (einen oberen und einen unteren sowie einen Doppelkettenstichgreifer) und zwei Nadeln. Mit dieser Overlock kann zusätzlich ein Coverstich genäht werden.

Die 5-fädige Overlock verfügt über drei Greifer (einen oberen, einen unteren und einen Doppelkettenstichgreifer). Die 5-fädigen Overlocks sind mit mindestens einem Coverstich ausgestattet. Die meisten Maschinen verfügen jedoch über drei verschiedene Coverstiche. Die Coverstiche werden mit zwei oder drei Nadeln genäht und immer mit dem Doppelkettenstichgreifer. Die 5-fädige Sicherheitsnaht setzt sich aus einem Kettenstich und einer 3-fädigen Überwendlichnaht zusammen. Aber auch 4/3/2-fädige Überwendlichnähte können mit der 5-fädigen Overlock genäht werden.

Die Overlock (am Beispiel der coverlock 4862 von Pfaff)

1/2 Nadelfadenspannung
3 Tragegriff
4 Greifer-Fadenspannung
5 Doppelkettenstich-Greiferfaden
6 Programmanzeige
7 Greiferklappe
8 Messerschutz
9 Hebel zum Versenken des Obergreifers
10 Standardnähfuß
11 Stichplatte
12 Schnittbreiten-Einstellrad
13 Nadelhalter
14 Nählichtabdeckung
15 Einstellrad für den Nähfußdruck

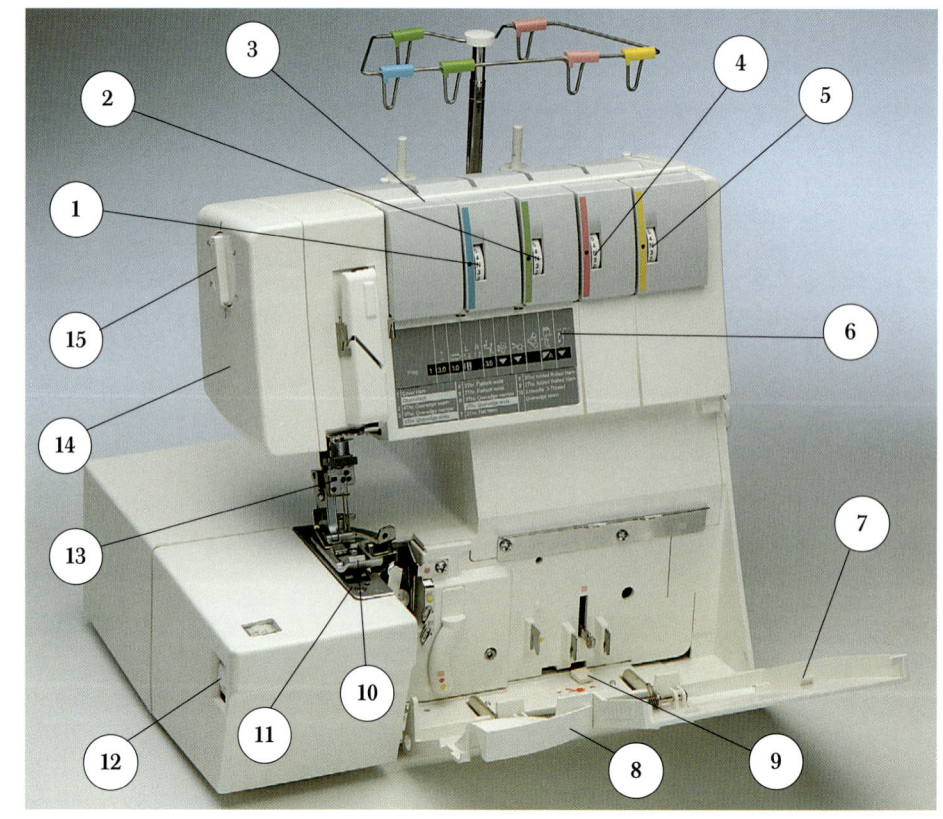

Das zeichnet die Overlocks aus:

Alles auf einmal: Das ist die Spezialität der Overlock! Mit jedem Stich erledigt sie mehrere Arbeitsgänge zugleich. Sie näht zwei Stoffteile zusammen, schneidet den Überhang ab und versäubert gleichzeitig die Kanten. Manche Maschinen säumen sogar noch automatisch. Die Nähte der Overlock sind äußerst strapazierfähig und flexibel. Transparente, leichte oder auch dehnbare Materialien lassen sich dank des gleichmäßigen Stofftransports mühelos verarbeiten.

Der Transport: Der Stofftransport erfolgt durch das harmonische Zusammenspiel von Transporteurzähnchen, Stichplatte und Nähfuß. Der Differentialtransport, soweit vorhanden, verhindert ein Dehnen und Kräuseln der Nähte.

Die Messer: Das bewegliche obere Messer und das fest stehende untere Messer werden wie eine Schere im Rhythmus der Nadelbewegungen gegeneinander geführt und beschneiden so während des Nähens den Stoff.

Die Greifer: Der obere und der untere Greifer führen jeweils einen Faden; beide übernehmen somit die Aufgabe einer Spule. Die Fäden werden beim Arbeiten miteinander verschlungen, jedoch wird letztlich nur der Nadelfaden durch den Stoff geführt.

Die Kettelfinger: Je nach Modell verfügt die Overlock-Maschine über einen oder zwei Kettelfinger, um die herum die Overlock-Stiche gebildet werden. Unter Kettelfinger versteht man zwei zinkenartige Ausbildungen, die seitlich an der Innenkante der Stichplatte angebracht sind. Manche Maschinen besitzen noch einen zusätzlichen Kettelfinger am Nähfuß.

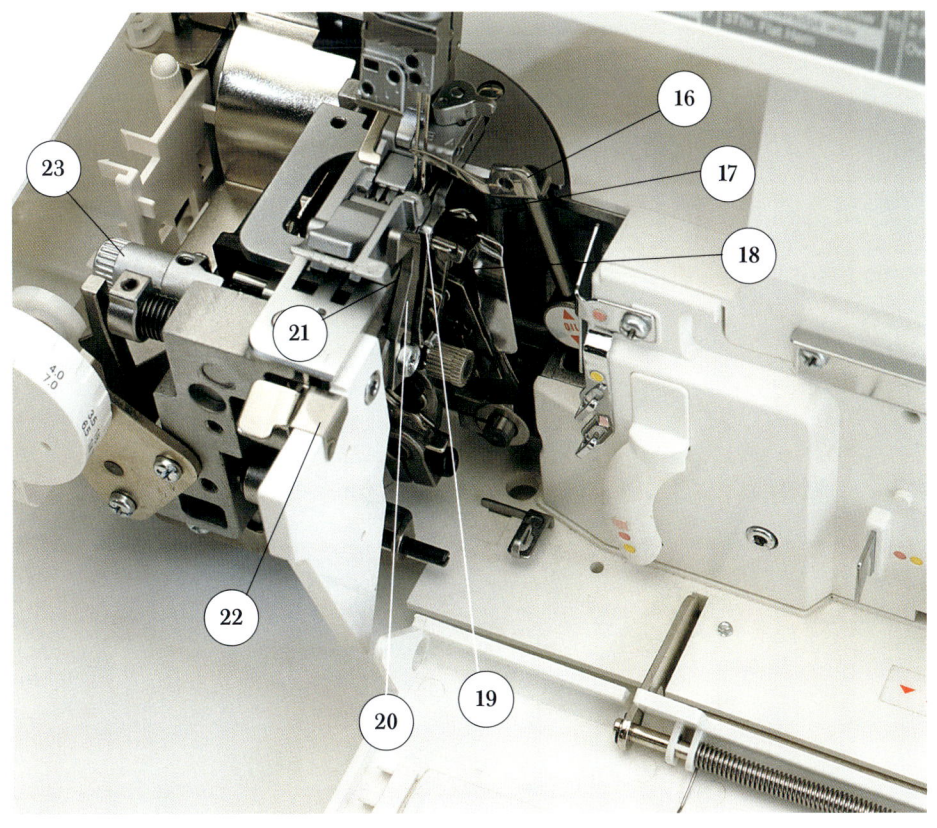

16 Obergreifer
17 Untergreifer
18 Doppelkettenstichgreifer
19 Stichbreitenzunge
20 Bewegliches Obermesser
21 Fest stehendes Untermesser
22 Klemmfeder für das Versäubern der Fadenkette
23 Drehgriff zum Versenken des Obermessers

Die praktischen Helfer: das Zubehör

Sie sind das berühmte Tüpfelchen auf dem i – die kleinen Helfer im Zubehör-Set, das (in unterschiedlichen Größen, je nach Modell) zu jeder Overlock gehört. Im Set enthalten sind beispielsweise Nadeln, Messer, Pinzetten, Garnrollennetze und eine Rollsaumstichplatte. Was diese praktischen Helfer alles können, wird in der Bedienungsanleitung Ihrer Overlock erklärt. Falls Sie weitere Fragen haben, hilft Ihnen Ihr Fachhändler vor Ort.

Wir geben Ihnen hier eine kleine Übersicht über die wichtigsten Teile:

Die Nadeln: Je nach Overlock-Modell und -Fabrikat gibt es verschiedene Nadeln mit flachem oder rundem Kolben. Bei manchen Overlock-Maschinen kann man sogar ganz normale Nähmaschinennadeln einsetzen. Welcher Nadeltyp für Ihre Maschine geeignet ist, entnehmen Sie der Gebrauchsanleitung zu Ihrer Maschine, oder Sie informieren sich bei Ihrem Fachhändler.

Um die Nadeln schneller und sicherer wechseln zu können, verfügen manche Overlock-Maschinen über eine **Nadelwechselhilfe.**

Die Nadel-Einfädelhilfe gehört heute bereits zur Standardausrüstung vieler Overlock-Maschinen. Mit ihrer Hilfe können Sie sich das Einfädeln erleichtern und viel Zeit sparen.

Die Messer: Damit werden überschüssige Nahtzugaben vor dem Steppen abgeschnitten. Das obere, bewegliche Messer wird bei diesem Vorgang gegen das untere, fest stehende Messer geführt.

Die Rollsaumstichplatte: Damit lassen sich Rollsäume im Nu nähen, weil der Stoff automatisch umgelegt wird. Einige Fabrikate sind mit einer Kombistichplatte ausgestattet, die man auch einsetzen kann, um einen Rollsaum zu nähen. Spezielles Zubehör ist dann nicht erforderlich.

Das Zubehör bei Pfaff

1. Einfädelhilfe für die Nadel
2. Nadelwechselhilfe
3. Pinzette
4. Standardnähfuß
5. Fadenabrollscheiben
6. Tisch
7. Pinsel
8. Ersatz-Obermesser
9. Schraubenschlüssel
10. Schraubendreher
11. Klarsichtfuß
12. Schraubenzieher
13. Garnrollennetz
14. Garnrollenteller
15. Garnrollenzentrierung
16. Messerschutz

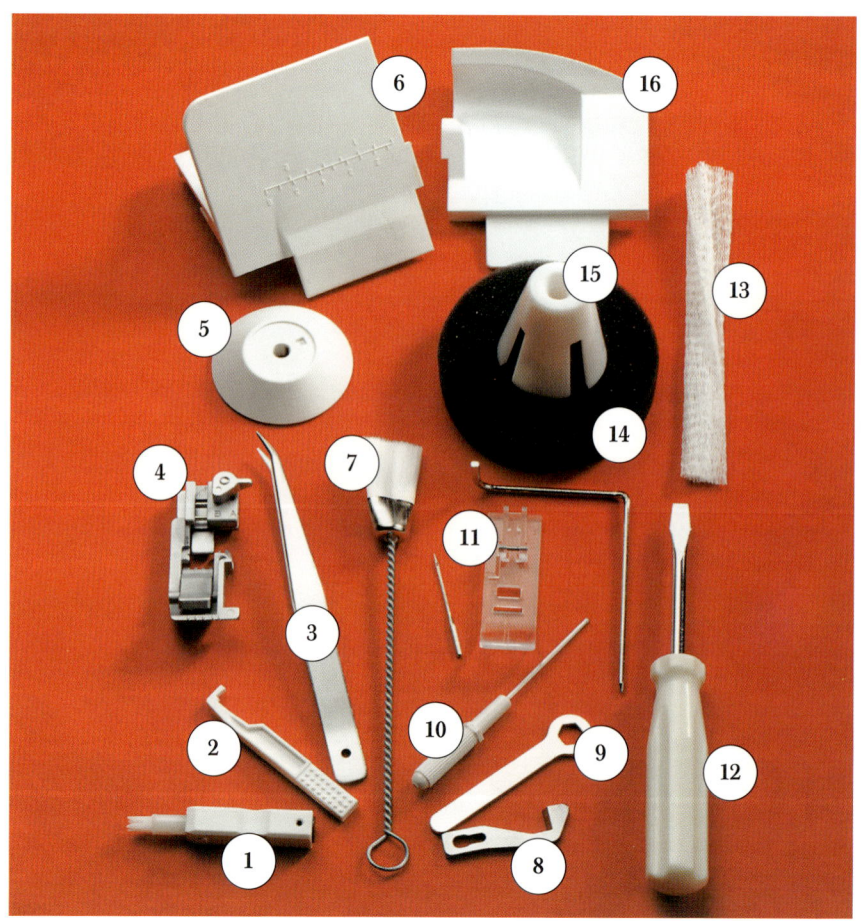

Das Kantenlineal sorgt für gerade Nähte und wird bei einigen Modellen schon als Standardzubehör mitgeliefert.

Der Greifereinfädler: Bei den modernen Overlock-Maschinen ist ein Greifereinfädler bereits integriert. Er erleichtert das Einfädeln des unteren Greiferfadens.

Die Pinzetten sind praktische Helfer beim Einfädeln der Maschine und bei vielen anderen Arbeiten an schwer zugänglichen Stellen.

Die Garnrollennetze verhindern, dass sich der Faden unkontrolliert abwickelt und dabei verknotet. Sie sind vor allem bei synthetischen Garnen empfehlenswert, da sich gerade die leichten Synthetikgarne gerne „selbstständig" machen und von der Garnrolle abwickeln. Das Garnrollennetz wird von unten über die Garnrolle gezogen. Erst danach wird die Garnrolle auf den Garnrollenständer gesetzt.

Die Fadenablaufscheibe kommt bei kleineren Garnrollen zur Anwendung. Setzen Sie die Garnrolle auf den Garnrollenstift und stecken Sie anschließend die Fadenablaufscheibe auf. Außerdem empfiehlt es sich, die Garnrollenteller einzusetzen.

Die Garnrollenteller/die Garnrollenzentrierung: Für alle, die mit großen Garnrollen arbeiten (zwischen 5 000 und 10 000 m) empfehlen sich Garnrollenteller. Für eine problemlose, gleichmäßige Garnabwicklung bietet sich die Garnrollenzentrierung an. Stecken Sie diese auf den Garnrollenstift auf. Besonders bei synthetischen Garnen sind die Garnrollenteller eine große Hilfe, weil sie Fäden, die sich „selbstständig" von der Garnrolle abwickelten, wieder auffangen und einen sauberen, einwandfreien Fadenlauf gewährleisten.

Die Ansteck-Fadenführung: Absolut im Trend sind Dekorgarne. Beim Nähen mit den Ziergarnen empfiehlt sich die Ansteck-Fadenführung aus dem Zubehör-Set. Sie wird am Fadenführungsteleskop aufgesteckt. Weitere Hilfe bietet das Garnrollennetz und der Garnrollenteller.

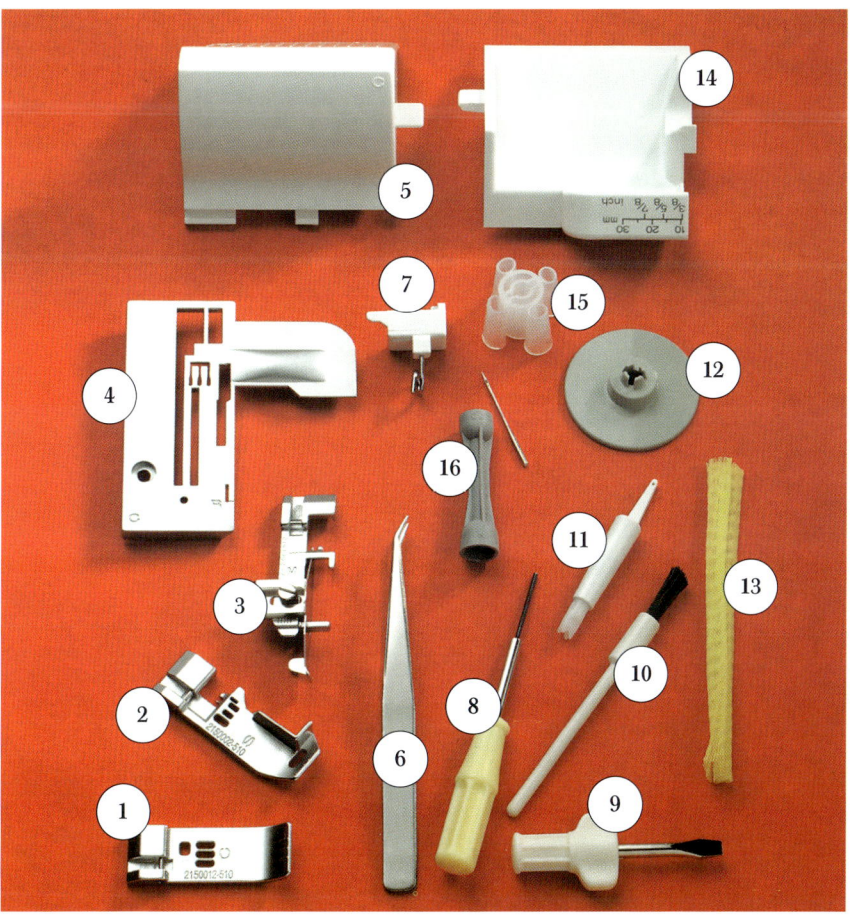

Das Zubehör bei Husqvarna Viking

1 Coverstich-Nähfuß
2 Standardnähfuß
3 Mehrzweckfuß
4 Coverstichplatte
5 Tisch
6 Pinzette
7 Ziernahtführung
8 Imbusschlüssel zum Öffnen der Nadelschrauben
9 Schraubendreher
10 Reinigungspinsel
11 Nadeleinfädler und Nadelwechselhilfe
12 Fadenabrollteller
13 Garnrollennetz
14 Messerschutz
15 Garnrollenzentrierung
16 Lampenwechselhilfe

Stichlänge und Schnittbreite

Um in nähtechnischer und optischer Hinsicht ein optimales Ergebnis zu erreichen, muss bei jedem Stoff die Sticheinstellung neu und individuell vorgenommen werden. Es empfiehlt sich daher, im Vorfeld einige Probenähte zu steppen. Zur Einstellung selbst muss der erfahrenen Hobbyschneiderin wenig erklärt werden. Die Einstellung entspricht in etwa der des Zickzackstichs bei der Nähmaschine. Grundsätzlich bleibt noch zu erwähnen, dass bei jeder Veränderung der Sticheinstellung die Fadenspannung überprüft und gegebenenfalls neu eingestellt werden muss.

Die Stichlänge

Unter der Stichlänge versteht man den Abstand zwischen zwei Nadeleinstichen, der je nach Maschinentyp unterschiedlich ist und bei 0,5 mm beginnt. Es gilt die Faustregel, dass bei leichten Stoffen kürzere und schmalere Stiche, bei schweren, festen Materialien längere und breitere Stiche zu bevorzugen sind. Wer keine unliebsamen Überraschungen erleben möchte, sollte unbedingt an einem Stück des gewünschten Stoffes ausprobieren, welche Stichlänge im aktuellen Fall die optimale ist.

> **Achtung:**
> Zu kurz eingestellte Stiche können zum Stoffstau führen, weil der Stoff nicht mehr schnell genug transportiert werden kann und sich die Stiche auf dem Kettelfinger stauen.

> **Tipp:**
> Stellen Sie die Stiche nicht zu kurz ein! Dies gilt besonders bei stichempfindlichen Stoffen wie beispielsweise Organza oder Taft. Zu eng positionierte Nadeleinstiche können leicht dazu führen, dass der Stoff schon bei geringer Beanspruchung an der Nahtlinie ausbricht. Kurze Stiche können zudem leicht zu unschönen Kräuseln in der Naht führen, abgesehen davon, dass die Naht wenig widerstandsfähig ist und schneller ausreißt.

Die Stichlänge wird mit dem Stichlängeneinsteller oder -wähler eingestellt. Wo dieser positioniert ist und wie er im entsprechenden Fall gehandhabt wird, entnehmen Sie bitte der Bedienungsanleitung Ihrer Overlock-Maschine.

Die Schnittbreite

Unter der Schnittbreite versteht man den Abstand zwischen der Stoffkante und dem Nadelfaden. Bei einer Overlock, die mit zwei Nadeln arbeitet, geht man dabei vom linken Nadelfaden aus. Inwieweit sich die Schnittbreite verändern lässt, hängt vom jeweiligen Modell ab. So gibt es Overlock-Maschinen, bei denen sich die Schnittbreite überhaupt nicht oder aber nur geringfügig verändern lässt. Bei manchen Overlocks lässt sich die Schnittbreite nur verändern, indem man die linke Nadel stilllegt und nur mit einer 3-fädigen Overlocknaht arbeitet. Welche Möglichkeiten Ihre Overlock hat, entnehmen Sie bitte der Bedienungsanleitung. Wer noch keine Overlock besitzt und Wert auf möglichst viele Variationsmöglichkeiten legt, sollte sich beim Kauf einer Overlock diesbezüglich vom Fachhändler beraten lassen.

> **Tipp:**
> Ähnlich wie die Stichlänge, hat die Schnittbreite einen wesentlichen Einfluss auf ein sauberes, schönes Nahtbild. Abgesehen davon, dass eine zu schmale Schnittbreite der Stoffkante wenig Halt gibt und die Naht schnell ausreißen kann. Dies gilt in erster Linie für feste, schwere Stoffqualitäten, für die Sie immer eine möglichst große Schnittbreite wählen sollten. Handelt es sich dagegen um einen leichten, fließenden Stoff, ist eine große Schnittbreite nicht angebracht, da zu breite Stiche schnell zu unschönen Wellen führen oder im schlechtesten Fall sogar ein wulstartiges Zusammenziehen des Stoffes zur Folge haben.

Sticharten und ihre Anwendung

Kettenstich: Zum Nähen von Säumen. Auch für Ziernähte geeignet. Ideal bei der Verarbeitung von Webstoffen.

3-Faden-Rollsaum: Ein dekorativer Kantenabschluss. Gut geeignet bei schmalen Nähten und Säumen. Wird vorwiegend zum Versäubern von leichten bis mittelschweren Stoffen verwendet.

5-Faden-Sicherheitsnaht: Die klassische Industrienaht! Zum Zusammennähen und gleichzeitigen Versäubern von festen Materialien für Nähte und Kanten, die extrem viel aushalten müssen. Eine Naht, die besonders strapazierfähig ist und sich für Arbeitskleidung, für schwere Home-Deco-Stoffe, beispielsweise Polsterstoffe, oder auch für Kinderkleidung hervorragend eignet.

4-Faden-Überwendlichnaht: Zum Zusammennähen und gleichzeitig perfekten Versäubern sämtlicher Materialien. Besonders gut geeignet beim Verarbeiten von elastischen Stoffen.

3-Faden-Überwendlichnaht schmal: Eignet sich hervorragend zum Versäubern von leichten, feinen Stoffen, ist aber auch ideal bei stark fransenden Materialien.

3-Faden-Überwendlichnaht breit: Eignet sich hervorragend zum Versäubern von festen Stoffen, ist aber auch ideal bei stark fransenden Materialien in diesem Materialbereich.

Der Coverstich kommt beim Nähen von Säumen und bei Ziernähten zum Einsatz.

Coverstich breit: Der breite Coverstich ist der perfekte Saumabschluss an T-Shirts, Sweatshirts, an Sportswear und anderen Modellen aus elastischen Stoffen. Außerdem hat er sich zum Einfassen von Ausschnitten und zum gleichmäßigen Einnähen von Gummibändern bestens bewährt.

Coverstich schmal: Der schmale Coverstich ist ideal für sehr schmale Säume (beispielsweise bei feinsten Materialien) sowie beim Nähen von Biesen.

3-fach-Coverstich: Hoch elastische Materialien verarbeitet man am besten mit dem 3-fach-Coverstich. Er eignet sich aber auch als reine dekorative Ziernaht.

2-Faden-Flatlocknaht breit: Die 2-Faden-Flatlocknaht wird zum Zusammennähen und Säumen verwendet. Besonders mittelschwere, aber auch dehnbare Materialien lassen sich mit ihr bestens verarbeiten. Darüber hinaus ist die 2-Faden-Flatlocknaht ein dekorativer Kantenabschluss.

4-Faden-Schließnaht: Die 4-Faden-Schließnaht wird zum Zusammennähen und gleichzeitigen Versäubern verwendet. Sie ist ideal zum Verarbeiten von festen und leicht dehnbaren Materialien, beispielsweise für Bettwäsche, Hosen, und hier besonders für die Seitennähte, sowie für superleichtes Gewebe wie Organza.

Die Fadenspannung

Nicht immer ist die Fadenspannung schuld, wenn Ihre Overlock oder auch jede andere Nähmaschine nicht sauber arbeitet, und nicht jeder Stichfehler weist auf eine falsche Fadenspannung hin. Zwar spielt die Fadenspannung bei der Overlock eine ebenso wichtige Rolle wie bei der normalen Nähmaschine, jedoch kann es durchaus auch an der Einfädelung liegen, wenn das Steppbild nicht korrekt aussieht.

Damit das Einstellen der Fadenspannung leichter von der Hand geht, sollten Sie in jedem Fall alle Fäden in der jeweiligen Farbe der auf Ihrer Overlock gekennzeichneten Farbmarkierungen einfädeln. So haben Sie schnell einen Überblick, denn Sie können die einzelnen Fäden des Stichbildes leichter auseinander halten.

Kontrolle ist alles!

Überprüfen Sie, ob sich die Fäden in den jeweiligen Führungen befinden und nicht gerissen sind. Kontrollieren Sie, ob sich das Obermesser in Bezug auf das Untermesser richtig bewegt, indem Sie das Handrad langsam auf sich zu bewegen. Die meisten Overlock-Maschinen verfügen über ein Handrad. Bei vollautomatischen Overlocks erfolgt die Korrektur über Tasten. Lesen Sie hierzu bitte die Bedienungsanleitung beziehungsweise fragen Sie Ihren Fachhändler. In keinem Fall dürfen sich zwischen den Messern Stoffreste befinden. Vergewissern Sie sich, dass die Fäden Stiche auf der Stichplatte hinterlassen. Sollte dies nicht der Fall sein, überprüfen Sie bitte noch einmal die Einfädelwege.

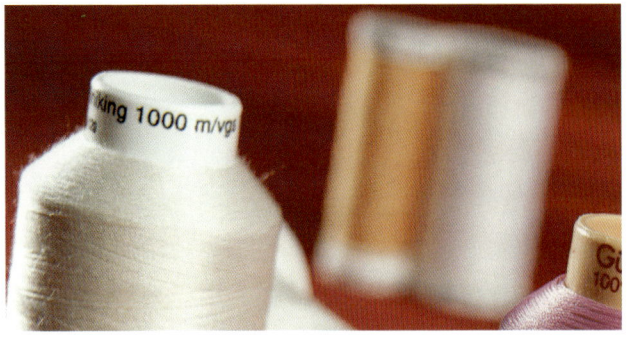

Probenähte sind der erste Schritt zum Erfolg

Overlock-Maschinen werden vom Hersteller mit einer bereits eingestellten Fadenspannung geliefert. Am besten beginnen Sie Ihren Test mit dieser Standardeinstellung. Zwar ist nicht gewährleistet, dass sie ein optimales Ergebnis liefert, aber sie kann Ihnen wichtige Anhaltspunkte für Ihre weitere Arbeit geben. Bei Ihren Nähversuchen sollten Sie zuerst einige Zentimeter mit dieser Grundeinstellung nähen und dann peu à peu die Spannungswähler der entsprechenden Fäden niedriger und höher einstellen. Überprüfen und ändern Sie gegebenenfalls jede Einstellung so lange, bis Sie das für Sie optimale Stichbild gefunden haben. Nur so können Sie eindeutig zuordnen, welchen Einfluss die Fadenspannung einzelner Fäden auf das Gesamtbild Ihrer Näharbeit hat. Um die Fadenspannung zu erhöhen, verändern Sie die Einstellung auf einen höheren Wert. Wollen Sie die Fadenspannung verringern, stellen Sie sie auf einen niedrigeren Wert ein. Steht die Spannung aller Fäden im richtigen Verhältnis, spricht man von einer ausgewogenen Naht, bei der sich die von oben wie auch von unten um den Stoff greifenden Fäden exakt auf der Stoffkante miteinander verschlingen.

Bitte beachten Sie: Stoffart, Garnqualität und die Nadelstärke beeinflussen auch die Nahtbildung, sodass die Einstellung der Fadenspannung immer wieder korrigiert werden muss. Wollen Sie die Einstellung während des Nähvorgangs ändern, so sollten Sie den Wert höchstens um einen halben Zahlenwert, also beispielsweise von 1,5 auf 2,0, korrigieren und sicherheitshalber lieber noch einmal eine Probenaht steppen.

So korrigieren Sie die Fadenspannung: 4-Faden-Überwendlichnaht

Die richtige Fadenspannung
Ober- und Unterfaden haben beide eine ausgeglichene Fadenspannung. Beide Fäden sind am Stoffrand miteinander verschlungen. Der Nadelfaden sollte weder zu straff noch zu locker sein.

Die Nadelfäden sind zu locker. Wenn die Nadelfäden zu locker sind, bilden sie auf der Unterseite des Stoffes lockere Schlaufen. Stellen Sie die Fadenspannung der Nadelfäden auf einen höheren Wert ein.

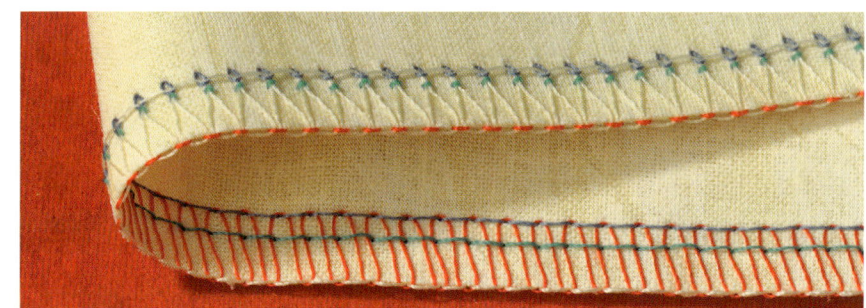

Die Nadelfäden sind zu fest. Wenn die Nadelfäden zu fest sind, kräuselt sich der Stoff. Stellen Sie die Fadenspannung der Nadelfäden auf einen niedrigeren Wert ein.

Der Obergreiferfaden ist zu locker. Ist der Obergreiferfaden auf der Unterseite des zu verarbeitenden Stoffes zu sehen? Dann stellen Sie die Fadenspannung des Obergreifers auf einen höheren und/oder die Fadenspannung des Untergreifers auf einen niedrigeren Wert ein.

Der Untergreiferfaden ist zu locker. Ist der Untergreiferfaden auf der Unterseite des zu verarbeitenden Stoffes zu sehen? Dann stellen Sie die Fadenspannung des Untergreifers auf einen höheren und/oder die Fadenspannung des Obergreifers auf einen niedrigeren Wert ein.

So korrigieren Sie die Fadenspannung: 3-Faden-Überwendlichnaht schmal und breit

Die richtige Fadenspannung
Ober- und Unterfaden haben beide eine ausgeglichene Fadenspannung. Beide Fäden sind am Stoffrand miteinander verschlungen. Der Nadelfaden sollte weder zu straff noch zu locker sein.

Der Nadelfaden ist zu locker.
Ist der Nadelfaden zu locker, bilden sich auf der unteren Seite des Stoffes lockere Schlaufen. Stellen Sie die Fadenspannung der Nadelfäden auf einen höheren Wert ein. Für die breite Naht die linke Nadelfadenspannung, für die schmale Naht die rechte Nadelfadenspannung korrigieren.

Der Nadelfaden ist zu fest.
Wenn der Nadelfaden zu fest ist, kräuselt sich der Stoff. Stellen Sie die Fadenspannung der Nadelfäden auf einen niedrigeren Wert ein. Für die breite Naht die linke Nadelfadenspannung, für die schmale Naht die rechte Nadelfadenspannung korrigieren.

Der Obergreiferfaden ist zu locker. Ist der Obergreiferfaden auf der Unterseite des zu verarbeitenden Stoffes zu sehen? Dann stellen Sie die Fadenspannung des Obergreifers auf einen höheren und/oder die Fadenspannung des Untergreifers auf einen niedrigeren Wert ein.

Der Untergreiferfaden ist zu locker. Ist der Untergreiferfaden auf der Unterseite des zu verarbeitenden Stoffes zu sehen? Dann stellen Sie die Fadenspannung des Untergreifers auf einen höheren und/oder die Fadenspannung des Obergreifers auf einen niedrigeren Wert ein.

So korrigieren Sie die Fadenspannung: 3-Faden-Rollsaum

Die richtige Fadenspannung
Bildet der Obergreiferfaden große Überwendlichstiche, sodass diese sich zusätzlich zum Nadelfaden mit dem Unterfaden auf der linken Stoffseite verbinden, dann ist die Fadenspannung korrekt. Die Verschlingung mit dem Unterfaden verläuft parallel zum Nadelfaden.

Der Nadelfaden ist zu locker.
Ist der Nadelfaden zu locker, bilden sich auf der Unterseite des Stoffes lockere Schlaufen. Stellen Sie die rechte Nadelfadenspannung auf einen höheren Wert ein.

Der Nadelfaden ist zu fest.
Ist der Nadelfaden zu fest, kräuselt sich der Stoff. Stellen Sie die rechte Nadelfadenspannung auf einen niedrigeren Wert ein.

Der Obergreiferfaden ist zu locker. Der Obergreiferfaden umschlingt die Stoffkante nur teilweise? Dann stellen Sie die Fadenspannung des Obergreifers auf einen niedrigeren und/oder die Fadenspannung des Untergreifers auf einen höheren Wert ein.

Der Untergreiferfaden ist zu locker. Ist der Untergreiferfaden zu deutlich zu sehen? Dann stellen Sie die Fadenspannung des Untergreifers auf einen höheren und/oder die Fadenspannung des Obergreifers auf einen niedrigeren Wert ein.

So korrigieren Sie die Fadenspannung: 2-Faden-Flatlocknaht schmal und breit

Die richtige Fadenspannung
Sind alle Spannungen optimal eingestellt, liegt die Verschlingung beider Fäden auf der Stoffrückseite. Zum Arbeiten mit der 2-Faden-Flatlocknaht muss der Konverter angebracht werden. Da nicht jede Overlock automatisch mit einem Konverter ausgestattet ist, empfiehlt es sich, in der Bedienungsanleitung nachzuschauen, ob ein Konverter zum Standardzubehör gehört. Gerne berät Sie hierzu Ihr Fachhändler.

Der Nadelfaden ist zu lose oder der Untergreiferfaden ist zu fest.
Stellen Sie die entsprechende Nadelfadenspannung (für die schmale Naht die rechte Nadelfadenspannung, für die breite Naht die linke Nadelfadenspannung) auf einen höheren und/oder die Untergreiferfadenspannung auf einen niedrigeren Wert ein.

Der Untergreiferfaden ist zu lose oder der Nadelfaden ist zu fest.
Stellen Sie die Untergreiferfadenspannung auf einen höheren und/oder die entsprechende Nadelfadenspannung auf einen niedrigeren Wert ein.

So korrigieren Sie die Fadenspannung: Kettenstich

Die richtige Fadenspannung
Auf der Unterseite des Stoffes sieht der Kettenstich wie ein ganz normaler Geradstich aus. Der Nadelfaden wird mit dem Greiferfaden verschlungen, beide bilden zusammen den Kettenstich. Sind alle Fadenspannungen richtig eingestellt, ist der Nadelfaden auf der Unterseite des Stoffes nur wenig sichtbar.

Der Nadelfaden ist zu locker.
Ist der Nadelfaden zu locker, bilden sich auf der Unterseite des Stoffes lockere Schlaufen. Stellen Sie die Nadelfadenspannung auf einen höheren Wert ein.

Der Nadelfaden ist zu fest.
Ist der Nadelfaden zu fest, kräuselt sich der Stoff. Stellen Sie die Nadelfadenspannung auf einen niedrigeren Wert ein.

Der Doppelkettenstich-Greiferfaden ist zu locker. Bildet der Greiferfaden auf der Unterseite des Stoffes zu große Schlingen, dann stellen Sie die Fadenspannung des Doppelkettenstich-Greiferfadens auf einen höheren Wert ein.

So korrigieren Sie die Fadenspannung: Coverstich

Die richtige Fadenspannung
Sind alle Fadenspannungen optimal eingestellt, sind die Nadelfäden auf der Unterseite des Stoffes nur wenig sichtbar. Der Greiferfaden umschlingt die Nadelfäden auf der Stoffunterseite.

Der Nadelfaden ist zu locker.
Ist der Nadelfaden zu locker, bilden sich auf der Unterseite des Stoffes lockere Schlaufen. Stellen Sie die Nadelfadenspannung auf einen höheren Wert ein.

Der Nadelfaden ist zu fest.
Ist der Nadelfaden zu fest, kräuselt sich der Stoff. Stellen Sie die Nadelfadenspannung auf einen niedrigeren Wert ein.

Sollten an Ihrem Nähgut Schlingen überstehen oder sich die Stoffkante zusammenrollen, liegt dies nicht an der Fadenspannung. So können Sie es ändern:

Schlingen stehen über. Sollten bei Ihrem Nähgut Schlingen überstehen, rücken Sie das bewegliche Obermesser nach rechts, sodass die Schnittbreite schmaler wird.

Nähgut rollt sich zusammen.
Sollte sich Ihr Nähgut an der Kante zusammenrollen, rücken Sie das bewegliche Obermesser nach links, sodass die Schnittbreite größer wird.

Säume und Nähte

Der Coverstich

Für viele ist er der Overlock-Stich schlechthin: der Coverstich. Und dabei ist es keineswegs selbstverständlich, dass jede Overlock über ihn verfügt. Ist er jedoch vorhanden, dann vor allem als Standard-Coverstich, in exklusiv ausgestatteten Maschinen zusätzlich noch als Coverstich schmal und als 3-fach-Coverstich.

Wie Ihre Overlock auf den Coverstich eingestellt werden muss, entnehmen Sie der Bedienungsanleitung. Wer ganz auf Nummer Sicher gehen will, lässt sich im Fachhandel nicht nur die Naht zeigen, sondern auch, wie sie eingestellt wird. Äußerst wichtig ist in jedem Fall, dass der richtige Greifer zum Einsatz kommt. Um den Coverstich nähen zu können, müssen Sie immer den Doppelkettenstichgreifer einfädeln!

Zum Säumen ist es sinnvoll, das Nähgut zuvor umzubügeln. Der Nähtisch bei der Overlock mit Coverstich ist mit einer Maßeinteilung versehen. Geben Sie beim Umbügeln zu der Breite, die der Saum später haben soll, 0,5 cm zu.

Ein Beispiel: Der Saum soll 3 cm breit werden, das heißt, Sie müssen ihn 3,5 cm breit umbügeln. Achten Sie beim Nähen auf die Maßeinteilung des Nähtisches und nähen Sie an der Einteilung von 3 cm.

Wenn Sie aufs Bügeln verzichten möchten: Mit der Saumführung können Sie den Saum spielend leicht nähen, ohne ihn zuvor umzubügeln. Die Saumführung ist als Sonderzubehör im Fachhandel erhältlich.

Saum umbügeln

Ein schöner Rücken kann wahrlich entzücken – so „verpackt" zieht er erst recht alle Blicke auf sich. Auffallend bei diesem edlen Body sind die Schnürverschlüsse, die im wirkungsvollen Kontrast zum anschmiegsamen Baumwollkrepp stehen und für eine raffinierte Rückenansicht sorgen. Die Schlingenverschlüsse, die eigentlich aus der Trachtenmode kommen, sind in den meisten Nähmaschinen-Fachgeschäften, die Kurzwaren und Zubehör führen, erhältlich.

Der **Coverstich** ist der perfekte Saumabschluss für T-Shirts, Sweatshirts, Sportswear, Dessous, Badekleidung, Heimtextilien und vieles mehr.

Der **schmale Coverstich** eignet sich hervorragend für Puppenkleidung oder zum Verarbeiten von feinsten Materialien.

Mit den Coverstichen erhalten Sie in enorm kurzer Zeit ein Ergebnis, das sich sehen lassen kann und sich in nichts von einem Kleidungsstück aus der Konfektion unterscheidet.

Hoch elastische Stoffe verarbeitet man am besten mit dem **3-fach-Coverstich**.

Wer schöne Wäsche gerne selber näht, weiß um die Vorteile einer Overlock-Maschine: Hoch elastische Stoffe, wie zum Beispiel Lycra oder Microfaser, lassen sich ebenso wie Spitzen mit der Overlock problemlos verarbeiten. Besonders einfach ist es, wenn die Maschine zudem über den Fagottstich verfügt, der typisch ist für Dessous.

Der Rollsaum

In jeder modernen Overlock-Maschine ist heute ein Rollsaumstich integriert. Bei manchen Modellen muss man dazu einen Rollsaumfuß anbringen, bei anderen wiederum muss die Stichplatte gewechselt werden. Allerdings: Wer stolzer Besitzer einer hoch technisierten Maschine ist, muss keinen dieser zusätzlichen Handgriffe vornehmen.

Je nach Modell können Rollsäume mit zwei oder drei Fäden genäht werden; viele Maschinen bieten sogar beide Möglichkeiten an. Wenn Sie wissen wollen, was Ihre Maschine kann, dann genügt ein Blick in die Bedienungsanleitung.

Absolut wichtig ist die richtige Einstellung der Stichlänge. Wird diese beispielsweise bei dünnen Stoffen zu schmal eingestellt, kann dies dazu führen, dass die dicht aufeinander folgenden Stiche die Nähkante so versteifen, dass Volants oder Rüschen nicht mehr weich fallen und eher einem harten Brett ähneln. Sind die Stiche hingegen zu lang, werden sich die Kanten möglicherweise unschön einkräuseln.

Die Overlock auf Rollsaum einstellen

Wenn Sie einen Rollsaum im schrägen Fadenlauf nähen wollen, müssen Sie, je nach Stoffdicke, den Differentialtransport einschalten, um ein Kräuseln oder Auswellen der Naht zu verhindern. In jedem Fall ist es ratsam, zuerst eine Probenaht zu nähen.

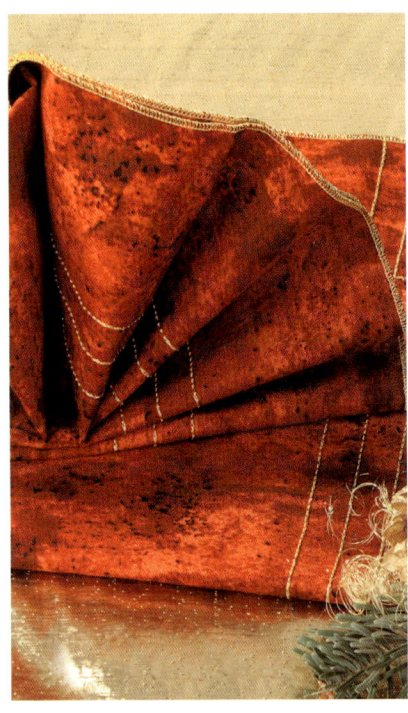

Mit leichten Stoffen gelingt ein Rollsaum am einfachsten. Besonders dekorativ wird er, wenn Sie einen Stickfaden verwenden (z.B. Stickgarn von Gütermann, erhältlich im Kurzwaren- oder Nähmaschinen-Fachhandel mit Kurzwarenabteilung).

Den eleganten Welleneffekt erhalten Sie, wenn Sie den Stoff vorne und hinten halten und beim Nähen mit der Maschine leicht ausdehnen.

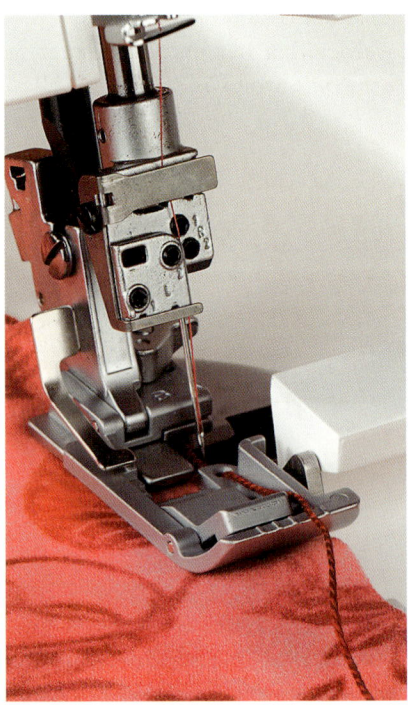

Noch plastischer wird der Rollsaum, wenn Sie einen Perlgarnfaden (z.B. von Gütermann) mit in den Saum einnähen. Sollte der Nähfuß nicht über eine entsprechende Bohrung verfügen, die dafür sorgt, dass der Faden besser geführt werden kann, dann legen Sie den Faden einfach über den vorderen Teil des Nähfußes, sodass er beim Nähen mitgefasst wird.

Der Blindsaum

Eine Klasse für sich ist der Blindsaum, der auf der Oberseite des Stoffes überhaupt nicht in Erscheinung tritt. Um diesen unsichtbaren Saum zu erhalten, benötigen Sie einen Blindstichfuß (Sonderzubehör, im Nähmaschinen-Fachhandel erhältlich). Er eignet sich besonders gut für mittelschwere bis dicke Stoffe.

Overlock-Maschine auf die 3-Faden-Overlocknaht schmal einstellen. Den Blindstichfuß einsetzen. Nun die Saumbreite nach innen schlagen und anschließend den Saum wieder nach außen legen, sodass die Kante 1 cm übersteht. Dies ist wichtig, damit ein richtiger Saum entstehen kann. Achten Sie darauf, dass die Führung des Blindstichfußes korrekt eingestellt ist, damit diese am Stoffbruch des Oberstoffes gerade geführt werden kann.

Für ein optimales Ergebnis verwenden Sie zum Nähen eines Blindsaumes am besten 180er Overlockgarn, da dieses Garn sehr fein und dünn ist.

Der Leiterstich

Mit dem Blindstichfuß und der 2-Faden-Flatlocknaht können Sie auch einen Saum nähen, der in der Fachsprache „Leiterstich" genannt wird. Leiterstich deshalb, weil er von der rechten Seite aussieht wie eine Leiter.

Schlagen Sie den Saum in der gewünschten Breite zweimal um. Legen Sie den Saum mit der rechten Stoffseite so unter den Nähfuß, dass der Stoffbruch des Oberstoffes an der Führung entlangläuft. Wenn Sie anschließend die Naht auseinander ziehen, wird der Leiterstich auf der rechten Stoffseite sichtbar.

Fit fürs Studio: Mit dieser Kombination aus Body und passender Hose aus leichtem Baumwollstoff sind Sie top in Form für Ihr persönliches Fitnessprogramm. Da sie mit einer Overlock genäht wurden, sind die Nähte, dank des hohen Fadenvolumens und der speziellen Verarbeitung, extrem strapazierfähig und machen jede Bewegung problemlos mit.

Die Flatlocknaht

Eine Flatlocknaht kann mit zwei bzw. drei Fäden genäht werden. Flacher und elastischer wird die Naht, wenn Sie sie mit zwei Fäden nähen. Allerdings kann nur dann mit zwei Fäden genäht werden, wenn Ihre Overlock über einen Konverter verfügt. Die Flatlocknaht, auch flache Naht genannt, eignet sich besonders gut als dekorativer Kantenabschluss.

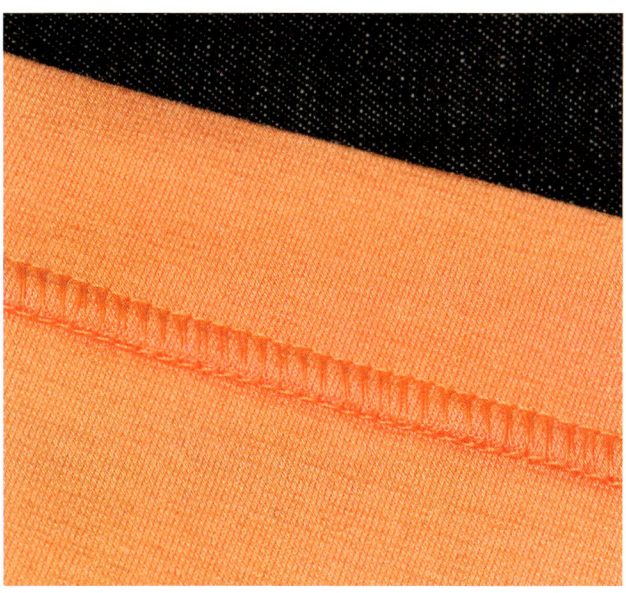

Die Flatlocknaht als Saum: Dafür den Stoff in der gewünschten Breite einschlagen, anschließend in der gleichen Breite umschlagen. Genäht wird an der Kante und zwar von der rechten Stoffseite aus. Zum Schluss Stoff auseinander ziehen.

Die Flatlocknaht dient zum Zusammennähen von dehnbaren und nicht dehnbaren Materialien. Um sie noch dekorativer zu gestalten, fädeln Sie am besten auf den Untergreifer ein oder zwei Ziergarne gleichzeitig mit ein. Wenn Sie eine Flatlocknaht nähen, darf das Obermesser nicht ausgeschaltet werden. Um eine gleichmäßige flache Naht zu erhalten, sollte das Ober-

messer beim Zusammennähen parallel dazu immer die Stoffkante abschneiden. Wenn Sie eine Ziernaht nähen, kann das Obermesser ebenfalls mit eingeschaltet bleiben. Führen Sie den Stoffbruch am Messer entlang, das Ihnen jetzt als Führung dient. So wissen Sie sofort, wie weit der Stoff unter dem Nähfuß nach innen gelegt werden kann.

Zum Schluss Stoff auseinander ziehen, damit Sie eine flache Naht erhalten.

Spitzensaum

Um die Spitze perfekt an die Kante annähen zu können, gibt es eine spezielle Führung, die Ihre Arbeit wesentlich erleichtert.

Ziergarne und -nähte

Die richtigen Fäden für Ziersteppereien

Interessante Effekte lassen sich erzielen, wenn Sie für Nähte von Kleidungsstücken und Heimtextilien, die Sie besonders betonen wollen, spezielle Zierstichfäden oder anderes wirkungsvolles Fadenmaterial verwenden. Voluminöse Nähte in Kontrastfarben betonen beispielsweise den lässigen Stil von Sportkleidung, während mit Seide eingefasste Kanten wunderbar zur eleganten Abendgarderobe passen. Effekt- und Zierfäden eignen sich besonders gut, um edle Akzente auf Tischdecken und Servietten zu setzen!

Es gibt **spezielle Zierstichfäden** für Näh- und Overlock-Maschinen aus unterschiedlichen Materialien. Am häufigsten eingesetzt werden *synthetische Fäden*, weil diese für praktisch alle Stoffe problemlos verwendet werden können. Der Zierstichfaden M 1003 von Gütermann besteht aus 100% Polyester und ist universell einsetzbar. Mit Fadenstärke No. 30 ist er ideal für jeden kräftigeren Stoff und kann bis 95° gewaschen werden. Ein weiterer Pluspunkt: Man bekommt ihn in einer riesigen Farbskala, beispielsweise auch in Jeansblau. Lassen Sie Ihrer Fantasie freien Lauf – spielen Sie mit Farben oder probieren Sie harmonische Ton-in-Ton-Kombinationen aus!

Sie möchten edle Akzente setzen? Glänzende Stickereien entstehen problemlos und in jeder gewünschten Farbnuance mit feinem *Maschinen-Stickfaden aus Viskose* (z.B. Gütermann Dekor). Wer es richtig glitzernd mag, entscheidet sich für *Metallic-Stickfaden* (z.B. Gütermann Dekor Metallic W 251). Dieser ist inzwischen nicht nur in Gold und Silber, sondern in einer breiten Farbpalette erhältlich. Bestens geeignet für festliche Deko-Ideen und für die edle Abendgarderobe!

Etwas ganz Besonderes sind *Zierstichfäden aus reiner Seide*, deren dezenter Glanz die Eleganz wertvoller Stoffe noch zusätzlich unterstreicht. Sie stehen in unterschiedlichen Stärken und einer wunderschönen und breit gefächerten Farbauswahl zur Verfügung (z.B. der stärkere Zierstichfaden Gütermann R 753 in Stärke No. 40 und der feinere Zierstichfaden Gütermann S 303 in Stärke No. 100).

Overlock-Nähfäden und alle Mehrzweckfäden, die Sie zum Nähen benutzen, können natürlich ebenfalls für Zierstoppereien verwendet werden. Die aus 100% Polyester hergestellten und in verschiedenen Stärken erhältlichen Fäden eignen sich für jeden Stoff (z.B. Gütermann-Miniking in Stärke No. 120 und der noch feinere Overlock-Nähfaden Gütermann T 162 Miniking in Stärke No. 180, siehe auch Seite 64/65).

Auch einige **Handarbeitsgarne**, wie z.B. Häkelgarn, Perlgarn und dünne Wolle, lassen sich mit der Overlock-Maschine verarbeiten. Allerdings ist dies oft mit größeren Schwierigkeiten in punkto Fadenführung und Fadenspannung verbunden und verlangt viel Experimentierfreude.

Darauf sollten Sie beim Kauf von Zierstichfaden achten:
- Der Faden sollte glatt und regelmäßig sein. Ungleichmäßiger Faden näht schlecht und könnte zu Fadenbrüchen führen.
- Gut geeignet sind weiche Fäden, die ideal durch die Fadenführungen gleiten.
- Der Faden darf nicht zu dick sein; er sollte sich problemlos durch den Greifer fädeln lassen.
- Der Faden muss, was Stärke und Pflegeeigenschaften angeht, zum Stoff passen.

Ziernähte – Highlights für jeden Stoff

Ziernähte, mit Ziersteppgarnen aufgenäht, geben jedem Kleidungsstück eine individuelle Note. Die dekorative Wirkung von Paspeln, Borten und Litzen wird, näht man sie mit Ziersteppgarnen auf, um ein Vielfaches verstärkt. Je nach Einstellung der Stiche lassen sich mit demselben Garn und derselben Naht ganz unterschiedliche Effekte erzielen. Hier braucht man etwas Zeit und Kreativität, um herauszufinden, welche Variante den persönlichen Wünschen am meisten entgegenkommt.

Jedes Garn, das Sie verwenden, sollte leicht, fest und vor allem knötchenfrei sein. Genügt es diesen Ansprüchen, kann man dasselbe Garn sowohl für die Nadel als auch für den Greifer verwenden. In der Regel reicht es jedoch aus, das Ziergarn nur in den Greifer einzufädeln, der für den dekorativen Teil der Naht zuständig ist. Für den zweiten Greifer sowie für die Nadel können Sie normales Nähgarn bzw. feines Stickgarn verwenden.

Das Ziergarn sollte immer in den Obergreifer eingefädelt werden, weil das Garn hier weniger Führungspunkte durchlaufen muss und weil sich viele Garne im Untergreifer leichter abreiben oder gar schneller reißen.

Ob Rollsaum, Kettenstich, Flatlocknaht, 4-Faden-Überwendlichnaht: Jeder Stich kann mit dem entsprechenden Ziergarn auch als Zierstich genäht werden.

Diese Tasche ist ein wahres Unikat, denn den Stoff kann man nirgendwo kaufen. Hier wurde Wollstoff mit Volumenvlies unterlegt und abgesteppt. Wenn man mit dem Doppelkettenstich einer Overlock-Maschine (5-fädig) arbeitet, wirken die Nähte besonders professionell.

4-Faden-Überwendlichnaht

Die Naht ist hier auf der rechten Stoffseite genäht worden. Dafür wurden die Garnrollen (je 200 m) folgendermaßen eingefädelt: Obergreifer orange, Untergreifer dunkelblau, rechte Nadel orange, linke Nadel dunkelblau.

Stoff links auf links legen, blauen Stoff oben, orangefarbenen unten.

Coverstich

Fädeln Sie in den Doppelkettenstichgreifer statt des üblichen Nähgarns ein Stickgarn ein und schon wird aus dem Coverstich eine Cover-Ziernaht.

Auch das ist eine Variante: Legen Sie den Stoff mit der rechten Seite nach unten unter den Nähfuß und schon entsteht eine Cover-Ziernaht.

Einfach, aber wirkungsvoll: Nähen Sie ein Schrägband mit dem Träger- und Gürtelschlaufenfuß (Pfaff) bzw. mit dem Schräg-/Kantenbandfuß (Husqvarna Viking) auf.

Drehen Sie den Stoff wieder mit der rechten Stoffseite nach unten und nähen Sie mit Hilfe der Ziernahtführung (im Sonderzubehör) ein normales Bändchen mit in die Covernaht.

Rollsaum

Wie wäre es mit einem Samtband zur Dekoration? Es lässt sich ganz einfach aufnähen, denn es passt genau in die Führung des Band- und Tressenfußes (Pfaff) bzw. des Schräg-/Kantenbandfußes (Husqvarna Viking).

Fädeln Sie in den Obergreifer ein Stickgarn oder ein Metallic-Stickgarn ein. In den Untergreifer und die Nadel fädeln Sie ein Garn (200 m) oder Overlockgarn passend zum Stickgarn ein. So erhalten Sie einen effektvollen Abschluss.

Kettenstich

Wirkungsvolle Effekte kann man mit dem Kettenstich erzielen. Fädeln Sie mit dem Doppelkettenstichgreifer ein Stickgarn oder ein Metallic-Stickgarn ein. Achten Sie dabei darauf, dass beim Nähen die rechte Stoffseite unten liegt.

Flatlocknaht

Am besten zur Geltung kommt die 2-Faden-Flatlocknaht. Für diese Naht muss der Konverter auf dem Obergreifer angebracht werden. Fädeln Sie in die Nadel ein normales Nähgarn ein (z. B. 200 m) und in den Untergreifer ein Stickgarn.

3-Faden-Überwendlichnaht

Noch besser in Szene kann man die Flatlocknaht setzen, wenn man die Stichlänge dichter einstellt (zwischen 1,5 und 2,5 mm). Man kann aber auch zwei Fäden gleichzeitig in den Untergreifer einfädeln. Dann wirkt die Naht plastischer. In diesem Fall muss die Stichlänge größer eingestellt werden (z. B. 2 mm).

Um diese traumhaft schöne Ziernaht nähen zu können, fädeln Sie in den Obergreifer und in den Untergreifer das gleiche Stickgarn ein. In die Nadel fädeln Sie ein Garn in der Farbe des Stoffes ein. In diesem Fall wurde ein Metallic-Stickgarn verwendet.

Zierstiche richtig einstellen

Schöne Zierstepperreien wollen gut vorbereitet sein: So ist besonders beim Einsatz von Zierstichen darauf zu achten, dass die Einstellung von Schnittbreite und Stichlänge auf Stoff und Garn abgestimmt sind.

Dabei gilt es, bestimmte Grundregeln einzuhalten. Bei der Stichlänge ist zu beachten, dass die Stiche umso kürzer eingestellt sein sollten (ca. 1–2 mm), je feiner das Garn ist. Der Grund: Werden dünne Garne mit kleinen Stichen gesteppt, erscheint die Arbeit plastischer. Dicke Garne dagegen können große Stiche (ca. 4–5 mm) vertragen. So hat der Faden genügend Spiel, um sich locker auf den Stoff zu legen. Stellt man die Stiche zu klein ein, verliert das Garn an Elastizität und zieht nicht selten den Stoff zusammen. Oder aber der Transport wird so stark gebremst, dass sich Stichschlingen bilden, die schließlich den Stofftransport behindern, wenn nicht sogar im schlechtesten Fall zu einem Stau führen.

Anders dagegen bei der Schnittbreite: Hier spielt die Technik eine weniger große Rolle. Es sind die persönlichen Vorlieben, die zählen. Denn je nach Einstellung der Schnittbreite verändert sich das Bild der Naht und somit auch die Anmutung der gesamten Stickerei. Prinzipiell gilt aber bei der Schnittbreite ebenso wie bei der Stichlänge die Regel: Je feiner das Garn, umso mehr empfiehlt es sich, den Stich schmaler einzustellen. Je dicker das Garn, umso breiter der Stich.

Die Eleganz dieser festlichen Tischdecke aus Organza und Metallicstoff wird durch die goldenen und kupferfarbenen Zierstiche noch unterstrichen.

Tipps und Tricks

Mode von heute zum Wohlfühlen – genäht mit der Overlock. Die Overlock liegt im Trend, weil man mit ihr ungeheuer viel Zeit spart. Sie lässt Ihnen die Freiheit, selbst kreativ zu werden, und liefert perfekte Ergebnisse, die so professionell genäht sind wie Industrieprodukte. Hier die wichtigsten Tipps und Tricks.

Eine Ecke sauber verarbeiten

An den Ecken werden alle Overlocknähte nach dem gleichen Prinzip gearbeitet. Hier verdeutlicht am Beispiel eines Rollsaums.

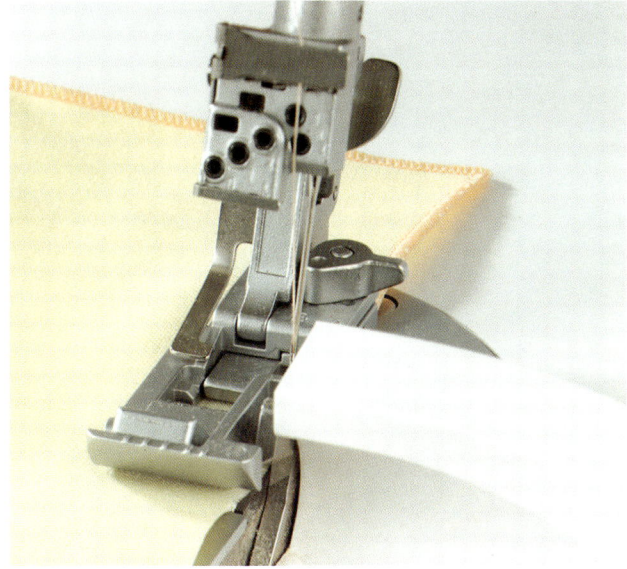

1. Eine Stoffkante bis auf einen Abstand von 2,5 cm vor der Ecke nähen. Anschließend die Nahtzugabe der zweiten Kante von der Ecke aus 5 cm weit abschneiden. Eine andere Möglichkeit ist die, den Stoff gleich auf die fertige Größe zuzuschneiden. Am Ende der ersten Kante einen Stich über die Ecke hinausnähen und anschließend die Stichkette abziehen.

2. Drehen Sie den Stoff so, dass die beschnittene Stoffkante bündig mit der Kante der Stichplatte abschließt. An der Ecke die Nadel an der Außenkante der ersten Naht wieder einsetzen. Nun den Nähfuß absenken und die zweite Kante nähen. Am Anfang dabei die Stiche der bereits fertigen Naht mit übernähen.

Die Schulternaht

Um der Schulternaht mehr Stabilität zu geben, empfiehlt es sich, ein Nahtband auf die Kante aufzubügeln. Ganz besonders gilt dies für Stoffe, die einen geringen Lycra-Anteil haben, oder aber auch für Strickstoffe. Das Nahtband verhindert ein Ausdehnen der Schulternaht.

Eine Innenecke sauber verarbeiten

An den Innenecken werden alle Overlocknähte nach dem gleichen Prinzip gearbeitet. Im Bild die Verarbeitung eines Rollsaums.

An beiden Kanten die Nahtzugaben abschneiden. Nun die erste Kante bündig zur Kante der Stichplatte auflegen und bis kurz vor die Ecke nähen. Am Eckpunkt eine Falte einlegen, um beide Kanten auf eine Linie zu bringen. Über die Ecke hinaus die zweite Kante nähen, dabei aufpassen, dass Sie die Falte nicht mitfassen. Wollen Sie einen Schlitz nähen? Er wird wie eine Innenecke gearbeitet, allerdings müssen in diesem Fall wegen der Stofffülle zwei Falten eingelegt werden. Zum Schluss die fertigen Kanten sorgfältig flach bügeln.

Heften

Gerade beim Nähen mit der Overlock ist es wichtig, die perfekte Passform im Vorfeld zu erreichen, denn sind die Nähte erst einmal gesteppt, gibt es auch keine Nahtzugaben mehr, die man als „letzte Rettung" herauslassen könnte. Deshalb ist ein **provisorisches Heften** unbedingt erforderlich. Verfügt Ihre Overlock über einen Kettenstich, verwenden Sie diesen zum Heften, denn er ist schnell genäht und lässt sich auch ebenso schnell wieder auftrennen.

Dabei sollten Sie Stecknadeln so weit wie möglich aus dem Spiel lassen. Denn gerät eine Stecknadel versehentlich zwischen die Messer, müssen im schlechtesten Fall alle Messer ausgetauscht werden. Passiert dies oft, kann das sehr teuer werden. Lässt sich die Verwendung von Stecknadeln absolut nicht vermeiden, sollten Sie beim Nähen ganz besonders umsichtig vorgehen und die Stecknadeln rechtzeitig aus dem Nähgut entfernen.

Eine gute Alternative zur Stecknadel sind **wasserlösliche Fixierstifte** (im Fachhandel erhältlich). Der Umgang mit ihnen ist einfach. Markierungen einfach mit der Kante des Stifts in kurzen Abständen auf die Nahtzugaben zeichnen.

Gut geeignet, um zu „heften", ist auch schmales, **doppelseitiges Klebeband *(Wonder Tape)***. Bänder am besten nach dem Abstecken innerhalb der Nahtlinie oder außerhalb der Nahtzugaben aufkleben. So werden sie beim Zusammensteppen erst gar nicht mit erfasst bzw. beim Beschneiden der Kanten gleich mit abgeschnitten.

So einfach geht das Einfädeln

Zugegeben, der erste Eindruck ist verwirrend und das Einfädeln der Overlock scheint eine Wissenschaft für sich zu sein. Wer sich jedoch einmal damit vertraut gemacht und das Einfädeln des Öfteren geübt hat, wird feststellen, dass dieser erste Eindruck trügt.

Wie so oft führen auch bei der Overlock viele Wege zum Ziel. Eine Übersicht über die Einfädelwege und die Reihenfolge des Einfädelns finden Sie in der Greiferklappe Ihrer Overlock. Farbmarkierungen auf der Maschine direkt helfen ebenfalls beim Einfädeln.

Damit das Einfädeln leichter geht, verwenden Sie am besten die Pinzette, die mit der Overlock geliefert wird. Setzen Sie die Garnrollen auf die Garnrollenstifte. Fädeln Sie die Fäden in die Fadenführungen des Fadenführungsteleskops, führen Sie das Garn zwischen die Spannungsscheiben und ziehen Sie es so herunter, dass es sich schließlich zwischen den Spannungsscheiben befindet.

Obergreifer einfädeln

Begonnen wird bei der Overlock mit dem Obergreifer. Fädeln Sie den Faden in die Fadenführungen für den Obergreifer ein. Gehen Sie dabei so vor, wie in der Anleitung Ihrer Overlock-Maschine beschrieben.

Fädeln Sie den Faden von vorne nach hinten durch das Öhr des Obergreifers. Ziehen Sie etwa 10 cm Garn durch den Obergreifer und legen Sie dieses nach links unter den Nähfuß.

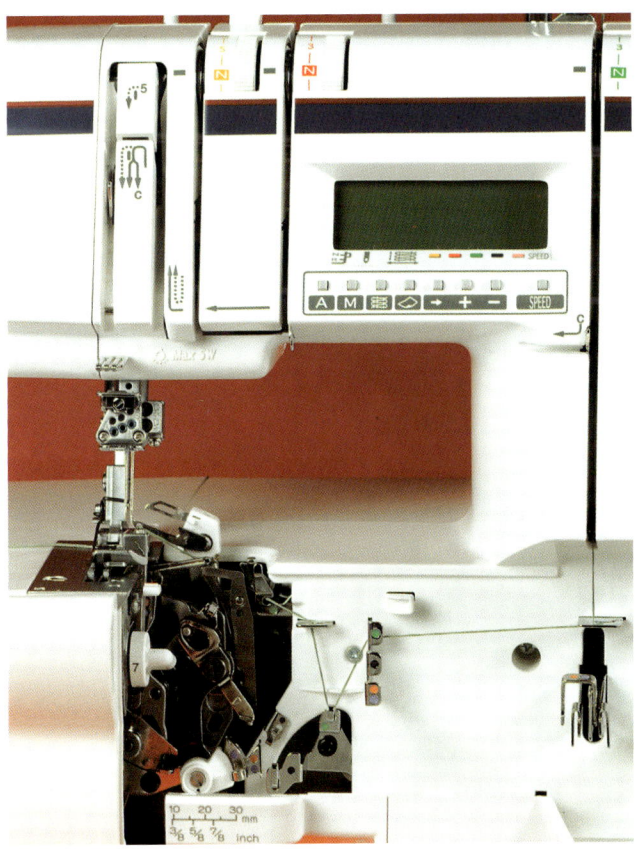

Untergreifer einfädeln

Fädeln Sie den Faden in die Fadenführungen für den Untergreifer ein. Gehen Sie dabei so vor, wie in der Anleitung Ihrer Overlock-Maschine beschrieben. Drehen Sie das Handrad auf sich zu, bis der Untergreifer ganz rechts steht. Fädeln Sie den Faden von vorne nach hinten durch das Öhr des Untergreifers ein. Ziehen Sie etwa 10 cm Garn durch den Untergreifer und legen Sie dieses nach links unter den Nähfuß.

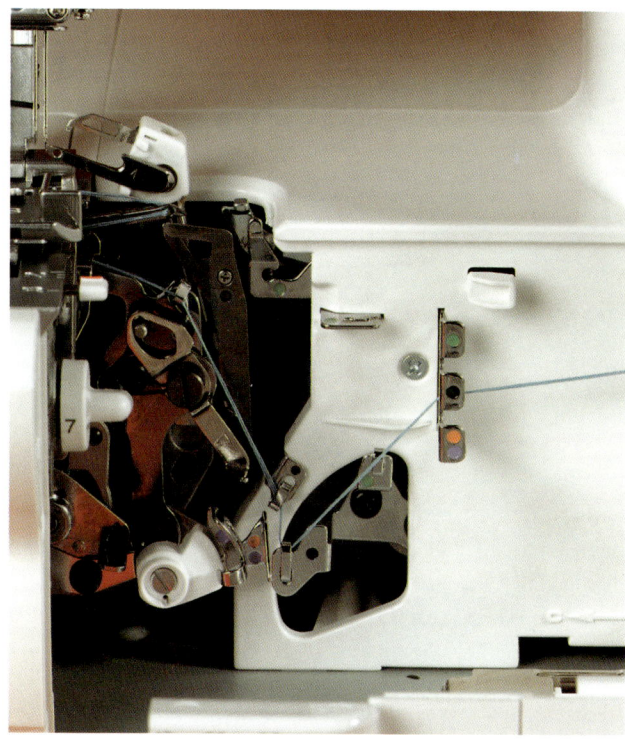

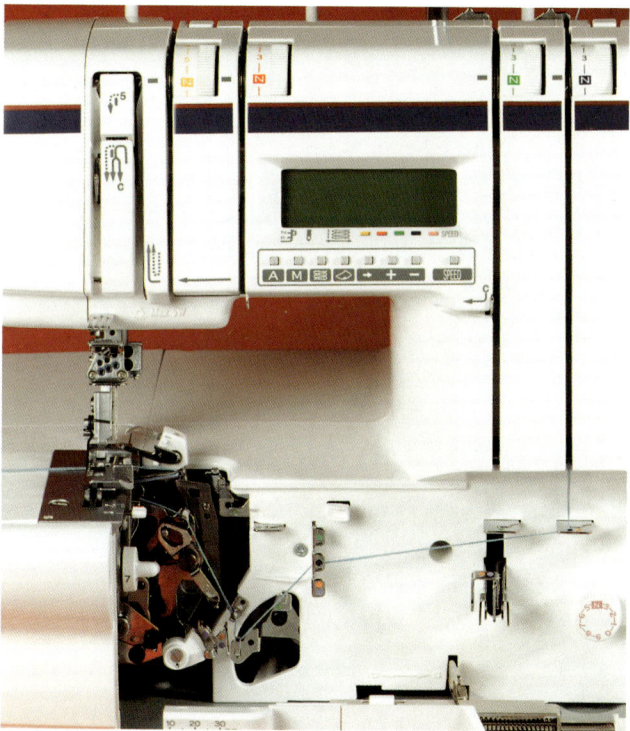

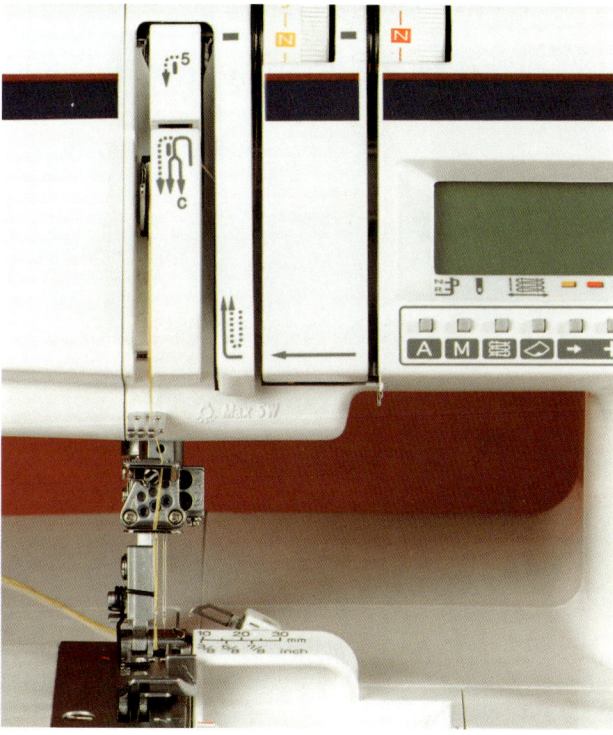

Nadelfäden einfädeln

Fädeln Sie den Faden in die Fadenführungen für die Nadel ein. Gehen Sie dabei so vor, wie in der Anleitung Ihrer Overlock-Maschine beschrieben. Den Faden für die rechte Nadel in die rechte Fadenführung, den Faden für die linke Nadel in die linke Fadenführung einfädeln. Ziehen Sie etwa 10 cm Garn durch die Nadel und legen Sie dieses nach links unter den Nähfuß.

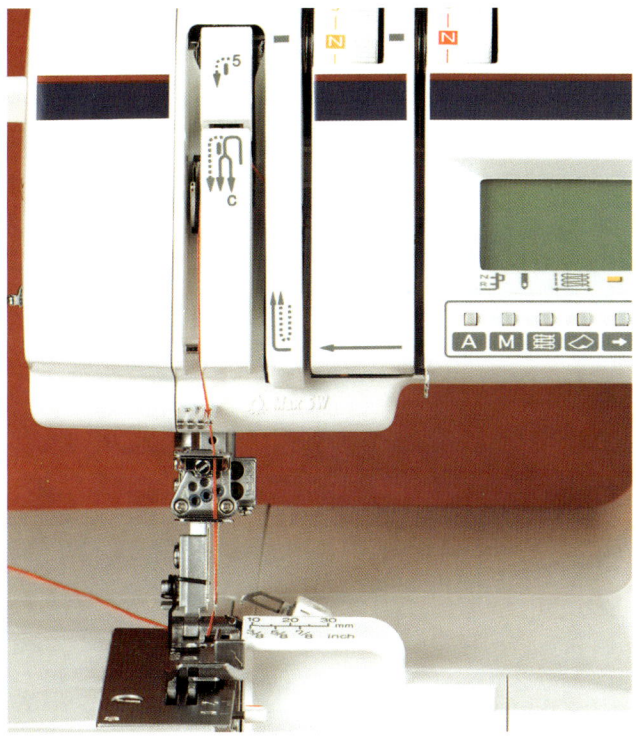

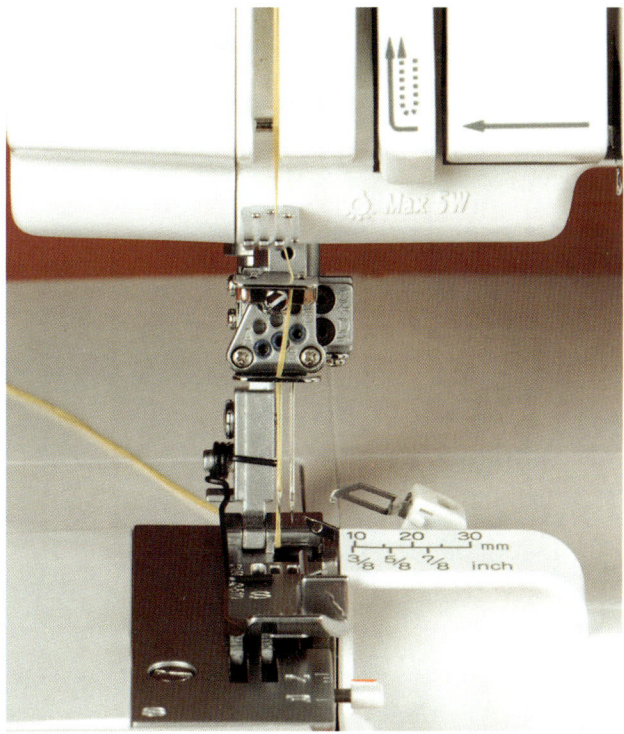

Nadel mit dem Nadeleinfädler einfädeln

Bringen Sie die Nadel in die höchst mögliche Stellung und senken Sie den Nähfuß. Legen Sie den Faden von rechts nach links in die Kerbe des Nadeleinfädlers. (Bei den meisten Overlocks ist der Nadeleinfädler dabei.) Setzen Sie den Nadeleinfädler an der vorderen Rille der Nadel an. Führen Sie den Nadeleinfädler bis zum Nadelöhr nach unten und drücken Sie ihn leicht gegen die Nadel. Dadurch schiebt sich ein kleiner Metallstift durch das Nadelöhr und die Nadel wird automatisch eingefädelt. Ziehen Sie die Fadenschlinge, die sich dabei gebildet hat, nach hinten durch.

Doppelkettenstichgreifer einfädeln

Der Doppelkettenstichgreifer wird nur zum Nähen des Kettenstichs und des Coverstichs eingefädelt. Fädeln Sie die Fäden in die Fadenführungen für den Doppelkettenstichgreifer ein. Gehen Sie dabei so vor, wie in der Anleitung Ihrer Overlock-Maschine beschrieben. Drehen Sie das Handrad auf sich zu, bis der Doppelkettenstichgreifer ganz rechts steht. Fädeln Sie den Faden von vorne nach hinten durch das Öhr des Doppelkettenstichgreifers. Ziehen Sie etwa 10 cm Garn durch den Doppelkettenstichgreifer und legen Sie es nach links unter den Nähfuß.

Wichtiger Tipp:
Fädeln Sie die Nadelfäden stets zum Schluss ein, damit die Nadelfäden nicht wie in *Zeichnung 1* unter dem Greiferfaden verlaufen, sondern wie in *Zeichnung 2* über dem Greiferfaden. Sonst kann es zu Fadenriss oder Fehlstichen kommen. Auch wenn die Greiferfäden einmal reißen, müssen Sie die Nadelfäden unbedingt aus dem Nadelöhr ausfädeln und die Nadeln danach erst wieder einfädeln.

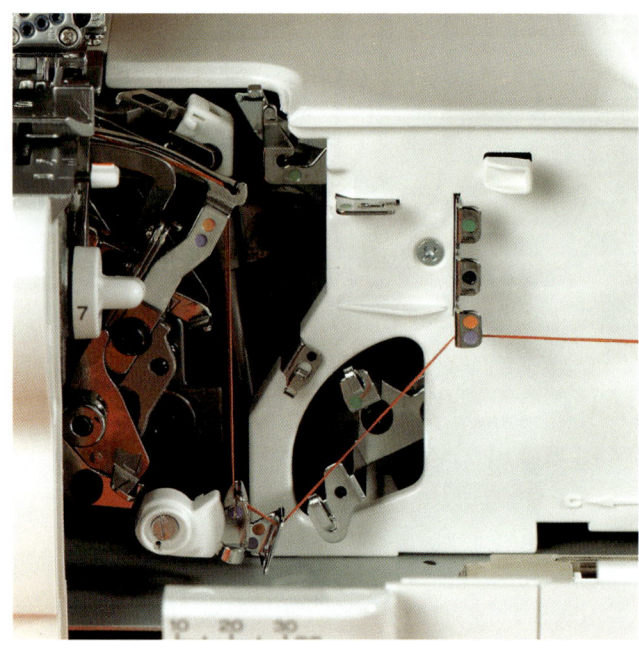
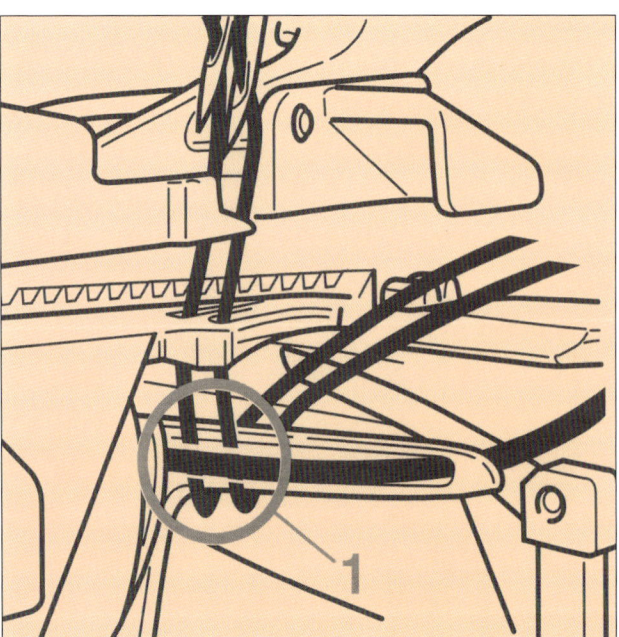
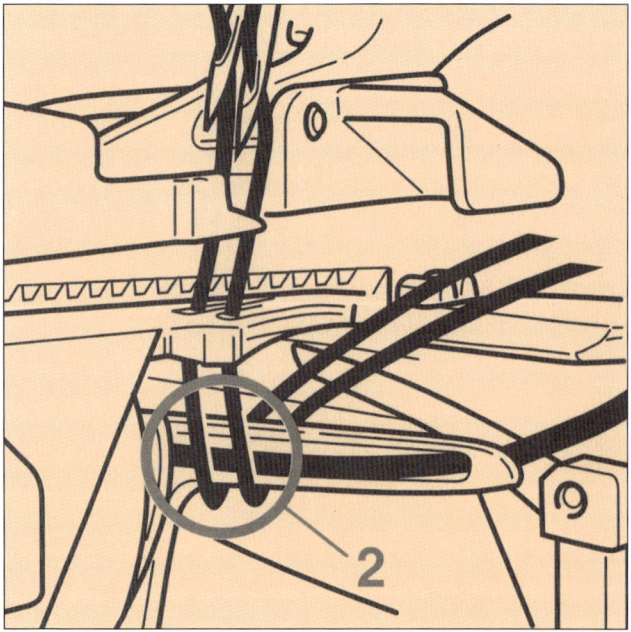

So wechseln Sie die Garnrollen bei eingefädelter Maschine

Ein einfaches Verfahren zum Auswechseln von Fä-den ist das Anknoten. Dazu schneiden Sie den alten Faden ab, knoten den neuen an und ziehen ihn mit dem Ende des alten Fadens durch die Maschine. Wenn ein Faden reißt oder eine Garnrolle aus Versehen leer läuft, kommen Sie allerdings nicht umhin, die Maschine von Hand einzufädeln. Da nur eine korrekt eingefädelte Maschine einwandfrei funktionieren kann, sollten Sie sich genau an das Einfädeldiagramm halten. Sie finden es in Ihrer Bedienungsanleitung oder auch auf der Innenseite der Greiferklappe.

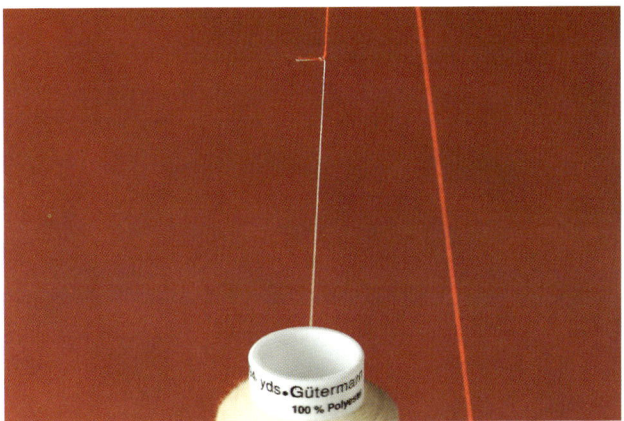

So funktioniert's: Schneiden Sie die Garnrollenfäden dicht an der Garnrolle ab und setzen Sie neue Garn-

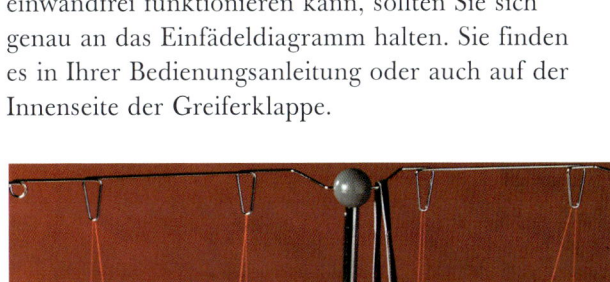

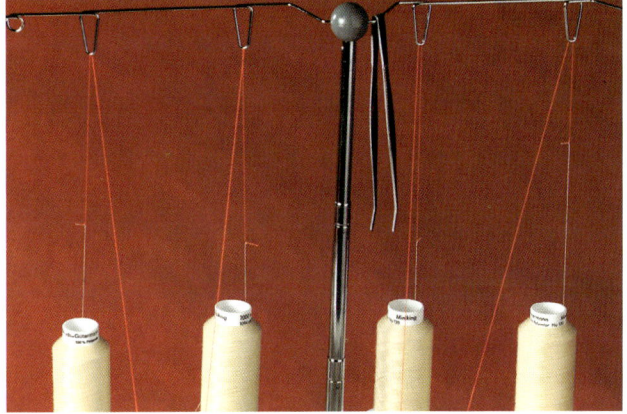

rollen auf. Verknoten Sie das noch in der Maschine eingefädelte Garn an den neuen Garnrollenfäden.

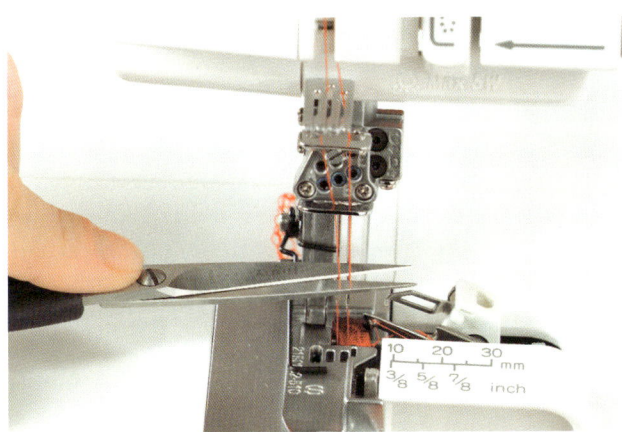

Schneiden Sie die Fäden von den Nadeln ab.

Schneiden Sie die Garnrollenfäden dicht an der Garnrolle ab und setzen Sie neue Garnrollen auf. Verknoten Sie das noch in der Maschine eingefädelte Garn mit den neuen Garnrollenfäden.

Öffnen Sie die Fadenspannung. Die angeknoteten Fäden an den alten Fadenenden langsam durch die Maschine ziehen. Spüren Sie bei einem Faden Widerstand, sollten Sie überprüfen, ob er sich in einer Führungsöse verfangen oder um den Garnrollenstand gewickelt hat. Die neuen Fäden vorsichtig durch die Spannungsscheiben ziehen. Das Garn in die Nadeln einfädeln. Alle Fäden seitlich nach links unter dem Nähfuß durchziehen und festhalten. Die ursprüngliche Fadenspannung wieder einstellen, den Nähfuß absenken und langsam eine Kette nähen.

Nähte auftrennen

Auch beim Nähen mit der Overlock kann es passieren, dass eine Naht nicht so gelingt, wie man sich das wünscht, oder dass der Stoff sich verklemmt hat und man ihn aus der Maschine befreien muss. Kein Grund zur Panik! Overlockstiche aufzutrennen ist nicht schwieriger als das Auftrennen einer normalen Naht. Einziger, allerdings gravierender Unterschied ist die Tatsache, dass die Nahtzugaben bereits zurückgeschnitten sind und man daher die Nahtkanten beim Neusteppen bündig an die Kante der Stichplatte legen muss.

Wer sich seiner Traumfigur annähert und so viele Pfunde verloren hat, dass er Kleidungsstücke enger machen muss, hat's mit der Overlock leichter, denn im Gegensatz zur Naht einer normalen Nähmaschine muss man die vernähte Overlocknaht gar nicht mehr auftrennen. Sie wird beim Steppen der neuen Naht automatisch von den Messern getrennt, beziehungsweise, was noch praktischer ist, gleich mit abgeschnitten.

Ein modisches Outfit, das bequem ist und perfekt sitzt: Darauf kommt es beim Sport an! Elastische Stoffe eignen sich hier besonders gut und sind genau das Richtige für die Overlock. Sollte eine Naht einmal nicht auf Anhieb gelingen, so ist das kein Problem, denn Overlockstiche lassen sich genauso einfach auftrennen wie eine normale Naht.

So trennen Sie Cover- und Kettenstich auf

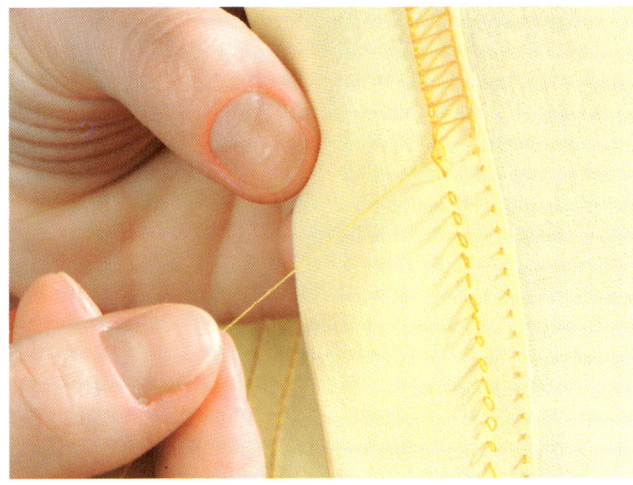

1. Ziehen Sie mit Hilfe einer Stecknadel am Nahtende von der Unterseite her den Greiferfaden aus der letzten Stichschlinge heraus.

2. Danach den Nadelfaden auf die Oberseite durchziehen und durch vorsichtiges Ziehen am Greiferfaden die einzelnen Stiche nach und nach lösen. So die Naht trennen.

So trennen Sie Überwendlichstiche auf

Um herauszufinden, wo die Nadelfäden laufen, müssen Sie zuerst die Endkette glatt ziehen. Ein Tipp, wie Sie Nadelfäden sofort erkennen: Es sind immer die kürzesten. Noch einfacher geht es bei 2- und 3-fädigen Nähten, denn hier gibt es jeweils nur einen Nadelfaden.

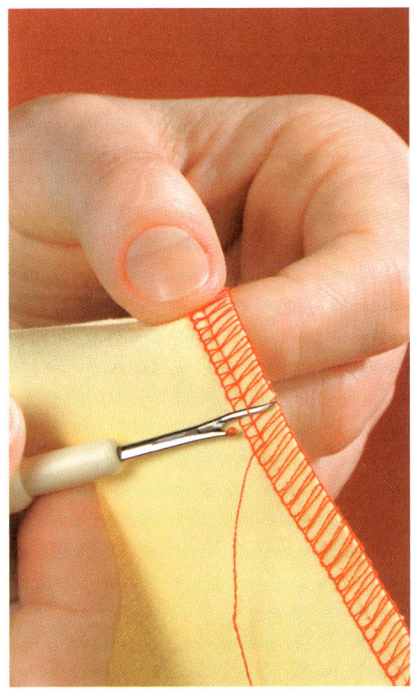

1. Die Nadelfäden vorsichtig mit einem Pfeiltrenner durchschneiden (gibt es im Nähmaschinen-Fachhandel).

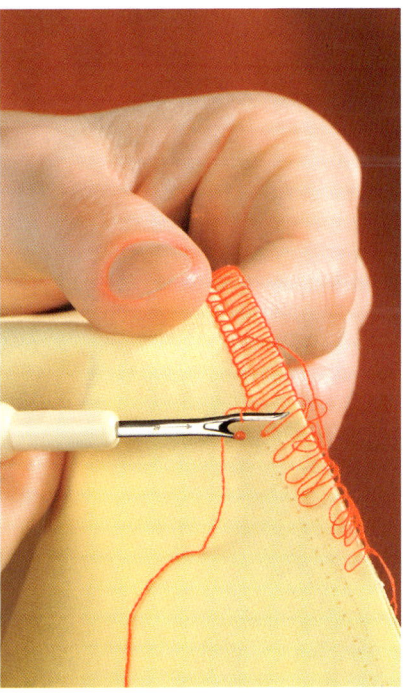

2. Nach dem Auftrennen die Fäden mit der Spitze des Pfeiltrenners Stück für Stück lockern und herausziehen.

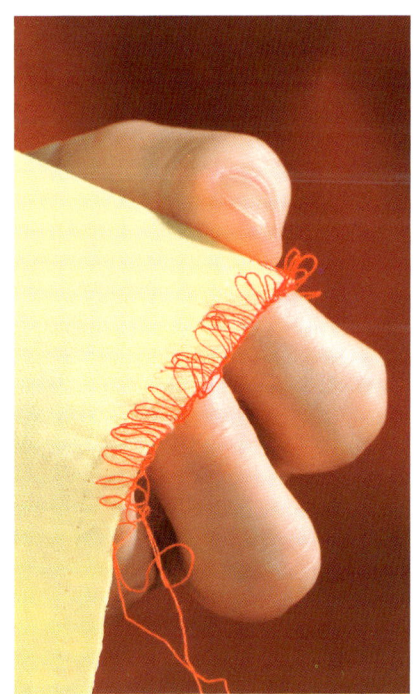

3. Zum Schluss lassen sich die Greiferfäden mühelos entfernen.

So vernähen Sie richtig

Variante 1

Da Sie im Gegensatz zur Nähmaschine mit einer Overlock keine Rückwärtsstiche nähen können, muss das Ende einer Naht auf andere Weise gesichert werden.

Da an Nahtkreuzungen, sofern diese nicht verstärkt werden, die Anfangs- beziehungsweise die Endketten automatisch abgeschnitten werden, müssen diese wiederum an den Enden aller anderen Nähte sicher befestigt werden, damit sich die Stiche nicht wieder auflösen.

Die einfachste und dabei effektivste Lösung ist zweifelsohne, die Ketten mit Hilfe einer Stick- oder Stopfnadel zu vernähen.

1. Ziehen Sie die Kette mit den Fingern glatt. So verhindern Sie, dass die Kante zu stark aufträgt oder sich gar ein Wulst am Rand bildet.

2. Fädeln Sie die Kette in eine Stick- oder Stopfnadel ein.

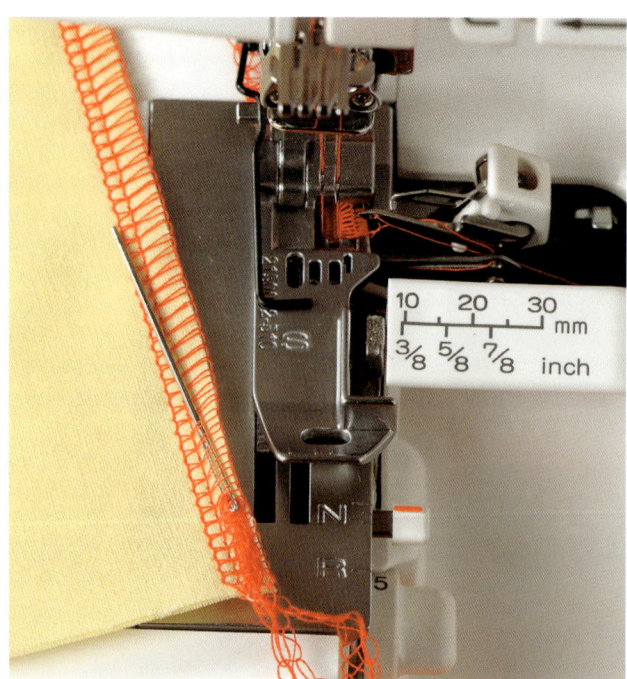

3. Die Stick- oder Stopfnadel mit der Kette unter den Überwendlichstichen durchziehen. Wie weit die Kette durchgezogen wird, hängt auch von der Stoffqualität ab und lässt sich nicht einheitlich festlegen.

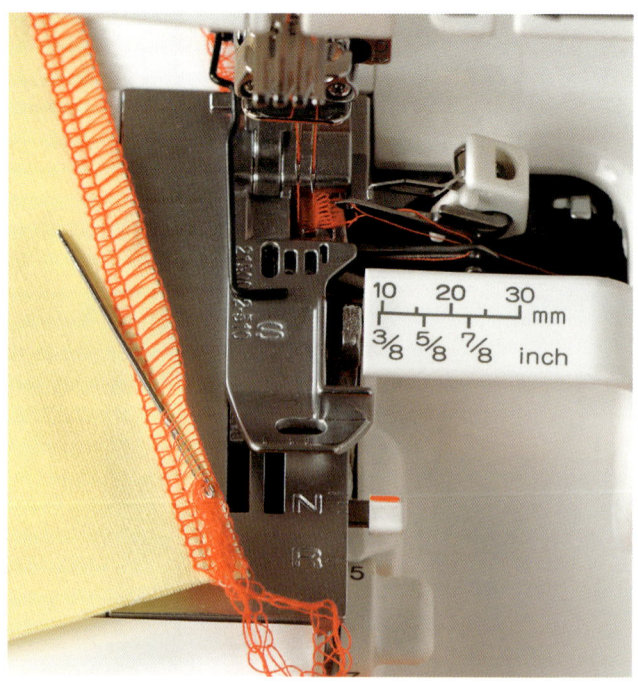

Um sicher zu gehen, sollte die Kette mindestens 3 cm unter die Überwendlichnaht gezogen werden. Zum Schluss das überstehende Ende abschneiden.

Variante 2

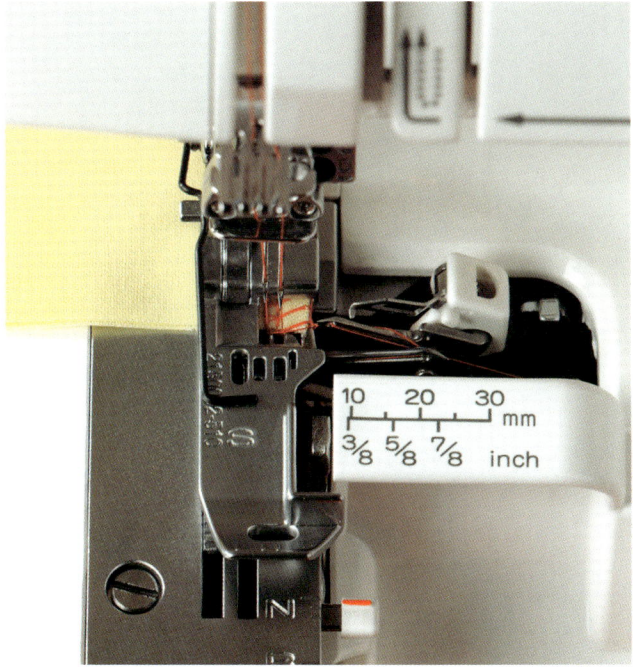

1. Nicht so schnell, aber ebenso effektiv ist diese Alternative: Nähen Sie genau einen Stich mehr über das Nahtende hinaus. Heben Sie nun Nähfuß und Nadel bzw. Nadeln und ziehen Sie die Stichkette ab.

2. Wenden Sie nun den Stoff und richten Sie die Stoffkante so aus, dass sie dicht neben dem Messer liegt. Senken Sie den Nähfuß ab und setzen Sie mit dem Handrad, soweit vorhanden, die Nadel bzw. Nadeln wieder in Stichbreite ein.

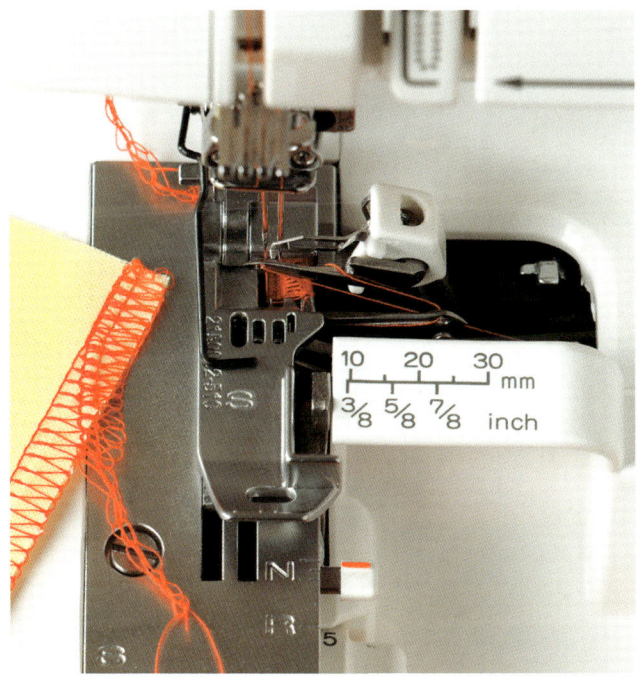

3. Jetzt etwa 3 cm über die bereits fertig gestellte Naht zurücksteppen, die Naht zur Stoffkante hin auslaufen lassen und die Endkette dicht an der Stoffkante abschneiden …

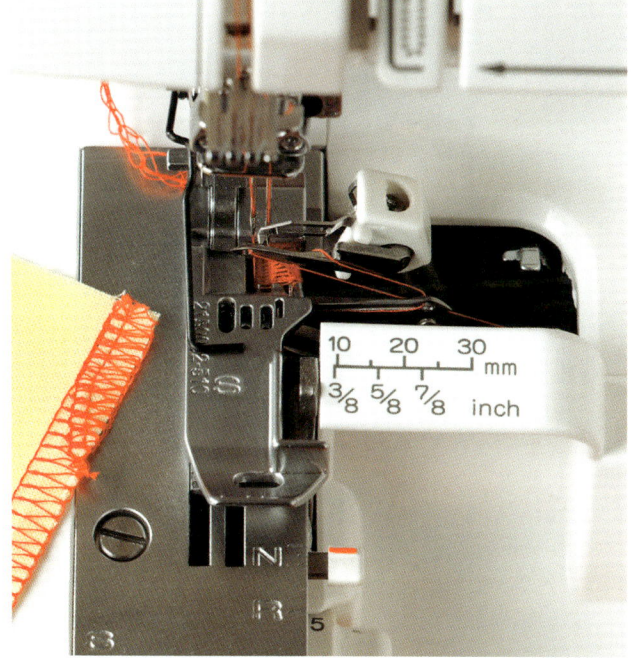

4. …oder die Kette knoten.

Die rund geschlossene Naht

Bei hoch elastischen Stoffen mit großem Lycra-Anteil ist sie ideal: die rund geschlossene Naht. Sie ist eine 4-Faden-Überwendlichnaht und wird speziell beim Arbeiten von Ärmelbündchen, bei Saumabschlüssen, beim Nähen von Sportswear als Hosenabschluss oder auch als Halsabschluss eingesetzt.

1. Overlock-Maschine mit Freiarm: ideal für lange Stoffbahnen, beim Nähen von Bündchen an Ärmeln, beim Arbeiten eines Halsausschnitts oder auch beim Einnähen von Ärmeln. Der Stoff wird über den Freiarm geschoben, der eine besonders gute Führung gewährleistet.

2. Overlock-Maschine ohne Freiarm: Hier gilt es, den Stoff selbst zu führen. Mit der rund geschlossenen Naht werden Rundungen schöner. Es gibt kein Nahtende und nichts, was später beim Tragen stören könnte.

3. Das Ergebnis: Ob mit oder ohne Freiarm – mit der rund geschlossenen Naht der Overlock ist eine saubere Verarbeitung von elastischen Abschlüssen gewährleistet; das fertige Teil sitzt wie angegossen.

Sonderzubehör

Ein Hauch von Luxus für die Nacht: Farblich abgesetzte Blenden mit dekorativen Paspeln verleihen diesem Pyjama aus edlem Seidensatin zusätzliche Eleganz. Sie wurden mit dem Paspelfuß genäht, der beim Sonderzubehör zu finden ist, welches es speziell für die Overlock gibt. Mehr Informationen zum Sonderzubehör finden Sie auf den folgenden Seiten.

Spitzenführung F3

Der Klarsichtfuß wird mit der Overlock-Maschine mitgeliefert. Die Führung ermöglicht ein Aufnähen der Spitze mit der Covernaht auf der Stoffoberseite.

Saumführung

Eine Führung zum Säumen von offenen Kanten während des Nähens mit der Covernaht.

Schrägbandführung

Eine Führung zum Annähen von Schrägband als Randabschluss. (Nähen Sie mit dem Coverstich oder dem Kettenstich.)

Fagottführung

Eine Führung zum Verbinden zweier Stoffe in gleichmäßigem Abstand. (Nähen Sie mit dem Coverstich.)

Kappnahtführung

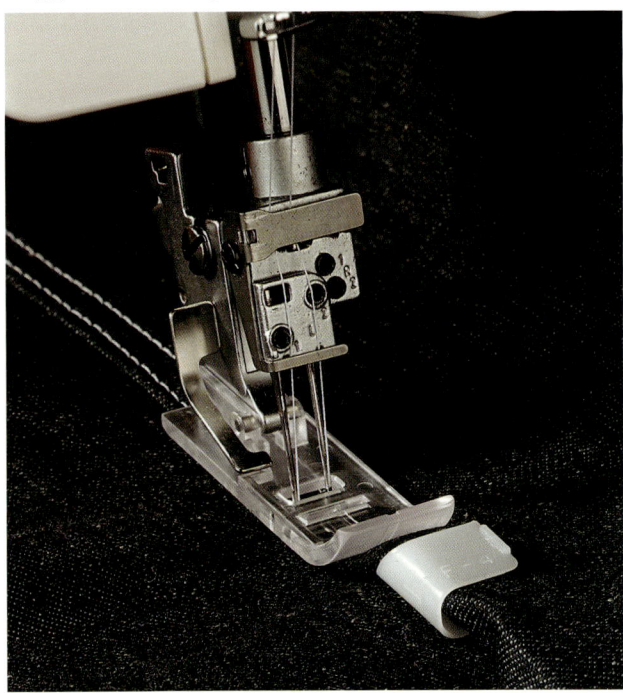

Eine Führung zum Nähen von Kappnähten. (Nähen Sie mit dem Coverstich.)

Biesenfuß mit der Biesenführung

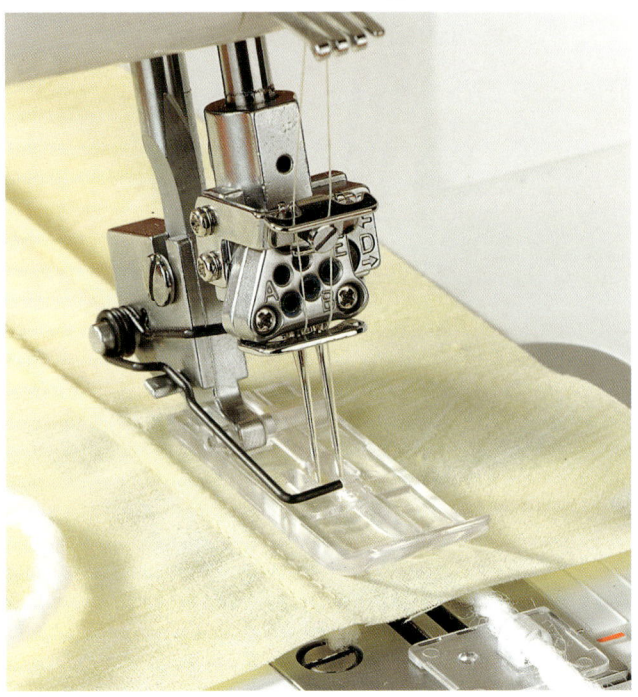

Dieser Fuß dient zum Nähen von Biesen mit Einlauffaden. (Nähen Sie mit dem Coverstich schmal.)

Biesenfuß mit der Biesenzunge

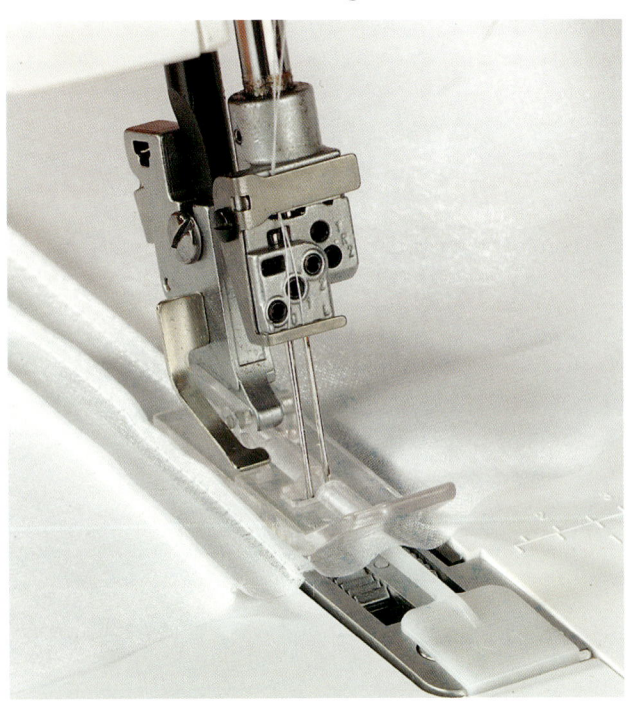

Dieser Fuß dient zum Nähen von Biesen. Setzt man zusätzlich die Biesenzunge ein, entstehen dekorative, plastische Biesen. (Nähen Sie mit dem Coverstich schmal.)

Ziernahtführung

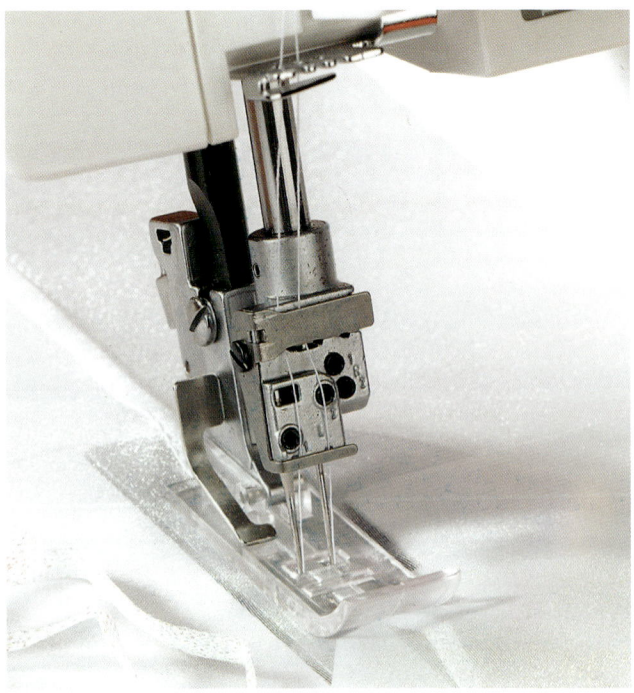

Sie dient zum Absteppen einer Overlocknaht und wird auch dann eingesetzt, wenn man Ziernahteffekte erreichen möchte. Ein Beispiel für den Einsatz der Ziernahtführung ist die Tischdekoration in diesem Buch ab Seite 14.

Träger- und Gürtelschlaufenfuß

Er dient zum Nähen von Gürtelschlaufen und Trägern. Man kann mit ihm aber auch Verzierungen anbringen. (Nähen Sie mit dem Coverstich.)

Universal-Bandeinfasser

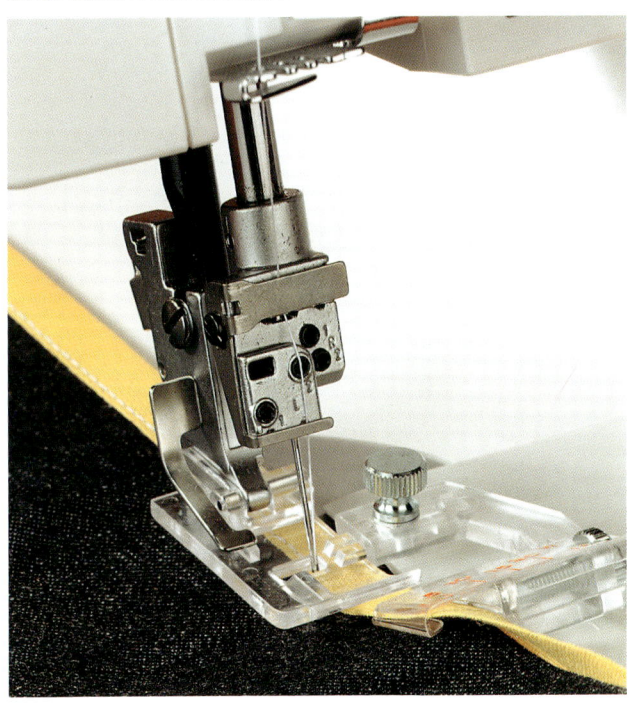

Er dient zum Einfassen von Stoffkanten mit Schrägband in verschiedenen Breiten. (Nähen Sie mit dem Doppelkettenstich oder mit dem Coverstich.)

Keder- und Paspelfuß E

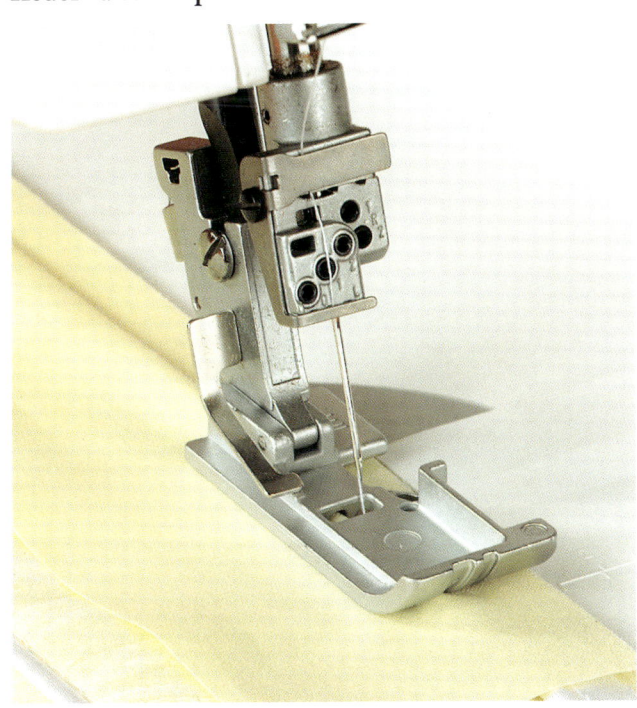

Dieser Fuß dient zum Führen und Einnähen von Keder- und Paspelband (mit dem Kettenstich).

Perlannähfuß

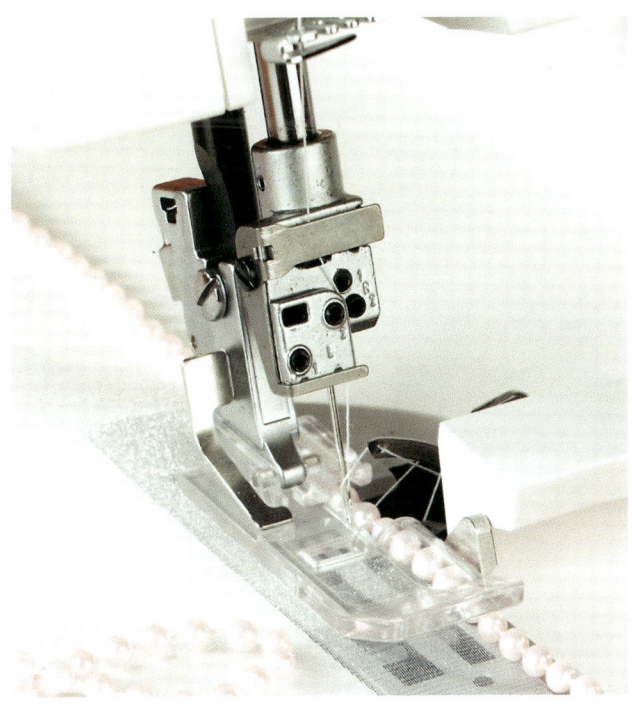

Mit dem Perlannähfuß lassen sich Perlenschnüre problemlos aufnähen. (Nähen Sie mit der Flatlocknaht.)

Mehrzweckfuß C

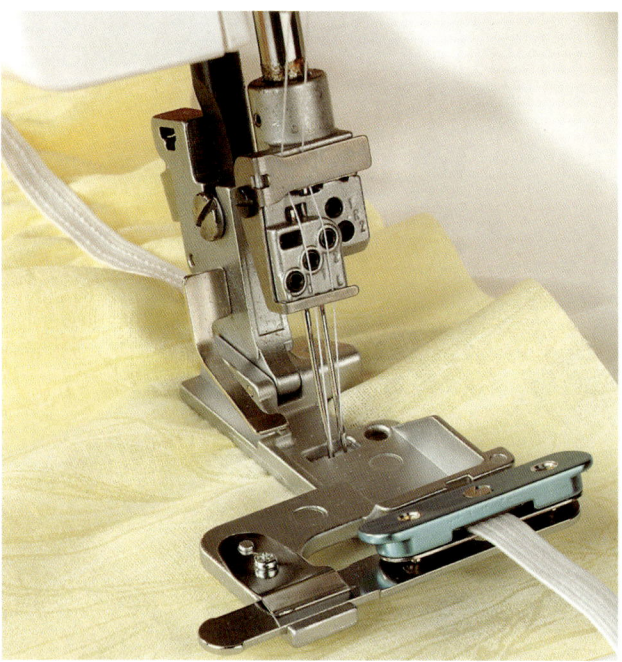

Er dient zum Aufnähen von Bändern und Gummiband in Verbindung mit den verschiedenen Gummibandeinsätzen. Zur Auswahl stehen drei Einsätze zum Aufnähen von Gummiband mit einer Breite bis 7,5 mm, bis 10 mm und bis 13 mm. (Nähen Sie mit dem Coverstich.)

Kräuselfuß G

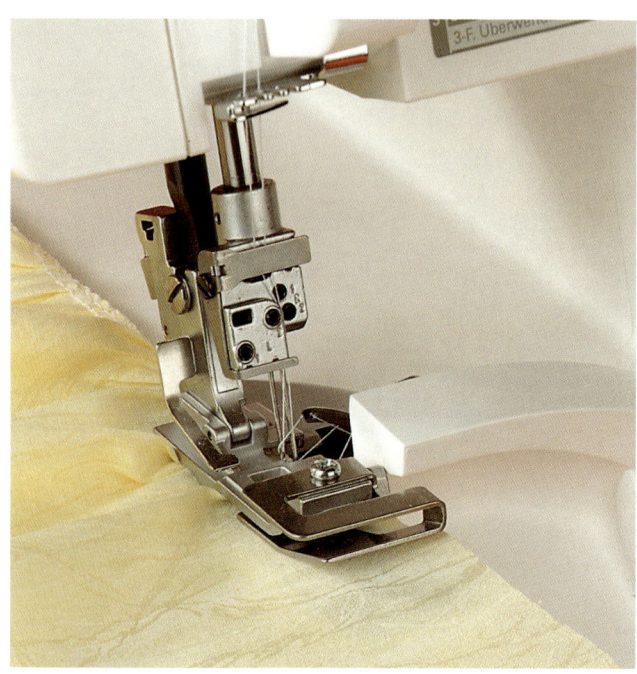

Zum Kräuseln und Zusammennähen von zwei Stofflagen in einem Arbeitsgang dient dieser Fuß. Die untere Stofflage wird dabei einheitlich gekräuselt. Mit dem Kräuselfuß G kann aber auch nur eine Stofflage alleine gekräuselt werden. (Nähen Sie mit der 4-Faden-Überwendlichnaht.)

Standardnähfuß

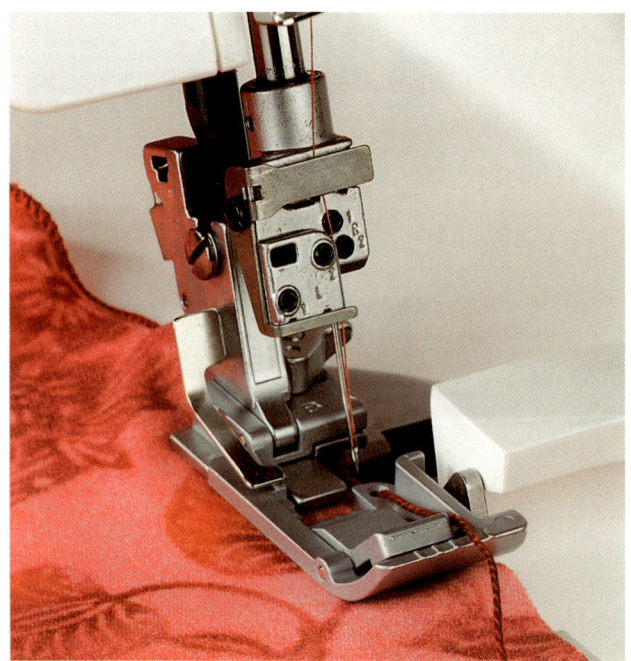

Mit dem Standardfuß (Pfaff Overlocks) lassen sich hervorragend Garne einnähen. (Nähen Sie den Rollsaum.)

Coverstich-Kit

Bei manchen Herstellern, wie z.B. Husqvarna Viking, gibt es spezielle Kits mit verschiedenen Nähfüßchen, die das Umsetzen von besonderen Techniken erleichtern.

Blindstichfuß

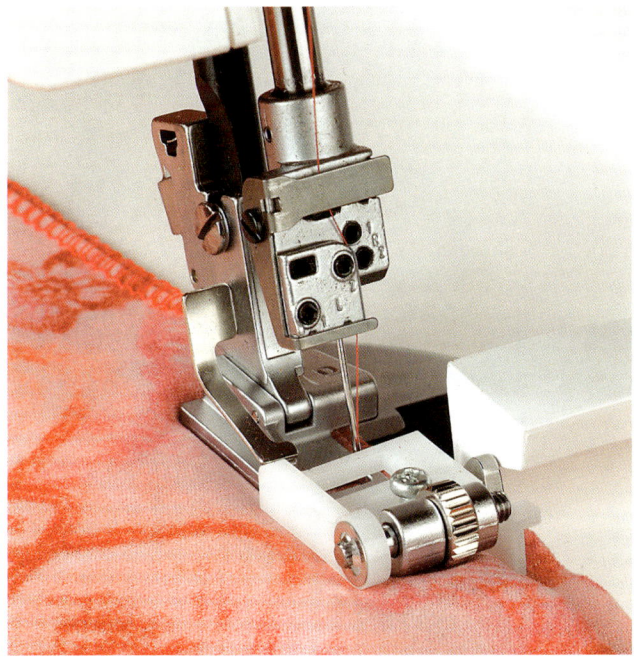

Er dient zum Nähen von Ziersäumen. (Wählen Sie die 2-Faden-Flatlocknaht breit.) Der Saum wird in einem Arbeitsgang geschnitten, versäubert und „blind" angenäht. Für mittelschwere bis schwere Stoffe geeignet. Im Bild: Overlock-Maschine bei der Arbeit, Blick auf die linke Stoffseite.

Kräuselzunge

Die Kräuselzunge dient zum Zusammennähen von zwei Stofflagen in einem Arbeitsgang. Die untere Stofflage wird dabei einheitlich gekräuselt. Es kann auch nur eine Stofflage alleine gekräuselt werden. (Arbeiten Sie mit der 4-Faden-Überwendlichnaht.)

Blindstichfuß D

Dieser Fuß dient zum Nähen von unsichtbaren Säumen und Ziersäumen. Im Bild: Blick auf die linke Stoffseite.

Blindstichfuß D

Im Bild: Blick auf die rechte Stoffseite. (Nähen Sie mit der 3-Faden-Überwendlichnaht.)

Bandeinfasser, 40 mm

Er dient zum Einfassen von Stoffkanten mit 40-Millimeter-Schrägband. Die Einfassbreite beträgt zwischen 10 mm und 12 mm. (Nähen Sie mit dem Coverstich oder dem Doppelkettenstich.)

Kreisnahtführung

Die Kreisnahtführung dient zum Zusammennähen eines abgerundeten Stoffstücks mit einem geraden Stück Stoff und zum Einfassen der Stoffkanten mit 40-Millimeter-Schrägband. Die Einfassbreite beträgt zwischen 10 mm und 12 mm. (Nähen Sie mit dem Coverstich oder dem Kettenstich.) Es empfiehlt sich, den Standardnähfuß der Maschine zu verwenden.

Keder- und Paspelapparat

Er wird zusammen mit dem Keder- und Paspelfuß E zum Einfassen und Führen von Paspeln oder Gimpe zwischen zwei Stofflagen verwendet. (Nähen Sie mit dem Kettenstich.)

Der Differentialtransport

Technik par excellence: Der Differentialtransport macht das Nähen mit der Overlock erst richtig perfekt. Dank zweier Transporteure ist eine absolut gleichmäßige Nahtbildung gewährleistet; die Naht kann sich nicht mehr ausdehnen und sich auch nicht mehr verziehen – gleichgültig, welches Material Sie verarbeiten. Vorbei die Zeit, in der sich an anspruchsvolle Stoffe wie Seide, Chiffon oder Strick nur die Profis wagten: Der Differentialtransport bietet die Garantie dafür, dass die Arbeit gelingt. Und weil nur derjenige gewinnen kann, der auch etwas wagt, sollten Sie einmal probieren, den Differentialtransport entgegengesetzt einzustellen. Das Ergebnis kann sich sehen lassen: tolle Welleneffekte beispielsweise, die die feminine Wirkung der aktuellen, weich fließenden Stoffe elegant unterstreichen.

Absolut gleichmäßige Nahtbildung mit Technik, die überzeugt!
Technisch betrachtet, besteht der Differentialtransport aus nichts anderem als aus zwei hintereinander liegenden Transporteuren, die dafür sorgen, dass das Nähgut gleichmäßig transportiert wird. Dabei lässt sich die Bewegung des vorderen Transporteurs – und damit auch die Stoffmenge, die letztlich transportiert werden soll – hervorragend regulieren.

Das ist Standard
Bei der Standardeinstellung bewegt sich der vordere Transporteur synchron mit dem hinteren Transporteur. Oder anders ausgedrückt: Der vordere Transporteur transportiert dieselbe Stoffmenge wie der hintere Transporteur. Wie sich der Differentialtransport letztlich auswirkt, ist natürlich auch von der gewählten Stichlänge und vom Stoff abhängig.

Perfekt glatt ...
Wenn Sie den Differentialtransport auf einen niedrigeren Wert einstellen, so bewegt sich der vordere Transporteur langsamer als der hintere. In der Umsetzung bedeutet dies, dass der vordere Transporteur weniger Stoff transportiert als der hintere. Dies hat ein Dehnen des Stoffes zur Folge, was bei der Verarbeitung von sehr feinen Stoffen wie beispielsweise Seide, Taft oder Organza äußerst wichtig ist, verhindert man doch so ein Kräuseln des Stoffes. Die Naht erscheint absolut glatt!

... oder aktuelle Wellennaht
Abgesehen davon lassen sich mit der niedrigeren Einstellung des Differentialtransports aber durchaus auch modische Spielereien verwirklichen: Wenn Sie Jerseystoffe oder andere dehnbare Stoffe einsetzen, erzielen Sie tolle Welleneffekte.

Perfekt glatt ...
Stellen Sie den Differentialtransport auf einen höheren Wert ein, so bewegt sich der vordere Transporteur schneller als der hintere. Dies bedeutet, dass der vordere Transporteur mehr Stoff transportiert als der hintere und so ein Einhalten des Stoffes bewirkt. Dadurch vermeiden Sie bei der Verarbeitung von Maschenware, Jersey oder Bündchenware ein Ausdehnen der Naht. Die Naht gelingt perfekt und präsentiert sich absolut glatt.

... oder modische Kräusel
Wer's lieber besonders modisch mag, kann mit einer Veränderung der Einstellung beim Differentialtransport so charmante Spielereien wie beispielsweise Kräuseleffekte erzielen. Sehr gut gelingt dies mit besonders feinen Stoffen. Eine große Wirkung haben Kräuseleffekte vor allem bei Rüschen und Spitzenstoffen, aber auch an Rundungen oder beim Einhalten von Armkugeln.

Pflege und Wartung

Sie erwarten von Ihrer Overlock-Maschine, dass sie über Jahre hinweg einwandfrei und reibungslos funktioniert? Dafür erwartet Ihre Maschine sorgfältige Pflege! Aufgrund der hohen Geschwindigkeit, mit der Overlocks arbeiten, und der damit verbundenen Beanspruchung der Maschinen müssen Overlocks häufig gereinigt und geölt werden. Sie verlangen wesentlich mehr Pflege als eine herkömmliche Nähmaschine. Außerdem sollten Nadeln und Messer sofort ausgewechselt werden, sobald sie nicht mehr richtig scharf sind. Wenn Sie all diese Pflegetipps beachten, wird sich Ihre Maschine mit sauberen, akkuraten Nähten bei Ihnen bedanken.

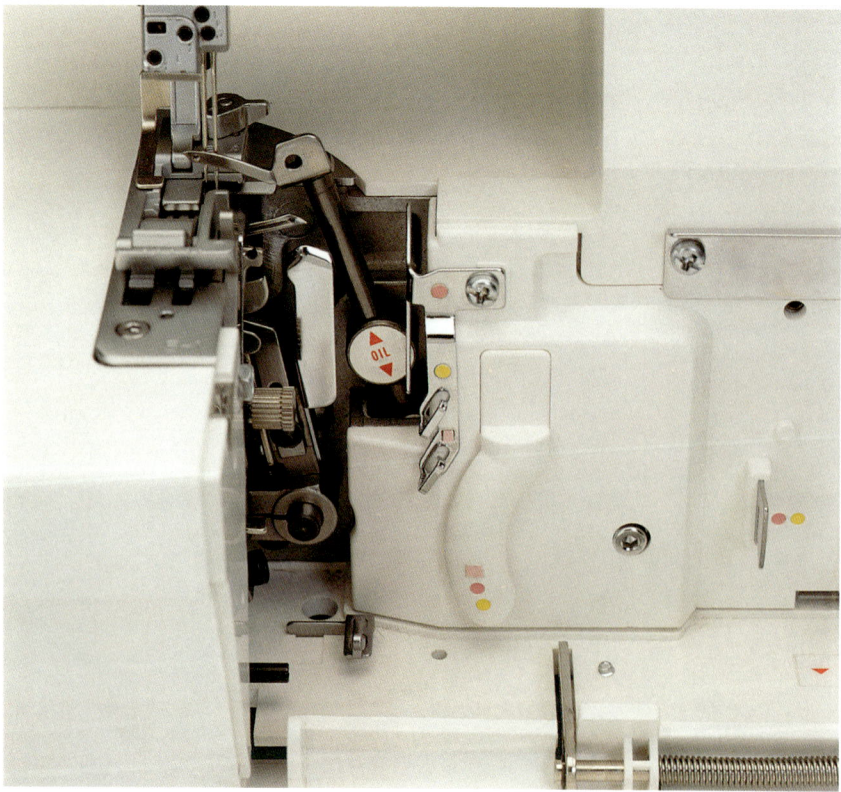

Reinigen

Durch das Beschneiden der Stoffe entstehen Flusen und Fusseln. Entfernen Sie diese täglich mit Hilfe eines trockenen Pinsels.

Ölen

Zum Ölen von Overlock-Maschinen gibt es Ölfläschchen mit Kanülenaufsatz, mit denen sich alle Stellen problemlos erreichen lassen. Verwenden Sie bitte ausschließlich Nähmaschinenöl, andere Haushaltsöle sind zu dickflüssig! In der Regel gilt, dass Overlock-Maschinen nach etwa acht Betriebsstunden geölt werden müssen. Lesen Sie aber am besten in der Betriebsanleitung nach, wie oft und an welchen Stellen Ihre Overlock geölt werden muss.

Auch wenn Ihre Maschine über längere Zeit nicht im Einsatz war, sollten Sie sie ölen, bevor Sie mit dem Nähen beginnen.

Achten Sie auch auf das Betriebsgeräusch: Eine gut geölte Overlock läuft leise summend!

Auswechseln der Messer

Overlock-Maschinen funktionieren wie eine Schere mit zwei Messern. Das obere, bewegliche Messer wird gegen das untere, fest stehende geführt, wobei der Stoff abgeschnitten wird. Die Abnutzung der Messer hängt stark vom Fasergehalt der Stoffe ab. Wenn Sie oft synthetische Stoffe verarbeiten, kann das untere Messer relativ schnell stumpf werden.

Wenn die beschnittenen Kanten fransig sind oder sich beim Schneiden feiner Stoffe Ziehfäden bilden, so ist dies ein Hinweis darauf, dass mit den Messern etwas nicht in Ordnung ist. Zuerst sollten Sie dann prüfen, ob sich das untere Messer gelockert hat. Das geschieht manchmal durch versehentlich erfasste Stecknadeln, durch Stoffstau oder durch eine Lockerung der Messerschraube. Trifft dies nicht zu, dann muss das untere Messer (und eventuell auch das obere Messer) ausgetauscht werden. Natürlich müssen Sie die Messer auch dann auswechseln, wenn Beschädigungen wie Rillen und Scharten sichtbar sind.

> **Achtung!**
> Stumpfe Messer sollten Sie sofort gegen neue austauschen.

Reinigen mit Druckluft

Kleine Pannenhilfe

Nobody is perfect – bei der Arbeit mit der Overlock können Einstell- oder Bedienungsfehler zu unschönen Ergebnissen führen. Auch die Nadeln können Probleme bereiten. Da Overlock-Maschinen mit rasantem Tempo arbeiten, nutzen sich ihre Nadeln relativ schnell ab, werden stumpf oder schartig und verbiegen sich. Wenn Ihre Maschine beispielsweise Stiche auslässt, wenn die Nähte ungleichmäßig werden oder sich kräuseln und zusammenziehen, sollten Sie sofort die Nadeln wechseln.

Meist sind diese Fehlerquellen jedoch leicht und schnell behoben. Hier eine kleine Übersicht über mögliche Probleme und Abhilfen.

> **Achtung:**
> Nicht jede Nadel passt zu jeder Maschine! Manche Overlocks arbeiten mit Spezialnadeln, die einen runden oder flachen Schaft haben, andere mit normalen Nähmaschinennadeln.

Problem	Abhilfe
Stoff wird ungleichmäßig transportiert.	• Stoffart überprüfen und entsprechend Nähfußdruck verändern. Bei leichten Stoffen Nähfußdruck verringern, bei schweren Stoffen erhöhen. • Nähfuß absenken. • Stichlänge größer einstellen. • Differentialtransport richtig einstellen. • Sind die Messer okay? Schärfe und Ausrichtung prüfen!
Stofflagen verschieben sich, besonders zu Beginn der Arbeit.	• Differentialtransport überprüfen und gegebenenfalls richtig einstellen. • Nähfuß heben und Stoff unterschieben. Eventuell mit einem Fixierstift die Nahtzugaben stabilisieren. Achtung: Mit einem Stoffrest eine Probe machen, da nicht für alle Stoffe geeignet!
Stoff kräuselt sich.	• Einfädelung überprüfen. • Differentialtransport richtig einstellen. • Fadenspannung lockern. • Stichlänge kleiner wählen. • Nähfußdruck verringern, besonders bei leichten Materialien. • Qualitätsgarn verwenden. • Schärfe und Ausrichtung der Messer prüfen.
Stoff staut sich.	• Greiferabdeckung vor Beginn der Arbeit schließen. • Überprüfen Sie, ob sich der Faden am Garnrollenständer verfangen hat. • Fäden allgemein überprüfen. • Eingeklemmte Fäden beseitigen. • Eventuelle Schneideabfälle entfernen. • Stichlänge größer wählen. • Spannung der Greiferfäden lockern. • Schärfe und Ausrichtung der Messer überprüfen.

Problem	Abhilfe
Stoff dehnt sich.	• Differentialtransport richtig einstellen. • Stichlänge größer wählen. • Nähfußdruck verringern, besonders bei leichten und dehnbaren Stoffen.
Stiche werden ungleichmäßig gesteppt.	• Einfädelung überprüfen. • Fadenspannung prüfen, gegebenenfalls neu einstellen. • Nadel richtig einsetzen. • Eventuell defekte Nadeln ersetzen. • Prüfen Sie, ob sich der Faden eventuell am Garnrollenständer verfangen hat. • Qualitätsgarn verwenden. • Stoff überprüfen. Bei strukturierten Stoffen gelingen z.B. keine Zierstepperein! • Schärfe und Ausrichtung der Messer überprüfen.
Stiche sind lückenhaft.	• Einfädelung überprüfen. • Fadenspannung korrigieren. • Qualitätsgarn verwenden. • Nadel richtig einsetzen, defekte oder stumpfe Nadel ersetzen und die Nadelfeststellschraube anziehen. • Andere Nadelstärke verwenden. • Bei dicken Stoffen Nähfußdruck verstärken. • Nicht am Stoff ziehen. • Automatischen Stofftransport nicht manipulieren. • Zu dick aufgetragene Fixier-Klebeschicht entfernen.
Stoffe werden ungleichmäßig beschnitten.	• Maschine reinigen. • Ausrichtung und Schärfe der Messer prüfen.
Der Faden reißt.	• Prüfen Sie, ob sich der Faden am Garnrollenhalter verfangen hat. • Einfädelung überprüfen. • Fadenspannung prüfen, gegebenenfalls Fadenspannung lockern. • Verhakte oder eingeklemmte Fäden lösen. • Qualitätsgarn verwenden. • Nadel richtig einsetzen. • Stumpfe oder defekte Nadel ersetzen.
Die Nadel bricht.	• Prüfen Sie, ob sich der Faden am Garnrollenhalter verfangen hat. • Verhakte oder eingeklemmte Fäden lösen. • Nadel richtig einsetzen. • Nadelfeststellschraube anziehen. • Nicht am Stoff ziehen.

Register

A
Abketteln 13
Abnähen 17
Abnäher 30
Absteppen 17, 21, 26, 27, 29, 30, 32, 33, 36, 38, 39, 41, 44, 46–48, 51, 54, 56, 59, 62, 94, 116
Anfangskette 13, 110
   sichern 110
Applikationsschere 38, 39, 43
Ärmel 29, 32, 33, 39, 44, 46, 51, 54, 55, 113
Auftrennen 102, 108, 109

B
Badekleidung 48–51, 84
Badeanzüge 61
Band 118
   Bändchen 19, 90, 96
   Bobbins-Band 61, 62
   Faltenband 22
   Keder- und Paspelband 117
   Lurexbändchen 18, 20, 21
   Samtband 96
   Satinband 22, 24
   Schleifenband 20
   Schrägband 96, 115, 117, 120
Bandeinfasser 56, 120
Band- und Tressenfuß 96
Bettwäsche 25–27, 73
Biesen 73, 116
Biesenfuß 8, 24, 116
Biesenführung 24, 116
Biesenzunge 116
Blindsaum 87
Blindstichfuß 8, 87, 119
Bobbins-Band 61, 62
Bund/Bündchen 31, 32, 34, 35, 38, 39, 41, 43, 44, 46, 47, 51, 113

C
Coverlock 12, 44, 56, 66, 75
Coverstich 8, 13, 18–21, 29, 33, 36, 38–41, 43, 44, 46, 47, 51, 54–56, 58, 59, 66, 73, 81, 82, 84, 95, 106, 109, 115–118
   3-fach 48, 51, 73, 82, 84
   breit 73, 82
   schmal 73, 82, 84, 116

Coverstich-Kit 118
Coverstichplatte 69

D
Dessous 56–59
Differentialtransport 10, 13, 29, 30, 36, 44, 47, 56, 59, 61, 62, 67, 86, 121, 124, 125
   Einstellung 29, 30, 44, 47, 48, 56, 86, 124
Doppelkettenstich 8, 16, 17, 20, 21, 22, 24, 26, 27, 80, 94, 117, 120
Doppelkettenstichgreifer 38, 80, 95, 97, 106

E
Ecken 16, 18–20, 41, 101, 102
Einfädelhilfe
   Nadeln 68, 69
   Greifer 69
Einfädeln/Einfädelung 13, 18, 20, 38, 68, 69, 74, 103–107, 124, 125
Endkette 13, 109–111
   sichern 110

F
Fadenabrollscheiben 68
Fadenrollteller 69
Fadenführung 74, 86, 87, 92, 103–106
Fadenführungsteleskop 69, 103
Fadenspannung 13, 29, 30, 44, 47, 64, 66, 70, 74, 76–81, 92, 124, 125
   Einstellung 13, 29, 30, 44, 47, 48, 56, 70, 74, 76–81
   4- Faden-Überwendlichnaht 76
   3-Faden-Überwendlichnaht 77
   3-Faden-Rollsaum 78
   2-Faden-Flatlocknaht (Flachnaht) 79
   Coverstich (Deckstich) 81
   Kettenstich 80
Fadenspannungsscheiben 13, 64, 103, 107
Fadenspannungswähler 13
Fagottführung 115
Fagottstich 84
Faltenband 22

Fixierstift (wasserlöslich) 102, 124
Flatlocknaht 89, 94, 97
   2-Faden-Flatlocknaht 13, 44, 46, 47, 73, 87, 89, 97, 119
   3-Faden-Flatlocknaht 89
Führungslineal 38, 42
Führungsöse 30, 107
Futterstoff 34

G
Gardinen 22–24
Garn 20, 62, 64, 87, 92, 94, 96, 98, 103, 107, 124, 125
   Metallic-Stickgarn 18, 20, 92, 96, 97
   Overlockgarn 22, 26, 29, 30, 36, 38, 44, 46–48, 52, 56
   Perlgarn 28, 30, 35, 86, 92
   Stickgarn 30, 38, 44, 47, 59, 86, 92, 94–97
Garnrollennetz 68, 69
Garnrollenteller 68, 69
Garnrollenzentrierung 68, 69
Geradstich 33, 64
Greifer 13, 66, 67, 82, 92, 94
   Doppelkettenstichgreifer 38, 66, 67, 80, 82, 106
   Obergreifer 30, 66, 67, 76–79, 94–97, 103
   Untergreifer 30, 66, 67, 76–79, 89, 94–97, 104
Greiferabdeckung/Greiferklappe 32, 66, 103, 107, 124
Greiferfäden 59, 106, 124
Gummiband 44, 46–48, 51, 56, 59, 73, 118
   Ziergummiband 56, 58
Gummibandeinsatz 44, 48, 56, 118
Gummibandnähfuß 51
Gürtelschlaufen 38, 54, 55, 117

H
Halsausschnitt 29, 32, 33, 36, 39, 44, 46, 48, 54, 56, 61, 113
Handmaß 31
Handrad 74, 104, 106, 111
Heften 36, 62, 102
Hose(n) 36–38, 40, 41, 44, 47, 48, 51, 59, 61, 73, 88

K

Kantenlineal 69
Kappnahtführung 116
Keder- und Paspelapparat 120
Keder- und Paspelfuß 8, 114, 117, 120
Kettelfinger 13, 67, 70
Kettenstich 13, 24, 66, 72, 94, 97, 102, 106, 109, 115, 117, 120
Kimono 52–55
Klarsichtfuß 18–21, 68, 115
Kombistichplatte 68
Konverter 44, 47, 79, 89, 97
Kräuseln 44, 48, 56, 62, 70, 77, 78, 80, 86, 118, 121, 124
Kräuselzunge 119
Kreisnahtführung 120

L

Lampenwechselhilfe 69
Leiterstich 87

M

Mehrzweckfuß 44, 48, 52, 54, 56, 69, 118
Messer 13, 67, 68, 74, 89, 102, 108, 111, 122–125
    Obermesser 26, 38, 39, 47, 67, 68, 74, 81, 89
    Untermesser 67, 68, 74
Messerschutz 66, 68, 69
Metallic-Stickgarn 18, 20, 92, 96, 97

N

Nadel(n) 13, 44, 48, 62, 66, 68, 69, 71, 94, 95, 97, 101, 105, 106, 111, 122, 124, 125
    Wendenadel 52, 54
Nadeleinfädler 105
Nadelfadenspannung 66, 76–81
Nadelhalter 66
Nadelwechselhilfe 68, 69
Nähfäden s. Garn
Nähfuß 13, 18, 30, 44, 48, 55, 56, 61, 62, 67, 86, 87, 89, 95, 101, 103–107, 111, 124
Nähfußdruck 66, 124, 125
Nählichtabdeckung 66
Nahtband 32, 61, 101
Nahtende sichern 110, 111

Nähte
    Blindsaum 87
    Coverstich (Deckstich) 8, 13, 18–21, 29, 33, 36, 38–41, 43, 44, 46, 47, 51, 54–56, 58, 59, 66, 73, 81, 82, 84, 95, 106, 109, 115–118, 120
    3-fach-Coverstich 48, 51, 73, 82, 84
    Fagottstich 84
    Flatlocknaht 89, 94, 97
    2-Faden-Flatlocknaht 13, 44, 46, 47, 73, 87, 89, 97, 119
    3-Faden-Flatlocknaht 89
    Kettenstich 13, 24, 66, 72, 94, 97, 102, 106, 109, 115, 117, 120
    Leiterstich 87
    Rollsaum 8, 18, 19, 21, 30, 35, 56, 59, 68, 86, 94, 96, 101, 102
    3-Faden-Rollsaum 18, 20, 22, 24, 30, 56, 59, 72
    Rund geschlossene Naht 113
    4-Faden-Schließnaht 47, 73
    5-Faden-Sicherheitsnaht 8, 26, 27, 36, 41, 52, 54, 55, 66, 72
    2-Faden-Überwendlichnaht schmal 18, 19, 66
    3-Faden-Überwendlichnaht 38, 41, 66, 97, 119
    3-Faden-Überwendlichnaht schmal 16, 17, 20, 22, 72
    4-Faden-Überwendlichnaht 26, 29, 30, 32, 34, 36, 39–41, 44, 46–48, 51, 55, 56, 58, 59, 66, 72, 94, 95, 113, 118, 119

O

Ölen 122
Overlock
    4-fädig 66
    4-fädig mit Coverstich 66
    5-fädig 66, 94

P

Pannenhilfe 124, 125
Paspel 26, 27, 94, 114, 120
Perlannähfuß 8, 117
Perlgarn 28, 30, 35
Pfeiltrenner 109
Piktogrammstift 16, 20, 31, 38
Pinzette 68, 69, 103
Phantomstift s. Piktogrammstift
Poncho 36–38, 40

R

Reinigen 122, 125
Reißverschluss 30, 34, 36, 38
Rock 28, 30, 34–45
Rollsaum 8, 18–22, 24, 30, 35, 56, 59, 68, 72, 86, 94, 96, 101, 102
Rollsaumstichplatte 68
Rollschneider 31
    Lineal für Rollschneider 31, 38, 42
    Matte für Rollschneider 31, 38, 42
Rund geschlossene Naht 113
Rundung(en) 31, 36

S

Saum 3, 8, 13, 17, 22, 24, 29, 31, 33, 35, 36, 38–41, 43, 44, 46–48, 51, 55, 56, 58
    Blindsaum 87
    Coverstich (Deckstich) 8, 13, 18–21, 29, 33, 36, 38–41, 43, 44, 46, 47, 51, 54–56, 58, 59, 66, 73, 81, 82, 84, 95, 106, 109, 115–118, 120
    3-fach-Coverstich 48, 51, 73, 82, 84
    Flatlocknaht 89, 94, 97
    2-Faden-Flatlocknaht 13, 44, 46, 47, 73, 87, 89, 97, 119
    3-Faden-Flatlocknaht 89
    Kettenstich 13, 24, 66, 72, 94, 97, 102, 106, 109, 115, 117, 120
    Leiterstich 87
    Rollsaum 8, 18, 19, 21, 30, 35, 56, 59, 68, 72, 86, 94, 96, 101, 102
    3-Faden-Rollsaum 18, 20, 22, 24, 30, 56, 59, 72
    Wellensaum 28, 30, 35, 59, 61, 86, 121
Saumführung 33, 51, 52, 54, 55, 58, 82, 115
Schnittbreite 13, 62, 70, 71, 81, 98, 115
Schnittbreiten-Einstellrad 66
Schrägband 96, 115, 117, 120
Schrägbandführung 24, 71, 81, 98, 115
Schulternaht 29, 32, 39, 43, 44, 55, 101
Servietten 20, 21
Shirt 38, 39, 42, 56, 58
Shorty 56–57, 59

Sonderzubehör 8, 13, 18, 20, 21, 24, 33, 44, 52, 55, 56, 82, 87, 96, 114
   Bandeinfasser 56, 120
   Band- und Tressenfuß 96
   Biesenfuß 8, 24, 116
   Biesenführung 24, 116
   Biesenzunge 116
   Blindstichfuß 8, 87, 119
   Fagottführung 115
   Gummibandeinsatz 44, 48, 56, 118
   Gummibandnähfuß 51
   Kappnahtführung 116
   Keder- und Paspelapparat 120
   Keder- und Paspelfuß 8, 114, 117, 120
   Klarsichtfuß 18–21, 68, 115
   Kräuselfuß 8, 118
   Kräuselzunge 119
   Kreisnahtführung 120
   Mehrzweckfuß 44, 48, 52, 54, 56, 118
   Perlannähfuß 8, 117
   Saumführung 33, 51, 52, 54, 55, 58, 82, 115
   Schrägbandführung 24, 71, 81, 98, 115
   Spitzen- und Bortenführung 90, 115
   Träger- und Gürtelschlaufenfuß 38, 41, 52, 54, 55, 96, 117
   Universal-Bandeinfasser 8, 117
   Ziernahtführung 18–21, 96, 116
Spitze(n) 56, 58, 62, 63, 84, 90, 121
Spitzen- und Bortenführung 90, 115
Sportswear 44–47, 73, 84, 88, 92, 108, 113
Standardnähfuß 30, 66, 68, 69, 118, 120
Sticharten 72, 73
   Coverstich (Deckstich) 8, 13, 18–21, 29, 33, 36, 38–41, 43, 44, 46, 47, 51, 54–56, 58, 59, 66, 73, 81, 82, 84, 95, 106, 109, 115–118, 120
   3-fach-Coverstich 48, 51, 73, 82, 84
   Doppelkettenstich 8, 16, 17, 20–22, 24, 26, 27, 80, 94, 117, 120
   Flatlocknaht 89, 94, 97
   2-Faden-Flatlocknaht 13, 44, 46, 47, 73, 87, 89, 97, 119
   3-Faden-Flatlocknaht 89
   Kettenstich 13, 24, 66, 72, 94, 97, 102, 106, 109, 115, 117, 120
   Leiterstich 87

   3-Faden-Rollsaum 18, 20, 22, 24, 30, 56, 59, 72
   4-Faden-Schließnaht 47, 73
   5-Faden-Sicherheitsnaht 8, 26, 27, 36, 41, 52, 54, 55, 66, 72
   2-Faden-Überwendlichnaht schmal 18, 19, 66
   3-Faden-Überwendlichnaht 38, 41, 66, 97, 119
   3-Faden-Überwendlichnaht schmal 16, 17, 20, 22, 72
   4-Faden-Überwendlichnaht 26, 29, 30, 32, 34, 36, 39–41, 44, 46–48, 51, 55, 56, 58, 59, 66, 72, 94, 95, 113, 118, 119
Stichbreitenzunge 67
Sticheinstellung 70, 94
Stichlänge 13, 30, 70, 71, 86, 97, 98, 124, 125
Stichplatte 13, 66–68, 74, 86, 101, 102, 108
Stickmaschine 28, 33
Stoffe
   dehnbare/elastische 8, 10, 44, 48, 61, 67, 72, 73, 84, 108, 121
   Chenille 62
   Chiffon 8, 13, 22, 61, 121
   Crash 62, 63
   Baumwolle 22, 36, 61, 63, 64, 88
   Cord 36, 62, 63
   Fransenstoff 36, 63, 61, 72
   Frottee 38, 61, 63
   Jeans 8, 13, 61, 63
   Jersey 29, 30, 38, 56, 61, 121
   Lamé 62, 63
   Lederimitat 62, 63
   Leinen 61, 63
   Nicki 62, 63
   Organza 16, 18–21, 61–63, 70, 73, 98, 121
   Plüsch 62, 63
   Samt 62
   Satin 16, 20, 62, 114
   Seide 8, 52, 56, 61–63, 114, 121
   Spitze(n) 56, 58, 62, 63, 84, 90, 121
   Strick 8, 61–63, 101, 121
   Sweatshirtstoff 8, 61
   Taft 70, 121
   T-Shirt-Stoff 28, 63
   Wollstoff 61, 94
   Viskose 8, 56

Stoffstau 70, 123, 124
Stofftransport 67, 98, 124, 125

T
Taille 30, 38, 48
Taschen 36, 40–41, 54
Textilstift, selbstlöschend s. Piktogrammstift
Tischdekoration 14–21
Transporteur 121
Transport 67, 98, 124, 125
Träger- und Gürtelschlaufenfuß 38, 41, 52, 54, 55, 96, 117
T-Shirt 28–30, 33, 44, 46, 63, 73, 84

U
Überwendlichstich 78, 109, 110
   2-Faden-Überwendlichnaht schmal 18, 19, 66
   3-Faden-Überwendlichnaht 38, 41, 66, 97, 119
   3-Faden-Überwendlichnaht schmal 16, 17, 20, 22, 72
   4-Faden-Überwendlichnaht 26, 29, 30, 32, 34, 36, 39–41, 44, 46–48, 51, 55, 56, 58, 59, 66, 72, 94, 95, 113, 117–119
Universal-Bandeinfasser 8, 117
Unterwäsche 56–59, 84

V
Vernähen 110, 111
Vlieseline 30, 34, 36, 38, 52, 61, 62
   -Bundfix 36, 38

W
Wartung 122, 123
Wellensaum 28, 30, 35, 59, 61, 86, 121
Wonder Tape 102

Z
Ziergarne 69, 89, 92–94
Ziernähte 8, 13, 22, 24, 72, 89, 92, 94–98, 116, 119
Ziernahtführung 18–21, 69, 96, 116
Zubehör 68, 69, 79
Zweiteiler 48–51

DER
VORSORGE
PLAN

Ulrich Grasberger • Delia Grasberger

DER
VORSORGE
PLAN

Patientenverfügung
Vorsorgevollmacht
Betreuungsverfügung
Testament

Mit Vorlagen und Musterformularen **ZUM AUSFÜLLEN**

Die veröffentlichten Ratschläge wurden mit größter Sorgfalt von Verfassern und Verlag erarbeitet und geprüft. Eine Garantie kann jedoch nicht übernommen werden. Ebenso ist eine Haftung des Verfassers bzw. des Verlages und seiner Beauftragten für Personen-, Sach- oder Vermögensschäden ausgeschlossen.
Sollte diese Publikation Links auf Webseiten Dritter enthalten, so übernehmen wir für deren Inhalte keine Haftung, da wir uns diese nicht zu eigen machen, sondern lediglich auf deren Stand zum Zeitpunkt der Erstveröffentlichung verweisen.

Es ist nicht gestattet, Abbildungen und Texte dieses Buches zu digitalisieren, auf digitale Medien zu speichern oder einzeln oder zusammen mit anderen Bildvorlagen/Texten zu manipulieren, es sei denn mit schriftlicher Genehmigung des Verlages.

Impressum
6. aktualisierte und erweiterte Auflage 2021
Copyright © 2017, 2021 Weltbild GmbH & Co. KG, Werner-von-Siemens-Str. 1, 86159 Augsburg
Konzeption und Text: Ulrich Grasberger, Delia Grasberger
Innenlayout: Dr. Alex Klubertanz
Umschlaggestaltung: Atelier Seidel, Teising
Umschlagmotiv: iStockphoto/gradyreese
Gesamtherstellung: Neografia, a.s. printing house, Martin
Printed in the EU
978-3-8289-5188-4

Alle Rechte vorbehalten.

Einkaufen im Internet:
www.weltbild.de

Einleitung 6
- Das Leben steckt voller Überraschungen 6
- Mein Vorsorgebedarf 8
- Der schnelle Vorsorge-Überblick 11

Persönliche Angaben 16
- Ordnung muss sein 17

Digitale Identität 40
- Unsere Spuren im Netz 41

Vorsorgevollmacht 52
- Ohne Vertrauten keine Vollmacht 53
- Der Bevollmächtigte 56
- Die allgemeine, uneingeschränkte Generalvollmacht 58
- Die ausführliche Vorsorgevollmacht – Ausfüllhilfe im Außenverhältnis 61
- Die ausführliche Vorsorgevollmacht – Erläuterungen im Innenverhältnis 66

Bankvollmacht 70
- Banken haben eigene Regeln 71

Sorgerechtsverfügung 74
- Wer sorgt sich um die Kinder? 75
- Form der Sorgerechtsverfügung 78

Betreuungsverfügung 82
- Brauche ich eine Betreuungsverfügung? 83
- Form der Betreuungsverfügung 88
- Vorlage für die Betreuungsverfügung 89

Patientenverfügung 90
- Wie aus dem Leben gehen? 91
- Fragebogen zur Patientenverfügung 96
- Die schriftliche Patientenverfügung 98

Testament / Letztwillige Verfügung 100
- Wer was und wie viel bekommt 101
- Vererben in der Patchworkfamilie 111
- Der Staat erbt mit: die Erbschaftssteuer 113
- Welche Situation trifft auf Sie zu? 115
- Form und Gestaltung des Testamentes 117
- Inhalte, Regelungen und Vorbereitungen für ein Testament 121

Die beste Aufbewahrung 128
- Sicher verwahrt und jederzeit einsehbar 129
- Zentrales Vorsorgeregister 129
- Verwahrung des Testaments 130

Formularteil 133

Das Leben steckt voller Überraschungen

Wir können nicht davon ausgehen, dass wir bei jedem erdenklichen Notfall eine verbindliche Willenserklärung abgeben können. Rechtlich ist dann nicht einmal der Ehepartner berechtigt, ohne eine entsprechende gültige Vollmacht in Ihrem Namen zu handeln. Ja, es droht sogar eine amtliche Betreuung. Vorsorgen ist deshalb für jedes Alter eine Notwendigkeit.

Es ist eine gute Absicht, alle wichtigen Daten und Fakten zu unserem Leben zu dokumentieren und eine Willenserklärung abzugeben, was geschehen soll, wenn wir uns, aus welchem Grund auch immer, nicht mehr mündig äußern können. Zentrale Hilfestellungen dazu sind die Vorsorgevollmacht und ein Testament.

Betroffen sind außerdem die Betreuungsverfügung, die viele juristische Belange abdeckt, und die Patientenverfügung mit den damit zusammenhängenden Fragen zur Gesundheit und zu den ethischen und religiösen Einstellungen.

Die Inhalte dazu erfordern die Klärung einer Reihe von Fragen und Voraussetzungen. Wer sind Ihre Vertrauenspersonen, in welchem Familienstand leben Sie, und welche früheren Verbindungen und Verpflichtungen gibt es, wie ist Ihre Vermögenssituation, welche Verträge, Konten, Mitgliedschaften und bereits vergebene Vollmachten sind aktuell und gültig, wo haben Sie digitale Spuren hinterlassen und vieles mehr?

Lassen Sie sich nicht drängen!

Die einzelnen Kapitel führen Schritt für Schritt durch diese wesentlichen Themen. Sie geben eine gute Grundlage und verschaffen Ihnen Klarheit für bewusste und gute Entscheidungen. Durch die Vorgaben und Erläuterungen ist auch sichergestellt, dass die Erklärungen, die Sie abgeben, den rechtlichen Vorgaben entsprechen und eine mögliche Überprüfung oder Anfechtung überstehen.

Der Bogen der Themen ist weit gespannt. Er betrifft Ihre persönliche Lebenssituation, wird die Wertigkeit Ihrer sozialen Kontakte gewichten und Fragen an die Zielsetzung Ihres Lebens stellen. Lassen Sie sich Zeit. Das Vorsorgebuch ist auch ein Arbeitsbuch, das Sie nicht an einem Tag ausfüllen müssen, und nicht alle Punkte sind für Sie von Bedeutung. Die angefügten rechtlichen und lebenspraktischen Hilfestellungen zu allen relevanten Fragen werden Ihnen helfen, die für Sie richtige Antwort und Verfügung zu formulieren.

Eine Vollmacht ist eine weitreichende Entscheidung und sollte nur an Menschen vergeben werden, die Sie schon lange kennen, deren eigene Interessen Sie gut abschätzen und denen Sie absolut vertrauen können. Gerade in der Spätphase eines Lebens werden schnell ein Testament abgefasst und Vollmachten unüberlegt vergeben, sei es aus Angst oder durch eine geschickte Beeinflussung von außen.

Geschrieben wurde dieses Buch von einem Theologen und einer Ärztin unter Beratung durch mehrere Juristen. Bei den vielfältigen Diskussionen für die Abfassung dieses Buches haben wir gesehen, dass es verschiedene Sichtweisen auf das Leben gibt und mehr als einen richtigen Weg. Sehr schnell haben wir gemerkt, wie die Sachthemen auch von unserer persönlichen Lebenseinstellung beeinflusst waren. Alle Informationen und Anleitungen in diesem Buch haben deshalb das Ziel, den für Sie besten und individuellen Weg zu weisen.

Was und wer ist Ihnen wichtig?

Erhellend und hilfreich für alle Ihre weiteren Überlegungen ist die Klärung der eigenen Lebensumgebung und der Lebensumstände. Welche Menschen begleiten Sie, welche stehen Ihnen nahe, welche Erwartungen wollen Sie erfüllen, und auf das Vertrauen welcher Menschen bauen Sie. Es geht immer vordergründig um rechtliche Positionen, dahinter steht aber auch der Blick auf die Summe Ihres Lebens. Nützen Sie deshalb in diesem Zusammenhang den Dialog mit den Sie begleitenden Menschen. Es geht nicht um das Aufarbeiten einer Aufgabe, sondern darum, den Ausblick in die Zukunft verantwortungsvoll, freundlich und ausgewogen zu gestalten.

Ihr persönlicher Vorsorgeplan

Das Buch enthält Informationen, klärende Fakten, Checklisten und Vorschläge für entsprechende Vollmachten. Ein selbst verfasstes Testament oder eine Sorgerechtsverfügung müssen handschriftlich niedergeschrieben werden. Bei anderen Dokumenten wie der Patientenverfügung oder der Vorsorgevollmacht können Sie auf Vordrucke zurückgreifen, die Sie ausfüllen und ergänzen. Wir haben hier entsprechende Vorlagen im Formularteil abgedruckt. Die Seiten sind heraustrennbar und können dann benützt oder auch kopiert werden. Die Vorschläge für ein Testament haben wir als Textbausteine abgedruckt. Sie können die Formulierungen übernehmen und für Ihr handschriftliches Testament abändern oder ergänzen. Andere Themen können Sie im Buch direkt ausfüllen oder eben kopieren und zu Ihren Akten legen. So haben Sie eine gute Übersicht.

Mit diesem Buch und den verschiedenen dargestellten Themen bekommen Sie eine erste Anregung, wie Ihr persönlicher Vorsorgeplan aussehen kann. Viele Dinge sind zu bedenken, Entscheidungen sind zu treffen, und manches ist in einem individuellen Fall gar nicht so einfach, wie es auf den ersten Blick scheint.

Unsere Empfehlung dazu: Holen Sie sich Rat. Berater im Betreuungsverein, Ihr Arzt, der Notar und der Rechtsanwalt sind Spezialisten, wenn es um Lebensfragen geht, und haben die nötige Erfahrung, um Irrtümern wie Stolperfallen aus dem Weg zu gehen. Sie werden Ihnen helfen, nichts zu übersehen.

Mein Vorsorgebedarf

Je nach persönlichem Familienstand oder individueller Lebenssituation sind unterschiedliche Vorsorgemaßnamen besonders dringlich, während andere zunächst vernachlässigt werden können.

Verheiratet

Verheiratete Paare und eingetragene Lebenspartner ohne Kinder

Vorsorgevollmacht: Auch verheiratete Paare können sich ohne Vollmacht nicht vertreten. Eine Notfallvertretung für Ehepartner in Gesundheitsfragen gilt ab Januar 2023 für sechs Monate.
Betreuungsverfügung: Falls die in der Vorsorgevollmacht eingetragene Person nicht zur Verfügung steht, sollte die weitere Betreuung geregelt sein – das ist eine wichtige Ergänzung.
Patientenverfügung: Nur eine präzise Festlegungen zu Umfang und Grenzen lebensverlängernder Maßnahmen ist rechtswirksam. In der Vorsorgevollmacht ist das oft nicht ausreichend abgedeckt.
Bankvollmacht: Ehepartner sollten sich eine eigene Bankvollmacht erteilen und/oder gemeinsame Konten führen. Wie sind die Vermögenswerte verteilt? Eine Vermögensverschiebung innerhalb der steuerlichen Freigrenzen kann Erbschaftssteuer sparen.
Testament: Gut, um den Partner abzusichern.

Verheiratete Paare und eingetragene Lebenspartner mit eigenen Kindern

➲ Zusätzlich zu den oben genannten Punkten wichtig:
Sorgerechtsverfügung: Ratsam; falls beide Elternteile nicht mehr zur Verfügung stehen, sollte bei minderjährigen Kindern eine Vertrauensperson zur Stelle sein.
Testament: Gut, um den Partner und die Kinder abzusichern.

Verheiratete Paare und eingetragene Lebenspartner mit Patchworkkindern

➲ Zusätzlich zu den oben genannten Punkten wichtig:
Sorgerechtsverfügung: Damit ein Patchworkelternteil für das nicht leibliche Kind Verantwortung übernehmen kann, oder falls beide Elternteile nicht mehr zur Verfügung stehen und dann eine Vertrauensperson diese Verantwortung übernehmen soll.
Testament: Gut, um den Partner abzusichern, und wichtig, um Kinder und Stiefkinder abweichend von der gesetzlichen Erbfolge gleich zu behandeln.

Gerade bei nicht verheirateten Paaren und Lebenspartnerschaften ist der achtsame Blick in die Zukunft besonders wichtig. Vor dem Gesetz werden Sie beide wie unabhängige Individuen behandelt. Besonders deutlich wird dies beim Testament und im Todesfall. Der Partner hat keinerlei finanzielle Absicherung, wenn Sie dies nicht vorher regeln. Ohne Ehe oder gesetzliche Lebenspartnerschaft gibt es nur geringe steuerliche Freigrenzen und hohe steuerliche Sätze. Erben werden dann erst einmal leibliche Kinder oder Eltern und Geschwister.

Nicht verheiratet

Paare ohne Trauschein und ohne Kinder

Vorsorgevollmacht: Ohne Vollmacht ist keine Vertretung möglich. Amtliche Betreuung droht.
Betreuungsverfügung: Zur ergänzenden Absicherung günstig.
Patientenverfügung: Nur eine präzise Festlegungen zu Umfang und Grenzen lebensverlängernder Maßnahmen ist rechtswirksam. In der Vorsorgevollmacht ist das oft nur allgemein und wenig detailliert ausgeführt. Zudem ist sie eine Entlastung für den Partner.
Bankvollmacht: Ergänzend mit einem entsprechenden Testament notwendig.
Testament: Wichtig, um den Partner abzusichern und um gesetzliche Erben (Geschwister, Eltern) auszuschließen. Die steuerliche Seite betrachten.

Paare ohne Trauschein mit eigenen Kindern

➔ Zusätzlich zu den oben genannten Punkten wichtig:
Sorgerechtsverfügung: Ratsam; falls beide Elternteile nicht mehr zur Verfügung stehen, überprüft das Vormundschaftsgericht dann die Eignung des vorgeschlagenen Vormunds.
Testament: Sollte die Versorgung des Lebenspartners regeln. Steuerliche Seite betrachten.

Paare ohne Trauschein mit Patchworkkindern

➔ Zusätzlich zu den oben genannten Punkten wichtig:
Sorgerechtsverfügung: Damit ein Patchworkelternteil für das nicht leibliche Kind Verantwortung übernehmen kann oder falls beide Elternteile nicht mehr zur Verfügung stehen und eine Vertrauensperson dem Vormundschaftsgericht vorgeschlagen werden soll.
Testament: Wichtig, um den Partner abzusichern, um gesetzliche Erben (Geschwister, Eltern) zugunsten des Lebenspartners auszuschließen und um Kinder und Stiefkinder aus der Patchworkfamilie gleich zu behandeln.

Alleinstehend

Alleinstehende mit Verwandten oder vertrauten Freunden

Vorsorgevollmacht: Gerade wenn Sie alleinstehend sind, brauchen Sie eine Vertrauensperson, der Sie eine Vorsorgevollmacht geben; oft ist es ein Verwandter, die beste Freundin oder der beste Freund.
Betreuungsverfügung: Eine wichtige Ergänzung zur Vorsorgevollmacht.
Patientenverfügung: Gerade wenn niemand unmittelbar mit Ihnen lebt, sollte dies schriftlich fixiert sein, damit Ihre Vorstellungen vom Leben berücksichtigt werden.
Bankvollmacht: Diese geben Sie besser nicht grundlos aus der Hand.
Testament: Sinnvoll, nur so können Sie in Widerrede zur gesetzlichen Erbfolge bestimmen, wer erben soll.

Alleinstehende ohne vertraute Personen

➲ Zusätzlich zu den oben genannten Punkten wichtig:
Vorsorgevollmacht: Sie sollten sich langfristig überlegen, ob Sie nicht doch eine Vertrauensperson für sich gewinnen können, denn ohne Vertrauensperson ist diese Vollmacht nicht sinnvoll oder möglich.
Betreuungsverfügung: Wenn Sie nicht wollen, dass das Gericht einen Betreuer bestellt, sollten Sie einen Betreuer benennen.
Testament: Notwendig, wenn keine gesetzlichen Erben vorhanden sind oder diese nicht erben sollen.

Alleinerziehende

➲ Zusätzlich zu den oben genannten Punkten wichtig:
Vorsorgevollmacht: Essenziell, da Sie auch für Ihr Kind/Ihre Kinder Verantwortung haben, insbesondere wenn diese minderjährig sind.
Betreuungsverfügung: Wichtige Ergänzung zur Vorsorgevollmacht.
Testament: Wichtig, da Sie hier die besondere Verantwortung für Ihre Kinder ausdrücken und Ihrer Lebenssituation entsprechend verfügen können.
Sorgerechtsverfügung: Wichtig bei minderjährigen Kindern. Sie können so dem Vormundschaftsgericht selbst einen Vormund, dem Sie vertrauen, vorschlagen.

Der schnelle Vorsorge-Überblick

»Was ist eigentlich …?«

⊗ Eine Vorsorgevollmacht ist …

… ein rechtlich verbindlicher Auftrag an eine Vertrauensperson, die alle Erklärungen und Aufträge in Ihrem Namen abgeben kann, wenn Sie dazu nicht mehr in der Lage sind. Anderenfalls droht eine amtliche Betreuung. Auch Ehepartner oder volljährige Kinder müssen durch eine Vorsorgevollmacht als rechtlicher Betreuer explizit dazu legitimiert sein.

⊗ Eine Bankvollmacht ist …

… eine Verfügungsberechtigung über ein Bankkonto im erklärten Umfang. Diese muss direkt bei der Bank mit Unterschrift und Ausweis vom Vollmachtgeber und vom Bevollmächtigten abgegeben werden. Vorsicht: Eine Vollmacht räumt die Verfügung über das Vermögen ein. Eine unbegrenzte Vollmacht gilt auch nach dem Tod. Eheleute können nicht auf Konten des Ehepartners zugreifen. Ein gemeinsames Konto ist eine mögliche Empfehlung, um dies zu umgehen. Allerdings kann bei großen Kontobeträgen hier Schenkungssteuer anfallen. Vermögensverschiebungen auch zwischen Ehepartnern sind nicht steuerfrei.

⊗ Eine Sorgerechtsverfügung ist …

… die Möglichkeit zu regeln, wer nach dem eigenen Tod das Sorgerecht und die Vermögenssorge für ein minderjähriges Kind ausüben soll. Diese können entweder von einer Person ausgeübt oder auf verschiedene Personen aufgeteilt werden. Allerdings überprüft im Ernstfall ein Familiengericht diese Verfügung und kann von der Sorgerechtsverfügung abweichen, wenn berechtigte Zweifel an der Eignung der vorgeschlagenen Person bestehen.
In der Sorgerechtsverfügung können auch explizit Personen benannt werden, die von einer Vormundschaft ausgeschlossen werden sollen. Wie bei einem Testament muss die Sorgerechtsverfügung handschriftlich verfasst werden.

⊗ Eine Betreuungsverfügung ist …

… eine Möglichkeit, einen Betreuer zu bestimmen für den Fall, dass jemand nicht mehr geschäftsfähig ist und seine Angelegenheiten nicht mehr selbst regeln kann. Ein Betreuer wird von einem Betreuungsgericht eingesetzt und auch vom Gericht kontrolliert. Nicht immer ist dies eine Person aus dem Familienumfeld.

Mit einer Betreuungsverfügung kann jeder selbst festlegen, wer diese Person sein soll und auch, welche Personen nicht infrage kommen. Eine Vorsorgevollmacht kann mit einer Betreuungsverfügung kombiniert werden, beispielsweise falls eine Vorsorgevollmacht ungültig wird oder trotz einer Vollmacht eine Betreuung gerichtlich angeordnet wird. Eine gesetzliche Betreuung ist mit Kosten behaftet.

✖ Eine Patientenverfügung ist ...

... die Willenserklärung, ob, wann, unter welchen Bedingungen und in welcher Art und Weise eine pflegerische und medizinische Betreuung erwünscht ist. Auch die positive oder negative Bereitschaft, ob man nach dem Tod als Organspender zur Verfügung steht, kann hier erklärt werden.

Diese Vorauserklärung wirkt als persönlicher Wille für einen Notfall weiter, wenn Sie nicht mehr bewusst entscheiden können. Entsprechend sorgsam ist mit dieser Möglichkeit umzugehen.

Eheleute haben gegenseitig, nach aktueller Rechtsprechung erst ab Januar 2023, in Notfällen begrenzt für sechs Monate ein Vertretungsrecht ausschließlich in Gesundheitsangelegenheiten. Andere Bereiche sind nicht davon abgedeckt. Liegt keine Vorsorgevollmacht vor mit einem dezidiert genannten Vertretungsrecht in Gesundheitsangelegenheiten, haben Ärzte nach dieser sechsmonatigen Zeitspanne keinen rechtlich legitimierten Ansprechpartner bei schwierigen Konfliktfällen. Die Entscheidung kann dann beim Betreuungsgericht liegen.

Die neue Regelung geht dabei von einem harmonischen Miteinander der Ehepartner aus, was aber nicht in jedem Fall automatisch angenommen werden kann. Der mutmaßliche Wille des Patienten und die Behandlung zu seinem Wohle sind in jedem Fall Maß der Dinge, über das sich auch der Ehepartner nicht hinwegsetzen darf. Eine vorhandene schriftliche und aussagekräftige Patientenverfügung ist deshalb unabhängig von einer vorhandenen Vorsorgevollmacht in Gesundheitsangelegenheiten in jedem Fall hilfreich, sinnvoll und empfehlenswert und kann so Rechtssicherheit auch für die Zukunft bieten.

✖ Das Testament oder die Letztwillige Verfügung ist ...

... die Erklärung des Erblassers, wie nach dem Tod seine Vermögenswerte aufgeteilt werden sollen. Wünsche und Erwartungen des Erblassers werden in Auflagen oder Bedingungen im Testament geregelt. Das Testament muss mit dem gültigen Erbrecht abgestimmt sein.

Liegt kein Testament vor, tritt die gesetzliche Erbfolge in Kraft. Fast immer sind die Lebensumstände heute aber so vielfältig, dass ein Testament notwendig ist, um dem Rechnung zu tragen und sonst entstehende Ungerechtigkeiten zu vermeiden.

DER SCHNELLE VORSORGE-ÜBERBLICK 13

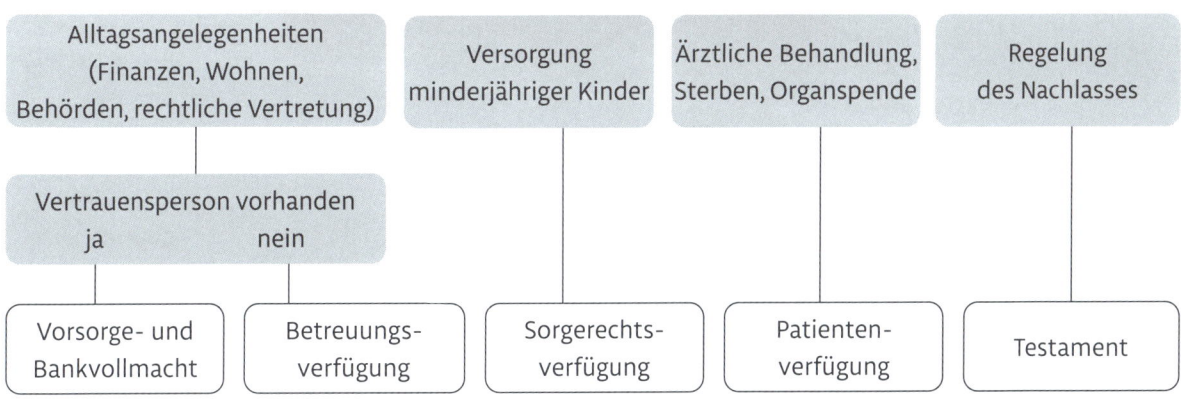

❌ **Vorsorgevollmacht/uneingeschränkte (General-)Vollmacht → Seite 52**

Erstellt am: .... Hinterlegt wo: ....

❌ **Bankvollmacht → Seite 70**

Erstellt am: .... Hinterlegt wo: ....

❌ **Sorgerechtsverfügung → Seite 74**

Erstellt am: .... Hinterlegt wo: ....

❌ **Betreuungsverfügung → Seite 82**

Erstellt am: .... Hinterlegt wo: ....

❌ **Patientenverfügung → Seite 90**

Erstellt am: .... Hinterlegt wo: ....

❌ **Testament/Letztwillige Verfügung → Seite 100**

Erstellt am: .... Hinterlegt wo: ....

Welche Menschen umgeben mich?

- Arzt
- ???
- Lebenspartner
- Ehepartner
- Ich
- Kind
- Freund

Wer könnte mein Vermögen verwalten?

Wer kann Verträge kündigen und abschließen: Miete, Telefon, Versicherung?

Welchen Menschen vertraue ich?

Wer könnte als Bevollmächtigter infrage kommen?

Wer kann die täglichen Dinge organisieren: Pflegedienst, Arztbesuche, Einkauf?

Wer soll eine Bankvollmacht bekommen?

Wie ist meine Lebenssituation?

Ist meine Wohnsituation auch behindertengerecht?

Was sind die Antworten auf meine Fragen?

- Geschwister — Wer soll im Notfall benachrichtigt werden?
- Enkelkinder — Wer kann in schwierigen medizinischen Fragen für mich entscheiden?
- Eltern — Gibt es gute Pflegeheime in der Nähe?
- Geschwister — Wer kann rechtliche Dinge für mich klären?
- ??? — Wer sind meine gesetzlichen Erben und wer soll was erben?
- Kind — Wer hält den Kontakt mit der Krankenversicherung/Pflegeversicherung?
- Anwalt
- Freund

Persönliche Angaben

Für Sie selbst, aber auch für eine Person, die als Ihr Bevollmächtigter eingetragen ist, ist es eine große Hilfe, wenn alle Ihre persönlichen Angaben, Versicherungen, Verträge auf einen Blick und auf wenigen Seiten aufgeführt sind. So können Sie selbst oder ein Betreuer schnell und rechtzeitig reagieren, wenn ein Mobilfunkvertrag zu kündigen ist oder Verwandte zu benachrichtigen sind. Vergessen Sie nicht, die Angaben regelmäßig zu aktualisieren.
Verwahren Sie die Unterlagen zu diesen Angaben in verschiedenen Ordnern und notieren Sie deren Aufbewahrungsort.

Ordnung muss sein

Jeder hat seine eigene Ordnung. Das ist auch richtig so, denn zuerst muss es für Sie selbst passen. Etikettieren Sie Ihre Ordner entsprechend auf dem Rücken und fügen Sie je nach Inhalt die Jahreszahlen dazu. Sinnvoll ist es, je einen Ordner für folgende Themenbereiche zusammenzustellen:

⊗ Notfallordner: Vorsorgevollmacht und andere Vollmachten, Hinweis auf Ablageort des Testaments und Kopie des Testaments, persönliche Angaben für den Notfall, Adressen von Angehörigen und Bevollmächtigten, Telefonnummern

⊗ Persönliche Dinge: Familienbuch, Geburtsurkunde, Eheurkunde, Ehevertrag, Bankunterlagen und Zugangsberechtigungen
Eventuell persönliche Erinnerungen und Adresslisten

⊗ Wohnen und Wohneigentum: Mietvertrag, Versorgungsverträge, Kaufvertrag für Immobilien, Grundbuchauszug

⊗ Versicherungen: Leben, Haftpflicht, Rechtsschutz, Berufsunfähigkeit, Krankenversicherung, Krankenzusatzversicherung, private Krankenversicherung

⊗ Arbeit: Arbeitsverträge, Sozialversicherungsbelege, Rentenversicherung, Arbeitslosenversicherung

⊗ Verträge: Leasing, Mobiltelefon, Internet, Kabel-TV

⊗ Steuern und Finanzamt: Steuerbescheide, Steuerunterlagen geordnet nach Steuerjahren

⊗ Auto: Kfz-Brief, Kopie Fahrzeugschein, Steuer, Servicerechnungen, Kfz-Versicherung

⊗ Kinder: Elterngeld, Kindergeld, Geburtsurkunden, Zeugnisse

⊗ Quittungen und Garantien

Der Aufbewahrungsort für meine Ordner ist:

....

Vorlage: persönliche Angaben kopieren oder direkt im Buch ausfüllen

✖ Angaben zur eigenen Person

Name, Vorname: ....

Geburtsname: ....

Geburtstag: ....

Geburtsort, Geburtsland: ....

Religionszugehörigkeit: ....

Staatsangehörigkeit/en: ....

Hauptwohnsitz Adresse

Straße: ....

PLZ/Ort: ....

Telefon: ....

Mobilfunknummer: ....

E-Mail-Adresse/n: ....

Weiterer Wohnsitz

Straße: ....

PLZ/Ort: ....

Telefon: ....

✖ Persönliche Dokumente

Ausweise

Personalausweisnummer/ausstellende Behörde: ....

Reisepassnummer/ausstellende Behörde: ....

Führerscheinnummer/ausstellende Behörde: ....

Weitere Ausweise

....

....

....

....

....

....

Steuernummern

Lebenslange Steueridentifikationsnummer: ....

Steuernummer(n): ....

....

....

Beim Finanzamt: ....

Sozialversicherungsnummer: ....

Krankenversichert bei: ....

Krankenversicherungskarte: ....

Pflegeversicherung: ....

Ambulanter Pflegedienst, Essen auf Rädern: ....

....

Ich bin zum (Datum): ....
❑ verheiratet ❑ geschieden ❑ Partnerschaft ❑ alleinstehend/verwitwet

Ich bin zum (Datum): ....
❑ verheiratet ❑ geschieden ❑ Partnerschaft ❑ alleinstehend/verwitwet

✖ Angaben zum Partner

Name, Vorname: ....

Geburtsname: ....

Kontaktdaten (falls abweichend)

Straße: ....

PLZ/Ort: ....

Telefon: ....

Mobilfunknummer: ....

E-Mail-Adresse/n: ....

✖ Angaben zum Partner

Name, Vorname: ....

Geburtsname: ....

Kontaktdaten (falls abweichend)

Straße: ....

PLZ/Ort: ....

Telefon: .... Mobilfunknummer: ....

E-Mail-Adresse/n: ....

✖ Angaben zum Partner

Name, Vorname: ....

Geburtsname: ....

Kontaktdaten (falls abweichend)

Straße: ....

PLZ/Ort: ....

Telefon: .... Mobilfunknummer: ....

E-Mail-Adresse/n: ....

✖ Angaben zum Familienstand

Wir sind verheiratet/leben in einer eingetragenen Lebenspartnerschaft: ❏ ja ❏ nein

Datum, Ort der Eheschließung: ....

Vertragliche Vereinbarungen, Ehevertrag vorhanden: ❏ ja ❏ nein

Notarielle Beurkundung durch: ....

Verwahrungsort: ....

Güterstand:
❏ gesetzlicher Güterstand/Zugewinngemeinschaft ❏ Gütertrennung ❏ Gütergemeinschaft

Wir leben in einer nichtehelichen Lebensgemeinschaft: ❏ ja ❏ nein

Partnerschaftsvertrag vorhanden: ❏ ja ❏ nein

Ich bin geschieden/habe die eingetragene Lebenspartnerschaft aufgehoben: ❏ ja ❏ nein

Scheidungsdatum/Aufhebung: ....

Aktenzeichen: ....

Frühere Ehen/Partnerschaften

Datum der Ehescheidung/Aufhebung: ....

Aktenzeichen: ....

Datum der Ehescheidung /Aufhebung: ....

Aktenzeichen: ....

✪ Kinder

Name, Vorname: ....

Geburtstag: .... E-Mail-Adresse/n: ....

Anschrift: ....

Telefon .... Mobilfunknummer: ....

Das Kind ist ❑ leiblich/adoptiert ❑ Pflegekind ❑ Kind meines Partners/meiner Partnerin.

Name, Vorname: ....

Geburtstag: .... E-Mail-Adresse/n: ....

Anschrift: ....

Telefon .... Mobilfunknummer: ....

Das Kind ist ❑ leiblich/adoptiert ❑ Pflegekind ❑ Kind meines Partners/meiner Partnerin.

Name, Vorname: ....

Geburtstag: .... E-Mail-Adresse/n: ....

Anschrift: ....

Telefon .... Mobilfunknummer: ....

Das Kind ist ❑ leiblich/adoptiert ❑ Pflegekind ❑ Kind meines Partners/meiner Partnerin.

✪ Kinder

Name, Vorname: ....

Geburtstag: .... E-Mail-Adresse/n: ....

Anschrift: ....

Telefon .... Mobilfunknummer: ....

Das Kind ist ❏ leiblich/adoptiert ❏ Pflegekind ❏ Kind meines Partners/meiner Partnerin.

Name, Vorname: ....

Geburtstag: .... E-Mail-Adresse/n: ....

Anschrift: ....

Telefon .... Mobilfunknummer: ....

Das Kind ist ❏ leiblich/adoptiert ❏ Pflegekind ❏ Kind meines Partners/meiner Partnerin.

Name, Vorname: ....

Geburtstag: .... E-Mail-Adresse/n: ....

Anschrift: ....

Telefon .... Mobilfunknummer: ....

Das Kind ist ❏ leiblich/adoptiert ❏ Pflegekind ❏ Kind meines Partners/meiner Partnerin.

✱ Angehörige – Eltern, Geschwister

Name, Vorname: .... Verwandtschaftsverhältnis: ....

Anschrift: ....

Telefon: .... Mobilfunknummer: ....

E-Mail-Adresse: ....

Name, Vorname: .... Verwandtschaftsverhältnis: ....

Anschrift: ....

Telefon: .... Mobilfunknummer: ....

E-Mail-Adresse: ....

Name, Vorname: .... Verwandtschaftsverhältnis: ....

Anschrift: ....

Telefon: .... Mobilfunknummer: ....

E-Mail-Adresse: ....

Name, Vorname: .... Verwandtschaftsverhältnis: ....

Anschrift: ....

Telefon: .... Mobilfunknummer: ....

E-Mail-Adresse: ....

✪ Angehörige – Eltern, Geschwister

Name, Vorname: .... Verwandtschaftsverhältnis: ....

Anschrift: ....

Telefon: .... Mobilfunknummer: ....

E-Mail-Adresse: ....

Name, Vorname: .... Verwandtschaftsverhältnis: ....

Anschrift: ....

Telefon: .... Mobilfunknummer: ....

E-Mail-Adresse: ....

✪ Nahestehende Freunde und Vertraute

Name, Vorname: .... E-Mail-Adresse: ....

Anschrift: ....

Telefon: .... Mobilfunknummer: ....

Name, Vorname: .... E-Mail-Adresse: ....

Anschrift: ....

Telefon: .... Mobilfunknummer: ....

✪ Nahestehende Freunde und Vertraute

Name, Vorname: .... E-Mail-Adresse: ....

Anschrift: ....

Telefon: .... Mobilfunknummer: ....

Name, Vorname: .... E-Mail-Adresse: ....

Anschrift: ....

Telefon: .... Mobilfunknummer: ....

Name, Vorname: .... E-Mail-Adresse: ....

Anschrift: ....

Telefon: .... Mobilfunknummer: ....

Name, Vorname: .... E-Mail-Adresse: ....

Anschrift: ....

Telefon: .... Mobilfunknummer: ....

⊗ Wohnsituation

Mietwohnung, Anschrift: ....

Ich bin als Alleinmieter ❏ /zusammen mit meinem Partner ❏ eingetragen.

Mietvertrag vom: ....

Verwahrungsort: ....

Vermieter: ....

Anschrift: ....

Telefon .... E-Mail-Adresse: ....

Zweitschlüssel hinterlegt bei: ....

    Anschrift:..

    Telefon .... Mobilfunknummer:...

    E-Mail-Adresse:...

Eigene Wohnimmobilie, Anschrift: ....

Als Eigentümer im Grundbuch eingetragen: ....

Grundbuch von: .... Blatt: ....

Hypothekenkredit bei: ....

Zweitschlüssel hinterlegt bei: ....

    Anschrift: ....

    Telefon: .... Mobilfunknummer: ....

    E-Mail-Adresse: ....

Zweiter Wohnsitz, Ferienimmobilie, Anschrift: ....

....

Weitere Informationen dazu: ....

....

✪ Wichtige Adressen

Hausarzt: ....

Facharzt: ....

....

Apotheke: ....

Rechtsanwalt: ....

Notar: ....

Steuerberater: ....

Versicherungsmakler: ....

Bankberater: ....

....

Weitere Adressen: ....

....

....

....

	Verträge des täglichen Lebens			
	Datum	Laufzeit	Vertragsnummer	Adresse
Kommunikation				
Mobilfunkvertrag				
Telefon, Internet				
Medien/Abos				
Pay-TV-Verträge				
Amazon Prime				
Tageszeitung				
Daueraufträge/Leasingverträge/Unterhalt				
Versicherungen				

	Datum	Laufzeit	Vertragsnummer	Adresse
Verträge des täglichen Lebens				
Service- und Besorgungsverträge				
Heizung				
Kaminkehrer				
Grabpflege				
Reinigung				
Versorger				
Strom				
Wasser				
Gas				
Mitgliedschaften, Vereine				
Eigene Rubrik				

✪ Vermögensstand

Girokonto 1 ❑ Filial-Kto. ❑ Online-Kto. ....

IBAN .... BIC ....

EC-Karte .... Kreditkarte ....

Hinweis für Zugangsdaten ....

Bankvollmacht erteilt an ....
❑ Vollmacht für den Todesfall ❑ generelle Vollmacht

Girokonto 2 ❑ Filial-Kto. ❑ Online-Kto. ....

IBAN .... BIC ....

EC-Karte .... Kreditkarte ....

Hinweis für Zugangsdaten ....

Bankvollmacht erteilt an ....
❑ Vollmacht für den Todesfall ❑ generelle Vollmacht

Girokonto 3 ❑ Filial-Kto. ❑ Online-Kto. ....

IBAN .... BIC ....

EC-Karte .... Kreditkarte ....

Hinweis für Zugangsdaten ....

Bankvollmacht erteilt an ....
❑ Vollmacht für den Todesfall ❑ generelle Vollmacht

Girokonto 4 ❏ Filial-Kto. ❏ Online-Kto. ....

IBAN .... BIC ....

EC-Karte .... Kreditkarte ....

Hinweis für Zugangsdaten ....

Bankvollmacht erteilt an ....
❏ Vollmacht für den Todesfall ❏ generelle Vollmacht

Girokonto 5 ❏ Filial-Kto. ❏ Online-Kto. ....

IBAN .... BIC ....

EC-Karte .... Kreditkarte ....

Hinweis für Zugangsdaten ....

Bankvollmacht erteilt an ....
❏ Vollmacht für den Todesfall ❏ generelle Vollmacht

Girokonto 6 ❏ Filial-Kto. ❏ Online-Kto. ....

IBAN .... BIC ....

EC-Karte .... Kreditkarte ....

Hinweis für Zugangsdaten ....

Bankvollmacht erteilt an ....
❏ Vollmacht für den Todesfall ❏ generelle Vollmacht

Festgeldkonto 1 ❏ Filial-Kto. ❏ Online-Kto. ....

IBAN .... BIC ....

EC-Karte .... Kreditkarte ....

Hinweis für Zugangsdaten ....

Bankvollmacht erteilt an ....
❏ Vollmacht für den Todesfall ❏ generelle Vollmacht

Festgeldkonto 2 ❏ Filial-Kto. ❏ Online-Kto. ....

IBAN .... BIC ....

EC-Karte .... Kreditkarte ....

Hinweis für Zugangsdaten ....

Bankvollmacht erteilt an ....
❏ Vollmacht für den Todesfall ❏ generelle Vollmacht

Festgeldkonto 3 ❏ Filial-Kto. ❏ Online-Kto. ....

IBAN .... BIC ....

EC-Karte .... Kreditkarte ....

Hinweis für Zugangsdaten ....

Bankvollmacht erteilt an ....
❏ Vollmacht für den Todesfall ❏ generelle Vollmacht

Festgeldkonto 4 ❑ Filial-Kto. ❑ Online-Kto. ....

IBAN .... BIC ....

EC-Karte .... Kreditkarte ....

Hinweis für Zugangsdaten ....

Bankvollmacht erteilt an ....
❑ Vollmacht für den Todesfall ❑ generelle Vollmacht

Festgeldkonto 5 ❑ Filial-Kto. ❑ Online-Kto. ....

IBAN .... BIC ....

EC-Karte .... Kreditkarte ....

Hinweis für Zugangsdaten ....

Bankvollmacht erteilt an ....
❑ Vollmacht für den Todesfall ❑ generelle Vollmacht

Festgeldkonto 6 ❑ Filial-Kto. ❑ Online-Kto. ....

IBAN .... BIC ....

EC-Karte .... Kreditkarte ....

Hinweis für Zugangsdaten ....

Bankvollmacht erteilt an ....
❑ Vollmacht für den Todesfall ❑ generelle Vollmacht

Sparbuch 1 ....

    IBAN .... BIC ....

    Hinweis für Unterlagen und Zugangsdaten ....

    ....

Sparbuch 2 ....

    IBAN .... BIC ....

    Hinweis für Unterlagen und Zugangsdaten ....

    ....

Sparbuch 3 ....

    IBAN .... BIC ....

    Hinweis für Unterlagen und Zugangsdaten ....

    ....

Sparbuch 4 ....

    IBAN .... BIC ....

    Hinweis für Unterlagen und Zugangsdaten ....

    ....

Wertpapierdepot 1 .... Depotnummer ....

Hinweis Unterlagen/Zugangsdaten ....

....

Wertpapierdepot 2 .... Depotnummer ....

Hinweis Unterlagen/Zugangsdaten ....

....

Wertpapierdepot 3 .... Depotnummer ....

Hinweis Unterlagen/Zugangsdaten ....

....

Sparverträge ....

....

....

Bausparverträge ....

....

....

38 PERSÖNLICHE ANGABEN

Kapital-, Renten-, Lebensversicherung, Art ....

Gesellschaft .... Nummer ....

Adresse ....

Unterlagen/Zugangsdaten ....

Kapital-, Renten-, Lebensversicherung, Art ....

Gesellschaft .... Nummer ....

Adresse ....

Unterlagen/Zugangsdaten ....

Kapital-, Renten-, Lebensversicherung, Art ....

Gesellschaft .... Nummer ....

Adresse ....

Unterlagen/Zugangsdaten ....

Kapital-, Renten-, Lebensversicherung, Art ....

Gesellschaft .... Nummer ....

Adresse ....

Unterlagen/Zugangsdaten ....

Immobilien und Grundstücke ....

Pacht- und Mietverträge ....

Sonstige Werte und Wertgegenstände ....

Digitale Identität

Sie haben E-Mail-Konten, sind in verschiedenen sozialen Netzwerken angemeldet, Bilder liegen in der Cloud, Sie sind in Verkaufsportalen wie Amazon oder E-Bay mit Kontodaten registriert und haben die Zugangsdaten für einen Bezahlservice wie PayPal zur Abwicklung hinterlegt. Rechnungen kommen per E-Mail. Viele Geschäftsverbindungen wie der Mobilfunkvertrag werden online verwaltet, das Abo der Tageszeitung ist papierlos und die Steuererklärung wird digital online abgefasst .

Unsere Spuren im Netz

Unser Leben hinterlässt eine Vielzahl von digitalen Spuren und Verknüpfungen. Hier zu gegebener Zeit aufzuräumen lohnt sich. Das macht es für einen Bevollmächtigten oder die Angehörigen einfach, wenn diese sich um Ihre Angelegenheiten kümmern sollen. Wichtige Daten und Kennwörter sollten schriftlich auf Papier dokumentiert werden, damit eine Person Ihres Vertrauens Ihren digitalen Nachlass sichten und gemäß Ihren Verfügungen abschließen kann.

Hinweise auf Ihre digitale Identität und wer zur Einsicht und auch zum Handeln berechtigt ist, gehören in Ihre Vorsorgevollmacht, eventuell in eine gesonderte, nur diesen Aspekt behandelnde Vollmacht, und auch in das Testament.

Die Online-Fingerabdrücke

Das Internet ist anonym und in vielerlei Hinsicht ein rechtsfreier Raum. Es gibt keinen einheitlichen Standard für eine persönliche und anwendbare Identität. Jeder Anbieter – und jede Firma – sucht deshalb seinen eigenen Weg, die Identität seiner Kunden oder seiner Mitglieder zweifelsfrei festzustellen. Wollen Sie ein Online-Bankkonto eröffnen, müssen Sie jeweils für jede neue Geschäftsverbindung ein neues Postident-Verfahren abschließen und persönlich beim Postamt oder online Ihre Identität nachweisen.

Der elektronische Personalausweis oder eID ist ein Versuch, hier eine Lücke zu schließen. Fehlende Verbreitung, technische Voraussetzungen und juristische Bedenken sind weitere Hürden, um mit diesem Ausweis im Online-Verkehr seine zweifelsfreie echte Identität nachzuweisen. Letztlich kann jeder den elektronischen Personalausweis nützen, wenn er die PIN kennt, und in Ihrem Namen Erklärungen abgeben. Sie werden also auch weiterhin persönlich erscheinen und Ihre Identifikation abgeben müssen.

Facebook, Apple, Google und Co.

Der bereits vorhandene Zugang zu marktbeherrschenden Firmen wie Google oder Facebook kann bei manchen Anmeldungen als Zugang und Identifikation benutzt werden, ohne ein eigenes Ident-Verfahren oder eine Registrierung durchlaufen zu müssen.
Ob das gut ist, so viel Macht an einzelne Anbieter zu vergeben? Besonders sicher ist das nicht. Auch diese Accounts wurden oft mit nicht echten Identitäten, sondern mit frei erfundenen Namen abgeschlossen. Tatsache ist, dass jeder mittlerweile im Laufe der Jahre eine Unzahl an verschiedenen Accounts und Benutzernamen angesammelt hat – mit ebenso vielen Passwörtern. Denn wer immer das gleiche Passwort verwendet, hat ein Problem, wenn dieses gehackt wird.

> Ob Ihre E-Mail-Adresse gehackt wurde und in entsprechenden Listen im Internet aufgetaucht ist, können Sie mit einem »leak-checker« des Hasso-Plattner-Instituts überprüfen. Hier die Adresse: *https://sec.hpi.de/leak-checker/search*
> Auch das Bundesamt für Sicherheitstechnik *https://www.bsi.bund.de* bietet entsprechende Online-Tools zur Überprüfung an: *https://www.sicherheitstest.bsi.de*

Es ist Realität, dass wir mit Benutzernamen, E-Mail-Adressen und Passwörtern im Netz unterwegs sind, die manchmal mehr als zehn Jahre alt sind. Oft ist die einzige Rückversicherung, dass die Kunden die angegebene E-Mail-Adresse mit einem Rücksende-Link bestätigt haben. Regelmäßig werden Accounts gehackt und Passwörter gestohlen, und es ist nicht verwunderlich, dass immer wieder von gestohlenen Identitäten berichtet wird.

Ohne Kennwort kein Zugang

In der Vorsorgeerklärung und auch im Testament können Sie Vollmachten an Angehörige und Vertraute vergeben, die über Ihre Accounts bei Krankheit oder Tod uneingeschränkt verfügen und diese auch schließen können. Das ist die eine Seite. Die andere Seite ist, dass Ihre Vertrauenspersonen an diese Online-Firmen schreiben und hoffen müssen, dass sie mit Ihrer Vollmacht Benutzernamen, Kontonummern und Passwörter bekommen. Dies geschah in der Vergangenheit, wie man in Erfahrungsberichten lesen konnte, nicht ganz ohne Schwierigkeiten. Nach gegenwärtiger Rechtsprechung in Deutschland sind die Erben auch die Erben des immateriellen digitalen Nachlasses und dürfen Accounts in sozialen Netzwerken oder E-Mails einsehen. Dies war lange Zeit von Anbietern mit dem Hinweis auf das Telekommunikationsgesetz und die Rechte Dritter verweigert worden. Wenn Sie als rechtmäßiger Erbe über entsprechende Kennwörter verfügen, können Sie ohne weitere Genehmigung eine vielfältige digitale Identität sorgsam verwalten und auch abschließen. Es empfiehlt sich zudem, die Daten auf der Festplatte des Computers zu speichern, bevor ein übereifriger, schwer zu erreichender Provider Online-Daten blockiert oder löscht.

Erstellen Sie also eine Liste mit Ihren Zugangsdaten oder Hinweisen, wo diese zu finden sind. Notieren Sie keinerlei sensible Daten in Ihrer Vorsorgevollmacht. Bank-Log-ins sind besser bei den Bankunterlagen aufgehoben und Unterlagen für Versicherungen im entsprechenden Ordner. Computerkennwörter, E-Mail-Accounts und User-Identitäten für Webseiten können auf einer Liste notiert werden.

Ob Sie die Übersichten zu dieser Seite für Ihre Eintragungen verwenden oder als Kopie nutzen und die Liste an einem sicheren Ort verschließen, müssen Sie persönlich entscheiden. Am besten ist eine derartige Liste auf Papier aufgehoben, wobei es wichtig ist, diese regelmäßig zu aktualisieren. Eine Datei mit den Accounts und Log-in-Daten abgespeichert auf Ihrem

Computer birgt Gefahren, angefangen mit einem Diebstahl der Datei oder im schlimmsten Fall des ganzen Computers. Sollten Sie trotzdem den Weg wählen, die Log-in-Daten auf dem Computer zu speichern, so ist es wichtig, mit einem sicheren Programm den Aufbewahrungsordner zu verschlüsseln und die Passwörter auf Ihrem Computer mit einem entsprechenden Programm und einem Masterpasswort abzusichern. Dann spricht auch nichts gegen eine digitale Kennwortliste. Das Masterpasswort sollten Sie sich aber gut merken und an einem sicheren Ort in Papierform hinterlegen.

Wie auch immer, einen Vertrauten müssen Sie einweihen und ihm sagen, wo er suchen muss und was er suchen soll. Auch in diesem Fall könnte eine ausgefüllte Übersicht, wie hier vorgeschlagen, von Vorteil sein.

Vollmacht für digitale Angelegenheiten

Verfassen Sie eine formlose Vollmacht separat oder in Ihrer Vorsorgeerklärung beigefügt, in der Sie zugunsten Ihres Vertrauten Ihre Provider vom Telekommunikationsgesetz und sonstigen Geheimhaltungspflichten befreien. Die Vorlage dazu gibt es einige Seiten weiter.

Ihr Bevollmächtigter ist dann berechtigt, Auskunft zu all Ihren Konten und Daten zu bekommen, um die digitalen Angelegenheiten zu regeln.

Beauftragen Sie mit Ihrem digitalen Nachlass eine Person, die sich mit der Materie gut auskennt.

Überlegenswert ist in diesem Zusammenhang auch, dass ein Facebook-Account nicht unbedingt geschlossen werden muss, sondern in einen Gedenkstatus verändert werden kann; das geht! Bei Google gibt es einen Kontoinaktivitäts-Manager, und Sie können dort entscheiden, was nach der eingetretenen inaktiven Zeit mit dem Account geschehen und wer benachrichtigt werden soll.

Eine Webseite oder ein Blog muss nicht unbedingt geschlossen werden, vielleicht haben Sie eine Person im Kopf, die Ihre Aktivitäten weiterführen möchte. Auch könnte eine Webseite mit hoher Besucherfrequenz und einem in der entsprechenden Nutzerszene bekannten Namen für Ihre Nachkommen wertvoll sein.

Memo-Liste: Was zu tun ist

In der Vorsorgevollmacht können Sie einen Angehörigen oder Vertrauten bevollmächtigen, Ihre digitale Identität zu verwalten. Regeln Sie, wer zu welchen Online-Diensten und Accounts Zugang haben soll und Verträge kündigen und Daten bearbeiten kann.

- Im Testament legen Sie konkret fest, wer zu welchen Accounts Zugang bekommen und was mit dem digitalen Erbe geschehen soll.

- Sehen Sie Ihre Daten regelmäßig durch und räumen Sie auf, was gelöscht werden soll. Datenmüll gehört in den Papierkorb, und dieser sollte regelmäßig geleert werden. Was weg ist, kann auch keiner mehr finden. Das schafft Platz für Neues und gibt ein Gefühl der Freiheit. Vielleicht sollen Ihre Erben auch nicht unbedingt alles finden.
- Verschaffen Sie sich mit den Listen hier einen Überblick über Ihre Konten, Accounts, Benutzernamen und Passwörter. Sensible Daten verwahren Sie besonders sicher, vielleicht in Papierform oder auf einem separaten Speicherstick in einer abschließbaren Kassette, an einem mit Ihrem Vertrauten vereinbarten Ablageort.
- Erstellen Sie eine Vollmacht zur Verwaltung Ihrer digitalen Geschäftsbeziehungen und Ihrer vielfältigen Identitäten im Netz.

Datensicherheit

Wie im wirklichen Leben tummeln sich auch im Internet dunkle Kräfte, die keine guten Absichten haben. Es ist Vorsicht geboten. Seien Sie misstrauisch und überlegen Sie, wem Sie welche Daten weitergeben.

- Besuchen Sie in der Volkshochschule einen Kurs über Computersicherheit, damit Sie alles fragen können, was Sie bisher nicht verstanden haben.
- Nützen Sie die Webseite des Bundesamtes für Sicherheit in der Informationstechnik: www.bsi-fuer-buerger.de. Diese Seite ist informativ, aktuell und empfehlenswert, wenn Sie sich sicher im Internet bewegen wollen.
- Ein Computer ohne Virenschutz ist ein Selbstbedienungsladen für Datenräuber. Auch Apple-Nutzer sollten vorsichtig sein und die Sicherheitseinstellungen prüfen. Checken Sie die Einstellung der Firewall.
- Ist Ihr Router mit einem sicheren Kennwort abgesichert? Entspricht das WLAN dem WPA2-Standard?
- Surfen in einem Bereich mit freiem WLAN kann gefährlich sein. Benützen Sie dort einen verschlüsselten Modus mit einem VPN-Programm, das Ihre IP verschleiert und wo niemand Ihren Datenverkehr mitlesen kann.
- Nützen Sie im Internetcafé einen fremden Rechner, sollten Sie mit der Eingabe von eigenen Daten vorsichtig umgehen und anschließend unbedingt den Verlauf des Browsers löschen.
- Verwenden Sie einen Adblocker. Mit dieser Erweiterung, die für viele Browser zur Verfügung steht, können Sie aufdringliche Werbung und aufpoppende Werbefenster blockieren. Die Werbebotschaften werden dann gar nicht mehr aus dem Internet geladen.
- Löschen Sie regelmäßig Cookies. Dafür gibt es in den Sicherheitseinstellungen Ihres Browsers eine Möglichkeit.
- Installieren Sie alle Sicherheits-Updates zeitnah, um so Sicherheitslücken zu schließen.

> **Was ist VPN?**
> Ein »Virtual Privat Network«, kurz VPN genannt, ist an sich ein eigenes Netzwerk mit neuen Regeln, einer neuen IP-Adresse (die IP-Adresse, die Ihr Provider Ihnen zugeteilt hat, ist durch das zwischengeschaltete VPN-Gateway nicht mehr sichtbar) und einem verschlüsselten Datenverkehr. Ist VPN aktiviert, so rufen Sie von Ihrem Computer eine Web-Adresse aus diesem neuen Netzwerk heraus auf. Der Aufruf kann dann nicht mehr direkt auf Ihren Computer zurückverfolgt werden. Nutzen Sie dabei ein VPN-Gateway in einem anderen Land, tunneln Sie mit Ihrer Internetanfrage alle Zugriffe, IP-Sperren und Beschränkungen, die sich aus Ihrer ursprünglichen Länderkennung ergeben. Es ist eine Verschlüsselung sämtlicher Netzwerkpakete möglich. Von außen ist nur die Verbindung zum VPN-Gateway zu erkennen. Das Ziel bleibt verborgen, da nicht einsichtig ist, wohin im verschlossenen Netzwerk die Zielanfrage gerichtet ist. Es gibt kostenfreie VPN-Plug-ins und Erweiterung mit individuellen Einschränkungen für die Browser Chrome und Firefox und kommerzielle, gebührenpflichtige, werbefreie VPN-Anbieter, beispielsweise CyberGhost, die ohne Geschwindigkeitsverlust Ihre private Internetverbindung über VPN verschlüsseln und anonymisieren.

- Ändern Sie Passwörter regelmäßig und benützen Sie keine Wörter, die im Duden stehen. Dabei vielfältige Buchstaben, Symbole und Zahlen abwechseln – hier ein Beispiel für die Wahl eines Kennwortes inklusive des Merksatzes: WmDk,bemd§zt21062021 (**W**er **m**eine **D**aten **k**laut, **b**ekommt **e**s **m**it **d**em **G**esetz **z**u **t**un 21.06.2021).
- Vorsicht bei Mails unbekannter Herkunft. Niemals auf Links in der Mail klicken. Absender prüfen! Es gibt verblüffend gut gemachte Mails, die aussehen, als ob diese direkt von bekannten Firmen stammen. Links mit Viren werden per SMS auch auf das Handy geschickt.
- Verwenden Sie bei Preisausschreiben oder Werbeantworten nicht Ihre Haupt-E-Mail-Adresse, sondern eine extra E-Mail-Adresse, die Sie jederzeit schließen und wechseln können.

Der elektronische Personalausweis – eID

Nur wer den Ausweis besitzt und die PIN kennt, kann die Informationen zur gespeicherten Identität preisgeben. Nur wer behördlich zugelassen ist, kann diese Informationen abfragen. Und nur Sie selbst kontrollieren, welche Informationen Sie freigeben. Zum Einlesen ist ein dafür zertifiziertes Lesegerät notwendig. Die eID kann online zur Identifikation genutzt werden.

❑ Bereits freigeschaltet; PIN hinterlegt ....

Vorlage: persönliche Angaben kopieren oder direkt im Buch ausfüllen

Geräte-Kennworte: PC, iPad, Tablet	
Gerät	Passwort

Geräte-Kennworte: Mobiltelefon		
Gerät	SIM-Karte	PIN

Firmen-ID: Apple, App Store, Google, Adobe u. a.			
Gerät/Firma	E-Mail	ID	Passwort

Soziale Netzwerke: Facebook, Twitter u. a.

Netzwerk	E-Mail	Account	Benutzername	Passwort

E-Mail-Adressen

Adresse	Passwort

DE-Mail und E-Postbrief, Messenger

Benutzername	Account	Passwort

User-Identitäten, Log-ins			
Firma	E-Mail	Benutzername	Passwort

User-Identitäten, Log-ins			
Firma	E-Mail	Benutzername	Passwort

Cloudspeicher wie Dropbox, STRATO, Google Drive, iCloud

Speicher	E-Mail	Passwort

Webadresse, FTP-Log-in, Blog

Provider	Adresse	Benutzername	Passwort

Das Muster für die Telekommunikationsvollmacht (rechts) ist in der Vorsorgevollmacht enthalten oder kann kopiert und separat als einzelne Vollmacht ausgefüllt werden.

⊗ Vollmacht für Post, Internet, Kommunikation

Ich, ...
Vollmachtgeber/in: Name, Vorname

....
Geburtsdatum, Geburtsort

....
Adresse

....
Telefon, Telefax, E-Mail

erteile hiermit Vollmacht an ....
bevollmächtigte Person: Name, Vorname

....
Geburtsdatum, Geburtsort

....
Adresse

....
Telefon, Telefax, E-Mail

❏ Die bevollmächtigte Person darf die für mich bestimmten Postsendungen entgegennehmen und öffnen sowie über den Fernmeldeverkehr entscheiden. Sie darf alle hiermit zusammenhängenden Willenserklärungen (z. B. Vertragsabschlüsse, Kündigungen) abgeben. ❏ ja ❏ nein

❏ Sie darf Einschreibesendungen, Zahlungsanweisungen und »eigenhändig, vertrauliche« Sendungen entgegennehmen. ❏ ja ❏ nein

❏ Sie ist berechtigt, meine digitalen Angelegenheiten einzusehen und zu regeln. Dies beinhaltet den Zugriff auf alle Passwörter, Accounts, Benutzernamen, Verträge, E-Mail-Accounts. ❏ ja ❏ nein

❏ Sie ist berechtigt, Mobilfunkverträge in meinem Namen zu kündigen und abzuschließen. Sie hat die Vollmacht, die Verbindungsübersicht einzusehen. ❏ ja ❏ nein

❏ In diesem Zusammenhang befreie ich die Online-Dienstleister von ihrer Verschwiegenheitspflicht nach dem Telekommunikationsgesetz gegenüber meinem Bevollmächtigten und fordere diese auf, die Auskunftsansprüche zu erfüllen. ❏ ja ❏ nein

....
Ort, Datum, Vollmachtgeber

....
Ort, Datum, Bevollmächtigter

Vorsorgevollmacht

Mit der Vorsorgevollmacht können Sie eine oder mehrere Vertrauenspersonen beauftragen, in Ihrem Namen ganz oder teilweise stellvertretend zu handeln, wenn Sie selbst dazu nicht mehr in der Lage sind. So kann eine amtliche Betreuung vermieden werden. Denn Angehörige und Ehepartner sind nicht automatisch verfügungsberechtigt.

Die Vorsorgevollmacht ist an keine besondere Form gebunden, und im Inhalt wird festgelegt, welche Lebensbereiche davon betroffen sein sollen. Die notarielle Beglaubigung der Unterschrift bestätigt zusätzlich die Echtheit.

Eine allgemeine, uneingeschränkte Generalvollmacht als Sonderform schließt keine Gesundheitsangelegenheiten ein. Diese müssen auch bei Ehepartnern zusätzlich schriftlich und ausführlich geregelt werden.

Ohne Vertrauten keine Vollmacht

Durch eine Vollmacht wird die Bestellung eines Betreuers oder einer Betreuerin durch das Betreuungsgericht vermieden. Es ist wichtig, dass Sie eine Person bevollmächtigen, der Sie uneingeschränkt vertrauen und von der Sie überzeugt sind, dass sie nur in Ihrem Sinne handeln wird. Ehegatten, gesetzliche Lebenspartner oder leibliche Kinder sind nicht automatisch in allen Belangen Bevollmächtigte, sondern müssen erst durch eine schriftlich formulierte und unterschriebene Vollmacht benannt werden. Sie haben die Wahl, dies durch eine uneingeschränkte Generalvollmacht oder eine ausführliche Vorsorgevollmacht zu regeln.

Auch Ehepartner brauchen eine Vollmacht

Nichts ist selbstverständlich, wenn Sie aus den verschiedensten Gründen nicht mehr geschäftsfähig sind. Es ist egal, ob es der Ehepartner oder die leiblichen Kinder sind, ohne Vollmacht ist kein Zugriff auf Ihr Konto möglich; Versicherungen, Verträge, Verwaltung von Vermögenswerten, Anträge bei Behörden können nicht verantwortlich bearbeitet werden. Es ist deshalb wichtig, dass Sie selbst und Ihre Vertrauten und Angehörigen sich Vollmachten ausschreiben und überlegen, wie Sie Ihre Angelegenheiten regeln, wenn der Notfall eintritt. Eltern haben nur für minderjährige Kinder ein umfassendes Sorgerecht. Sind Ihre Kinder volljährig, können sie nur aufgrund einer rechtsverbindlichen Vorsorgevollmacht oder wenn sie gerichtlich bestellte Betreuer sind, in Ihrem Namen Erklärungen abgeben und handeln. Die umfassende Vollmacht nach außen wird im Innenverhältnis genauer und einschränkend definiert. Eine Vollmacht berechtigt zur Vertretung bei Rechtsgeschäften und muss nicht erst durch das Gericht bestellt werden. Sie wird nicht durch das Gericht kontrolliert, im Unterschied zur gerichtlich eingesetzten Betreuung.

Natürlich werden sich Ihre Angehörigen um Ihre Belange kümmern, wenn Sie dazu nicht in der Lage sind. Aber ohne eine Vollmacht haben selbst Ehepartner kein Vertretungsrecht. Lediglich für Gesundheitsbelange gilt für Verheiratete ab 2023 für sechs Monate eine automatische Vertretung. Eine umfassende Vorsorgevollmacht ist deshalb unverzichtbar. Wenn Sie Ihren Ehepartner oder Lebenspartner bevollmächtigen, ist es gut, einen zweiten Bevollmächtigten als Ersatz einzutragen. Sie können die Vollmacht auch in Aufgabenbereiche aufteilen.

Je mehr Geld im Spiel ist, desto schwieriger wird es. Und das kann sich noch komplizierter gestalten, wenn sich mehr als ein ambitionierter Erbe Hoffnungen macht und den Bevollmächtigten ablehnt. Unausgesprochene Umstände führen dann zu schwierigen Situationen.

Ist nichts geklärt, kann es passieren, dass das Vorsorgegericht einen Betreuer bestellt, der dann die Entscheidungen trifft. Besser ist es also, sich vorher Gedanken zu machen und diese einvernehmlich zu klären. Hat Ihre Vollmacht weitreichende geschäftliche Aspekte, beispiels-

> **Automatisches Vertretungsrecht für Ehegatten ab dem Jahr 2023**
>
> Ist der Partner wegen Krankheit oder Unfall nicht entscheidungsfähig, so kann der Ehepartner kein automatisches Mitspracherecht bei der medizinischen Behandlung wahrnehmen oder diesen im Rechtsverkehr vertreten.
>
> Der Gesetzgeber hat nun ein automatisches Notvertretungsrecht für Ehegatten und eingetragene Lebenspartner, beschränkt auf den Bereich der Gesundheitssorge, beschlossen. Ein Arzt muss die Voraussetzungen vorab prüfen. Für erwachsene Kinder gilt dies nicht. Die Vorsorgevollmacht ist weiter notwendig, da finanzielle Angelegenheiten und Vertragsunterzeichnungen, wie sie für Pflegeleistungen notwendig sind, nicht darunter fallen und die Notfallvertretung nur sechs Monate gilt. Dauert die Geschäftsunfähigkeit länger an, muss das Betreuungsgericht einen Betreuer bestellen.
>
> Nicht verheiratete Partner oder erwachsene Kinder brauchen in jedem Fall eine Vollmacht. Das automatische Vertretungsrecht ist eingeschränkt, wenn
>
> - vom Gericht ein amtlicher Betreuer bestellt wurde.
> - die Eheleute getrennt oder in Scheidung leben.
> - ein entgegenstehender Wille des handlungsunfähigen Partners ersichtlich ist.
> - eine Vollmacht bereits an eine andere Person erteilt wurde.
>
> Durch das automatische Vertretungsrecht in Gesundheitsangelegenheiten ab 2023 oder eine gültige Vollmacht hat der Ehepartner Einsicht in die Krankenakte, und der Arzt ist gegenüber dem bevollmächtigten Ehepartner von der Schweigepflicht entbunden. Der Arzt kann im Gegenzug Einblick in das Zentrale Vorsorgeregister nehmen. In Fällen, in denen die Ehe zerrüttet oder die Familienkonstellation schwierig ist, muss im Zentralen Vorsorgeregister vorsorglich ein Widerspruch zu diesem Vertretungsrecht notiert werden.
>
> Die Idee, einen formlosen Weg aufzuweisen, der dem mutmaßlichen Willen des Betroffenen entspricht, ist gut, kann aber Probleme aufwerfen, da nicht alle Ehen harmonisch sind. Umso wichtiger ist es deshalb, eine eigene Vorsorgevollmacht und eine Patientenverfügung zu verfassen und im Zentralen Vorsorgeregister darauf hinzuweisen. Es geht letztlich darum, dem Willen des Patienten zu entsprechen, und eine Patientenverfügung hilft den Ärzten und den Bevollmächtigten bei schwierigen belastenden Entscheidungen.

weise Eintragungen im Handelsregister oder Verfügungen über Immobilien, so ist eine notarielle Beglaubigung der Vollmacht eine Voraussetzung. Alleinstehende ohne Vertrauensperson, der sie eine Vollmacht übertragen könnten, stehen vor einem Problem. Ohne Vertrauensperson ist keine Vorsorgevollmacht möglich. Zunächst erscheint es in dieser Situation vernünftiger, über einen Betreuungsverein eine Betreuungsverfügung abzugeben. Ehrenamtliche Betreuer sind bezahlbar und stehen unter gerichtlicher Kontrolle.

Trotzdem ist es gut, wenn man weiß, dass man in einer hilflosen Lage von einer vertrauten Person versorgt wird. Es kommt vielleicht auf die richtigen Gespräche an, dass Freunde in diese Rolle hineinwachsen.

Eine Vollmacht kann zudem auch beschränkt werden. Mit einer Vorsorgevollmacht wird ein Eingriff des Staates in Ihre persönlichen Angelegenheiten vermieden, und Sie können in guten Tagen ein verlässliches Verhältnis zu Ihrem Bevollmächtigten aufbauen.

Wer kümmert sich?

Verschieben Sie diese Fragen nicht auf später. Dass Sie sich wegen Krankheit oder Unfall nicht mehr um Ihre Angelegenheiten selbstverantwortlich kümmern können – diese Situation kann überraschend und schnell eintreten.

Es sind ganz einfache Fragen, die Sie sich jetzt in gesunden Tagen stellen sollten. Diskutieren Sie diese mit Freunden und Gleichgesinnten. Oft ergeben sich daraus gute Gedanken und Lösungen.

- Was wird, wenn ich auf fremde Hilfe angewiesen bin?
- Wer kümmert sich um meine Finanzen?
- Wer regelt die Behörden- und Versicherungsangelegenheiten?
- Wer organisiert für mich nötige ambulante Hilfen?
- Wer sucht für mich einen Platz in einem Senioren- oder Pflegeheim?
- Wer kündigt meine Wohnung, meinen Telefonanschluss, meine Abos und Verträge?
- Welche Ärzte brauche ich?
- Wer entscheidet bei Operationen und medizinischen Maßnahmen?
- Wer kümmert sich um meine persönlichen Wünsche, meine Bedürfnisse und mein Wohlbefinden?

> **Betreuungsvereine**
>
> In Deutschland gibt es etwa 800 behördlich anerkannte Betreuungsvereine, deren haupt- und ehrenamtliche Mitglieder die rechtliche Betreuung bedürftiger Menschen übernehmen.
>
> Betreuungsvereine beraten bei der Gestaltung von Vorsorgevollmachten und Betreuungsverfügungen und vermitteln den Kontakt zu Behörden und Gerichten.
>
> Die haupt- und ehrenamtlichen Mitarbeiter der Betreuungsvereine unterstützen auch Personen, die freiwillig eine Vorsorgevollmacht übernommen haben oder vom Gericht zu Betreuern bestellt wurden, bei ihrer Aufgabe.
>
> Die Beratung ist unentgeltlich. Die Adressen finden Sie im Telefonbuch und im Internet.

Der Bevollmächtigte

Die Auswahl des Bevollmächtigten hat weitreichende Folgen. Wie muss der Mensch sein, den Sie an Ihrer Stelle mit Ihren ganz privaten geschäftlichen und persönlichen Dingen betrauen wollen? Neben Ihrem Vertrauen braucht der potenzielle Bevollmächtigte auch eine Vorstellung davon, worauf er sich einlässt, und er sollte das ohne Drängen gern machen. Durch Gespräche und gemeinsame Überlegungen werden Sie der Entscheidung näherkommen. Ein Angehöriger weiß mehr von Ihnen, Freunde, Ärzte oder Anwälte kompensieren dieses Wissen vielleicht durch Empathie und fachliches Know-how. Letztlich wird auch Ihr Bauchgefühl bei der Auswahl der richtigen Person beteiligt sein.

Seien Sie dennoch vorsichtig. Mit einer Vollmacht geben Sie die Kontrolle aus der Hand. Das ist keine leichtfertige Angelegenheit. Die Grenze von Selbstbestimmung, Einwilligungsfähigkeit bis hin zur Beeinflussbarkeit ist fließend.

Der praktische Freund, die hilfsbereite, erst kürzlich kennengelernte hilfreiche Hand beim Pflegedienst haben vielleicht andere Ambitionen, als Sie sich das vorstellen. Gar nicht so selten stehen dann Bekannte der späten Lebenstage auf der Liste der überproportional Begünstigten im Testament. Bei Gericht landen viele dieser Fälle, und das ist sicher nur die Spitze des Eisberges. Auch bei Ihren eigenen Angehörigen ist Aufmerksamkeit sinnvoll. Nicht jeder ist charakterlich der Versuchung gewachsen, und manch einer ist sich selbst der Nächste.

Ein Beweis, dass hier mit Beeinflussung und sanftem Zwang oder Angstmacherei gearbeitet wurde, ist nachträglich kaum zu führen.

Was braucht Ihr Bevollmächtigter?

- **Vertrauen.** Er muss Sie im Ernstfall in allen wichtigen Entscheidungen vertreten und diese auch gegenüber allen Familienmitgliedern demonstrieren können. Auch die Familie sollten ihm vertrauen. Vertrauen ist also das zentrale Kriterium bei der Auswahl des richtigen Bevollmächtigten. Er ist zunächst eher bei Familienmitgliedern zu suchen.
- **Ehrlichkeit.** Missbrauch kann vorkommen. Deshalb ist möglichst viel Transparenz wichtig. Die Eigeninteressen sollten geklärt sein.
- **Verantwortung.** Es geht um Ihr Wohlbefinden, das der Bevollmächtigte im Auge haben sollte, und nicht um eventuellen Eigennutz. Die Entscheidungen können eine große Tragweite haben.
- **Verlässlichkeit.** Der Bevollmächtigte muss da sein, wenn es darauf ankommt.
- **Entscheidungskraft.** Manchmal ist die Abwägung der bestmöglichen Alternative nicht einfach.

- **Persönlichkeit.** Der Bevollmächtigte ist Ansprechpartner für Ihre gesamten Angelegenheiten. Er wird auch von Ihren Erben geachtet und kann Streitigkeiten ausschließen.
- **Verständnis für finanzielle Zusammenhänge.** Er muss Ihr Vermögen bewahren und dies gegenüber Ihnen und Ihren Erben darlegen können.
- **Verständnis für medizinische Zusammenhänge.** Er muss zusammen mit den Ärzten für Ihr Wohlergehen und Ihr Leben kämpfen.
- **Empathie.** Eine wesentliche Eigenschaft des Bevollmächtigten sollte sein Einfühlungsvermögen sein. Es ist wichtig, dass er begreift, was Sie wollen und welche Werte Ihnen wichtig sind.

Ein Lebenspartner oder Kind/er vereinen viele dieser Eigenschaften in einer Person, aber sie könnten von der Funktion auch überfordert sein. Eine Überlegung ist es vielleicht wert, diese Aufgaben an zwei Personen zu verteilen.

Wichtig ist, dass sich beide nicht im Weg stehen und nicht gegeneinander agieren. Deshalb sollten die Aufgaben klar getrennt und gut abgesprochen sein. Weiter reichende Entscheidungen sollten dann beide zusammen treffen, und bei einer Pattsituation muss klar sein, wer das letzte Wort hat, sonst ist der Ärger absehbar.

Ratgeber von außen, der Arzt, der Rechtsanwalt oder der beste Freund, die bereits längere Zeit Ihre Wegbegleiter sind, können helfen, die Situation sachlich zu gestalten. Um Streitigkeiten mit potenziellen Erben zu vermeiden, ist bei Vermögensfragen vielleicht auch ein Kontroll-Bevollmächtigter eine gute Möglichkeit.

Je mehr Punkte im Vorfeld geklärt und transparent gemacht wurden, desto geringer ist die Gefahr, dass lähmende Streitigkeiten vorkommen. Es hilft auch nicht, von einem hohen Ethos zu sprechen, die Dinge müssen in der Praxis geklärt sein.

Zu diesen inneren Werten kommen natürlich auch äußere Bedingungen. Hat die Vertrauensperson genügend Zeit, ist sie fit und gesund – auch dann noch, wenn sie gebraucht wird? Wichtig ist auch die räumliche Nähe.

Es ist denkbar, dass sich Eheleute oder Lebenspartner gegenseitig eine allgemeine umfassende Vollmacht ausstellen, ohne auf weitere Bereiche wie Gesundheit, Vermögen oder Aufenthaltsangelegenheiten hinzuweisen. Wenn zusätzlich eine ausführliche Patientenverfügung vorliegt, kann darauf in Gesundheitsentscheidungen Bezug genommen werden.
Klarer ist es, wenn in der Vollmacht genau bezeichnet ist, wozu diese im Einzelnen ermächtigen soll. Mögliche rechtliche Anfechtungen sind so weniger wahrscheinlich. Eine besondere Form ist nicht einzuhalten, eine notarielle Beglaubigung gibt zusätzliche Rechtssicherheit und ist für weiter gehende Rechtsgeschäfte wie Eintragungen ins Handelsregister oder ins Grundbuch eine Voraussetzung.

Die allgemeine, uneingeschränkte Generalvollmacht

Die im Formularteil abgedruckte uneingeschränkte Generalvollmacht ist die reduzierte Form zur Vorsorgevollmacht und enthält zwei Teile: die uneingeschränkte Vollmacht nach außen und die einschränkende Vereinbarung im Innenverhältnis.

Da diese Vollmacht nach außen keinerlei erkennbare Einschränkungen enthält und sofort für alle Bereiche des Lebens – nicht aber für Gesundheitsangelegenheiten – gilt, ist sie nur bedingt anwendbar, beispielsweise wenn Ehepartner gemeinsam eine Firma betreiben. Notariell beglaubigt kann diese Vollmacht dann eine notwendige Vorsorge sein.

Im Innenverhältnis könnte diese allgemeine, umfassende Vollmacht so eingeschränkt werden, dass der Zeitpunkt des Beginns der Vollmacht erst bei einer festgestellten Geschäftsunfähigkeit eintritt. Der Vollmachtgeber wird ergänzend im Innenverhältnis seine Wünsche und Regelungen zu Themen wie Vermögen, Aufenthalt, Vermächtnisse auf geeignete Weise deutlich machen und darlegen. Der Hinweis auf eine ergänzende Patientenverfügung schafft bei Gesundheitsfragen Rechtssicherheit und vermittelt weitere Klarheit.

Innen- und Außenverhältnis der Vollmacht

Damit es keine juristischen Probleme gibt, hat es sich bewährt, die Vollmacht nach außen einfach, klar und umfassend zu halten. Werden zu viele einzelne Zuständigkeiten und Aufgaben benannt, könnten unerwähnte Funktionen als nicht enthalten gedeutet und so im Streitfall

> **Allgemeine, uneingeschränkte Generalvollmacht**
>
> Juristisch deckt die Formulierung »zur Vertretung in allen Angelegenheiten« einige wichtige Fälle, wie die Gesundheitssorge, nicht ab. In diesen Fällen verlangt das Gesetz, dass diese Befugnisse in der schriftlichen Vollmacht eindeutig genannt werden:
>
> ◆ Medizinische Behandlungen, die mit einer Lebensgefahr verbunden sind oder die eine schwere, andauernde Beeinträchtigung zur Folge haben, können mit einer allgemeinen Vollmacht nicht angeordnet werden.
>
> ◆ Auch der Widerruf einer medizinischen Behandlung ist nicht möglich, wenn in der Folge Lebensgefahr besteht. Lebenserhaltende und lebensverlängernde Maßnahmen können nicht abgelehnt werden.
>
> ◆ Ärztliche Zwangsmaßnahmen, eine Beschränkung der Freiheit oder die Unterbringung in einer geschlossenen Abteilung können mit einer allgemeinen Vollmacht nicht angeordnet werden.
>
> ◆ Die Einwilligung in eine Organspende ist nicht möglich.

die ganze Vollmacht angefochten werden. Die Bedingungen und Einschränkungen gehören in die Vereinbarungen zum Innenverhältnis.

Außenverhältnis

Eine allgemeine, uneingeschränkte Vollmacht, die finanzielle, rechtliche und persönliche Angelegenheiten umfasst, lässt keine Fragen offen. Eine zeitliche Beschränkung oder Bedingungen, die Zweifel am Eintritt der Gültigkeit aufkommen lassen könnten (wie »für den Fall, dass ich selbst nicht mehr handlungsfähig bin«), sollten Sie hier vermeiden.

Der Bevollmächtigte ist umfassend und ohne Bedingungen autorisiert, nach außen zu Behörden, Versicherungen oder dem Vermieter zu sprechen. Mit Banken sollte eine entsprechende zusätzliche Vollmacht (→ Bankvollmacht, S. 70) direkt vereinbart sein, da diese eine Vorsorgevollmacht oft nur zögerlich oder gar nicht akzeptieren. Soll die Vollmacht auch Gesundheitsfragen abdecken – Eheleute haben erst ab Januar 2023 ein sechsmonatiges Notfall-Vertretungsrecht –, muss dies dezidiert ausgeführt sein. Eine hierzu dem Bevollmächtigten vorliegende Patientenverfügung unterstützt die Handlungsfähigkeit und Rechtssicherheit und hilft Arzt wie Bevollmächtigten.

Innenverhältnis

Die Vollmacht nach außen soll uneingeschränkt wirksam sein, aber nach innen kann der Vollmachtgeber in einer separaten Vereinbarung genau regeln und beschränken, was dieser darf und was nicht. Es ist eine Vereinbarung zwischen Vollmachtgeber und Bevollmächtigten. Sie enthält individuelle Aufgaben, Bedingungen und Anweisungen und definiert, wann und unter welchen Umständen die Vollmacht gelten soll. Wenn es mehrere Bevollmächtigte gibt, regelt diese zweite Vereinbarung die jeweiligen Aufgaben und das Verhältnis untereinander.

Form der Vorsorgevollmacht

Grundsätzlich gibt es für die uneingeschränkte Generalvollmacht wie auch die Vorsorgevollmacht keine Formvorschriften. Aus Gründen der Klarheit muss die Vollmacht aber immer schriftlich verfasst werden. Überzeugend und mit hoher Beweiskraft ist eine handschriftliche Niederschrift, da eine Fälschung so erschwert wird und Zweifel an der Geschäftsfähigkeit so ausgeräumt werden können. Egal ob auf dem Computer getippt, handschriftlich verfasst oder als Formular zum Ankreuzen, Abstreichen und Ergänzen, die Vollmacht muss auf jeder Seite immer mit Hinweis auf Ort und Datum handschriftlich unterschrieben werden.

Ein Notar kann, wenn er sich persönlich von der eindeutigen Willensbekundung und Geschäftsfähigkeit überzeugt hat, die Vollmacht beurkunden. Die Beglaubigung sichert die

Richtigkeit der Unterschrift. Bei einer notariellen Beurkundung wird zusätzlich geprüft und bestätigt, dass dies der freie Wille des Vollmachtgebers ist, dass er geschäftsfähig ist und den Inhalt verstanden hat.

Der Gang zum Notar ist immer notwendig, falls die Vollmacht auch für größere Vermögenswerte, beispielsweise Eintragungen ins Handelsregister oder auch Immobilienkäufe und -verkäufe mit Grundbucheintragungen, gelten soll. Die Gebühren des Notars richten sich nach dem Geschäftswert der Vollmacht. Die Mindestgebühr beträgt zurzeit 60 Euro. Die Höchstgebühr, die ab 2 000 000 Euro Vermögen anfällt, beträgt 1735 Euro.

Eine Vollmacht hat zwei Teile: die allgemeine Vollmacht nach außen und die individuelle, einschränkte Vollmacht nach innen, in der der Vollmachtgeber ausführt, was der Bevollmächtigte tun darf und tun soll. Jeder Bevollmächtigte sollte eine Vollmacht im Original bekommen, damit er im Notfall sofort handlungsfähig ist und sich ausweisen kann.

Das Muster für eine Generalvollmacht ist im Formularteil abgedruckt.

Änderung und Widerruf

Die uneingeschränkte Generalvollmacht und die ausführliche Vorsorgevollmacht lassen sich jederzeit ändern und widerrufen. Wenn Sie vom Umfang her kein neues Blatt anfangen müssen, können Sie Streichungen und Ergänzungen auf der vorhandenen Vollmacht einbringen und mit Datum und Unterschrift bestätigen.

Sind größere Änderungen nötig, ist es der Klarheit halber besser, eine neue Vollmacht aufzusetzen. Den in der Vollmacht genannten Bevollmächtigten müssen Sie natürlich informieren. Lassen Sie sich zur Sicherheit die alten Vollmachten zurückgeben und vernichten Sie diese. Wenn Sie die Vollmachten bis zum Zeitpunkt, wann diese tatsächlich benötigt werden, in Ihrem Notfallordner aufbewahren, ist der Austausch leicht zu bewerkstelligen.

> **Mögliche Anweisungen im Innenverhältnis**
> - Mit Hinweis auf die Patientenverfügung: Wünsche für medizinische Behandlung
> - Organisation einer Pflege zu Hause
> - Bedingungen für eine Unterbringung im Pflegeheim
> - Umgang mit Immobilienbesitz
> - Verkauf und Verwendung von Geschäftsanteilen, Immobilien – eine Vollmacht dazu muss notariell beglaubigt werden
> - Zuwendungen aus dem Vermögen
> - Versorgung von Haustieren
> - Verfügungen über Familienstücke, Wertsachen, Schmuck, Sammlungen
> - Entscheidung über Wohnungsaufgabe und Verwertung des Hausrats

Die ausführliche Vorsorgevollmacht – Ausfüllhilfe im Außenverhältnis

Die ausführliche Vorsorgevollmacht folgt in wesentlichen Punkten der Vorlage des Bundesministeriums der Justiz und für Verbraucherschutz. Im Gegensatz zur bereits vorgestellten Generalvollmacht, die nicht alle Lebensbereiche abdeckt, werden die einzelnen Vertretungsvollmachten hier explizit ausgeführt und definiert. Diese Vorsorgevollmacht ist die empfohlene Form. In diversen Publikationen sind ähnliche Vorlagen erhältlich, die alle diesem amtlichen Schema folgen. Einige Punkte haben wir hier ergänzt, da diese sich in der Praxis als sinnvoll erwiesen haben. Die Fragen in dieser Vorlage können Sie mit Ja oder Nein beantworten. Mit dem Wissen, das Sie auf den vorigen Seiten gesammelt haben, sind diese gut zu verstehen und können in ihrer Tragweite erfasst werden. Zu den einzelnen Themenbereichen ist hier noch einmal zusammenfassend dargestellt, worum es jeweils geht.

Bedenken Sie, dass Ihr Bevollmächtigter diese Vollmacht im Notfall im Original in mehreren Ausfertigungen erhalten soll, da diese oft bei verschiedenen Stellen abgegeben werden muss.

Personalien

- Angaben von Vollmachtgeber und Vollmachtnehmer eintragen.
- Die aktuelle Adresse und Kontaktdaten werden oben auf der Vollmacht notiert.
- Die Auswahl dieser Person ist von entscheidender Bedeutung. Sie müssen dieser Person vertrauen und sich ihrer sicher sein.
- Für eine zweite Person sollten Sie eine zweite Vollmacht erstellen.
- Die Vollmacht ist nur und erst dann wirksam, wenn die bevollmächtigte Person die Vollmachtsurkunde in Händen hält und bei Vornahme eines Rechtsgeschäfts die Urkunde im Original vorlegen kann.

Vertretung zu folgenden Angelegenheiten

Die Vorsorgevollmacht nennt zu allen relevanten Themen die wichtigen Entscheidungspunkte, die durch Ankreuzen und Streichen eindeutig bezeichnet werden können.

1. Gesundheitssorge, Pflege und Freiheitsbeschränkung

- Einschränkend ist zu beachten, dass die Ausführungen zur Gesundheitssorge in der Vorsorgevollmacht eine ausführliche Patientenverfügung nicht ersetzen. Der Bundesgerichtshof hat in einem Urteil aus dem Jahr 2016 Patientenverfügungen und Vorsorgevollmach-

Checkliste für die Formulierung einer Vorsorgevollmacht

Das sind wichtige Punkte für Ihre Vorsorgevollmacht:

- ❏ Sie haben bereits eine Betreuungsverfügung. Diese Verfügung ist in der Vollmacht genannt.
- ❏ Sie haben bereits eine Patientenverfügung. Diese Verfügung ist in der Vollmacht genannt. Legen Sie die Patientenverfügung der Vorsorgevollmacht bei.
- ❏ Sie haben zusätzlich eine Bankvollmacht vorbereitet.
- ❏ Sie haben eine vertrauensvolle Person gefunden, der Sie sowohl Ihre finanziellen als auch Ihre persönlichen Angelegenheiten in Vollmacht übertragen wollen. Diese Person ist dazu in der Lage, diese Aufgabe in einer weiteren Zukunft zu erfüllen.
- ❏ Sie wollen mehreren Personen für verschiedene Bereiche eine Vollmacht erteilen. Sie wollen einen Kontrollbevollmächtigten einsetzen. Sie haben diese Bereiche mit diesen Personen besprochen und das Innenverhältnis der Verantwortlichkeiten eindeutig vorab geklärt. Vorsicht: Bei zwei gleichberechtigten Bevollmächtigten ist Ärger vorprogrammiert.
- ❏ Sie haben Personen aus Ihrer Familie für Ihre Vollmacht gewählt, die dazu auch bereit sind und in räumlicher Nähe wohnen. Schaffen Sie Transparenz bei dieser Entscheidung. Bei diesen Gesprächen müssen Sie mit Familiendynamik rechnen. Bei Geschwistern kann es Rivalitäten geben.
- ❏ Wenn es Zweifel an den Personen gibt, die Sie bevollmächtigen wollen, verzichten Sie darauf, eine Vollmacht zu erteilen. Möglicherweise ist es zunächst richtig, eine Betreuungsverfügung zu erstellen. Sprechen Sie mit Beratern aus einem Betreuungsverein darüber.
- ❏ Die Vollmacht im Außenverhältnis ist ohne Einschränkungen gültig.
- ❏ Die Vollmacht im Innenverhältnis enthält die Regelungen zur Gültigkeit, zu medizinischen Maßnahmen, zu freiheitsbeschränkenden Eingriffen, zum Umfang der Vermögensangelegenheiten, zum Aufenthaltsort.
- ❏ Soll die Vollmacht notariell beglaubigt werden?
- ❏ Wer soll die Vorsorgevollmacht bezeugen?
- ❏ Weisen Sie den Bevollmächtigten und Angehörigen darauf hin, dass Sie einen Notfallordner mit allen Verfügungen und den persönlichen Daten eingerichtet haben.

....
....
....
....

ten für unwirksam erklärt, wenn diese unpräzise Festlegungen zu Umfang und Grenzen lebensverlängernder Maßnahmen beinhalten. Legen Sie deshalb Ihre ausführliche Patientenverfügung als Ergänzung der Vorsorgevollmacht bei.
- Ehepartner haben nach aktueller Gesetzeslage kein automatisches Vertretungsrecht in Gesundheitsangelegenheiten. Ob und wann es zu einer entsprechenden Gesetzesvorlage kommt, ist sehr umstritten.
- Ihr Bevollmächtigter darf Einblick in Ihre Krankenakte nehmen, und die Ärzte sind ihm gegenüber von der Schweigepflicht entbunden. Er hat Ihre Patientenverfügung bekommen und weiß um Ihre Vorstellungen und Wünsche bei der medizinischen und pflegerischen Behandlung. Wollen Sie lebensverlängernde Maßnahmen bekommen, wie in der Patientenverfügung ausführlich erörtert? Ihr Bevollmächtigter sollte darüber Bescheid wissen und dies entsprechend gegenüber den Ärzten vertreten. Auch kann er in eine Heilbehandlung einwilligen – oder diese ablehnen, wenn dabei Ihr Leben gefährdet wird.
- Wenn Sie noch keine Patientenverfügung ausgefüllt haben, sollten Sie trotzdem die Fragen mit Ihrem Bevollmächtigten besprechen. So hat er ein gutes Gefühl dafür, wie Sie darüber denken und welche Einstellung Sie zu Leben und Tod haben. Aber nur mit einer detaillierten Patientenverfügung haben Sie Rechtssicherheit für die Gesundheitssorge.
- Wenn sich Ärzte und Bevollmächtigter über Ihren mutmaßlichen Willen nicht einig sind, muss das Betreuungsgericht bei schwerwiegenden strittigen Punkten entscheiden. Bei einer Einigkeit entfällt dies natürlich. Eine sorgfältig ausgefüllte Patientenverfügung macht es für alle Beteiligten in diesen schwierigen Fragen leichter.
- Wenn der von Ihnen Bevollmächtigte in Ihrer Nähe wohnt, kann dies im konkreten Fall die Ausübung der Vollmacht sehr erleichtern.
- Es ist keine Frage, dass alle Menschen im Alter und bei Gebrechlichkeit zu Hause in der gewohnten Umgebung bleiben wollen. Dabei ist aber viel Unterstützung zu organisieren.
- Einkaufen, Kochen, körperliche Hygiene, Essen auf Rädern, ambulanter Pflegedienst, alles muss koordiniert werden. Und wenn Sie eine Erkältung haben, muss ein Hausarzt zu Ihnen ins Haus kommen. Trotz großem Einsatz kann es die Sicherheit Ihrer Person erfordern, dass man über einen Umzug ins Heim mit Vollservice nachdenken muss. Aus Erfahrung sollte man dies eher früher als zu spät planen. Nur so ist eine Eingewöhnung möglich. Auch hier stehen viele Aufgaben an. Das Heim muss finanziert werden. Es müssen Verträge abgeschlossen, Anträge bei Versicherungen und Behörden gestellt und der Umzug organisiert werden.
- Um Schaden abzuwenden, kann eine Entscheidung nötig sein, die in Ihre Freiheitsrechte eingreift. Das können ein Gitter am Bett, ruhigstellende Arzneimittel und sogar die Unterbringung in einer geschlossenen Anstalt sein, wenn der Bezug zur Realität verloren gegangen ist.

2. Aufenthalt und Wohnungsangelegenheiten

● Der Bevollmächtigte kann für Sie eine neue, altengerechte kleinere Wohnung suchen und dazu Verträge kündigen und neue schließen. Möglicherweise muss auch der Umzug in ein Alten- und Pflegeheim geregelt werden.

3. Behörden- und Ämtervertretung

Ihr Bevollmächtigter kann so verbindlich mit allen Behörden und Versicherungen verhandeln und Sie vertreten.

4. Vertretung vor Gericht und Beauftragung von Rechtsanwälten

Ihr Bevollmächtigter kann Widerspruch gegen die Bescheide der Pflegeversicherung, des Finanzamtes oder des Sozialamtes einlegen. Vieles muss vor Gericht geklärt oder es müssen zumindest Rechtsmittel eingelegt werden. Dazu muss Ihr Bevollmächtigter, falls notwendig, auch einen Rechtsanwalt bestellen können.

5. Vermögenssorge, Banken

Ihr Bevollmächtigter kann mit der Vollmacht Ihr Vermögen verwalten und damit rechtsverbindliche Geschäfte erledigen, Erklärungen abgeben und Anträge stellen.

Für Grundbucheintragungen oder für Einträge im Handelsregister und die Aufnahme eines Verbraucherkredits muss eine notariell beglaubigte Vollmacht vorliegen. Mit allen kontoführenden Banken ist eine gesonderte Bankenvollmacht nötig. Direktbanken haben dafür eine jeweils eigene Vorgehensweise zur Vollmachterteilung. Dies gilt auch für Eheleute!

Einschränkungen, die über die allgemeine Vermögensvollmacht hinausgehen, sollten besser in der Vereinbarung im Innenverhältnis erwähnt werden. Wenn Sie wollen, dass Ihr Bevollmächtigter Geschenke und Zuwendungen in Ihrem Sinne vornehmen soll, müssen Sie ihn hier nach außen bevollmächtigen und dies im Innenverhältnis genau ausführen. Das könnte sonst bei einer späteren Erbschaft zu Streitigkeiten führen. Mit sich selbst darf der Bevollmächtigte keine Geschäfte abschließen, es sei denn, Sie befreien ihn von diesem Verbot.

6. Post, Internet, Kommunikation

Mit einer Vollmacht kann der Bevollmächtigte auch zur Postfiliale gehen und Einschreibebriefe sowie Pakete abholen. Zu dieser Vollmacht gehört thematisch die Erklärung, dass der Bevollmächtigte auch die digitalen Geschäfte in Ihrem Namen und Interesse einsehen und abwickeln kann. Eventuell macht es Sinn, diese Passage als einzelne Vollmacht auszuführen. Sie müssen dann bei der Post oder im Telefonladen nicht die ganze Vollmacht vorlegen. Befreien Sie Ihren Provider vom Telekommunikationsgesetz und anderen Geheimhaltungspflichten, da sich dieser sonst sperren könnte, Informationen trotz Vollmacht weiterzugeben.

7. Sonstige Vertragsangelegenheiten

Alle Verträge können so stellvertretend gekündigt oder neu abgeschlossen werden.

8. Untervollmacht

Es gibt spezialisierte Aufgaben, bei denen eine Untervollmacht sinnvoll und nötig ist. Ein Anwalt braucht eine Vollmacht in einem Rechtsstreit und ein Notar bei einem Immobiliengeschäft.

9. Betreuungsverfügung

Ordnet das Betreuungsgericht trotz Vollmacht eine Betreuung an, so ist Ihr Bevollmächtigter durch Ihren Vorschlag erste Wahl. Er kann dann nicht mit der Vollmacht Ihre Geschäfte erledigen, sondern unter gerichtlicher Aufsicht. Sie sichern so Ihre Wahl ab.

10. Geltungsdauer der Vollmacht über den Tod hinaus

Die Vorsorgevollmacht wird ab der Ausstellung gültig und dies über den Tod hinaus. So ist auch der Zeitraum zwischen Tod und vollzogener Erbschaft überbrückt.
Dass der Bevollmächtigte erst dann von der Vollmacht Gebrauch macht, wenn Sie nicht mehr handlungsfähig sind, wird durch die Vereinbarung im Innenverhältnis geregelt.

11. Weitere Regelungen

Hier ist Platz für individuelle Regelungen.

Unterschriften (Ort, Datum)

Zeugen

Hier könnte Ihr Anwalt, Ihr Arzt oder ein Mitarbeiter aus dem Betreuungsverein Ihren freien Willen und Ihre Einsicht in die Verfügung bestätigen.

Die ausführliche Vorsorgevollmacht – Erläuterungen im Innenverhältnis

In dieser individuellen Vereinbarung zwischen Vollmachtgeber und Bevollmächtigtem werden die Bedingungen und Regelungen für den Gebrauch der Vollmacht vereinbart.

Diese Regelung ist eine wichtige Ergänzung der Vollmacht nach außen.

Der Bevollmächtigte legt diese Anweisung für seine Vollmacht zu den Unterlagen dazu. Im Geschäftsverkehr wird er nur die Vollmacht nach außen vorzeigen. Beispielsweise bei einer Nachfrage des Betreuungsgerichtes wird er aber zusätzlich diese Regelungen zum Innenverhältnis vorlegen.

Er ist daran gebunden, die Regelungen umzusetzen. Beispielsweise könnten Erben das Handeln infrage stellen und möglicherweise nicht mit den Verfügungen, gerade in Gesundheitsangelegenheiten oder Vermögensdingen, einverstanden sein. Hier ist die Vorsorgevollmacht im Innenverhältnis ein wichtiges Dokument.

Die Vollmacht im Außenverhältnis beschreibt, was der Bevollmächtigte alles tun kann, und die Vollmacht im Innenverhältnis, was er tun soll. Es ist der Auftrag des Vollmachtgebers an seinen Bevollmächtigten.

Das sind die Fragen und Punkte, die im Innenverhältnis geklärt werden.

1. Beginn der Vollmachtsvertretung

Hier wird der Bevollmächtigte verpflichtet, die an sich uneingeschränkte Vollmacht erst einzusetzen, wenn der Vollmachtgeber zeitweise oder dauerhaft nicht handlungsfähig ist. Wann dieser Zeitpunkt eintritt, kann der Beurteilung des Bevollmächtigten übertragen oder durch ein ärztliches Attest festgestellt werden.

Der Bevollmächtigte kann auch noch bei bestehender Geschäftsfähigkeit seine Vollmacht ausüben. Dann aber nur auf direkte Weisung des Vollmachtgebers.

2. Einer oder mehrere Bevollmächtigte

Die Vollmacht wird in der Regel einem Bevollmächtigten übertragen. Bei zwei Bevollmächtigten sollte geklärt werden, wie diese sich die Aufgabe teilen, wie unterschiedliche Meinungen koordiniert werden und wer das letzte Wort hat. Soweit es möglich ist, sollten Streitigkeiten und Rivalitäten im Vorfeld ausgeräumt werden.

Der Praxistipp vom Anwalt: Bei zwei Bevollmächtigten ist der Streit vorprogrammiert. Überlegenswert ist es, dass der zweite Bevollmächtigte erst dann seine Aufgabe wahrnimmt, wenn der Erstgenannte nicht mehr zur Verfügung steht.

3. Gesundheit und Pflege

Hier geht es direkt um Ihr Wohlbefinden. Deshalb sind einige mögliche Weisungen aufgeführt, die über die Regelungen der Patientenverfügung, die sich in wesentlichen Punkten mit humanem Sterben beschäftigt, hinausweisen. Führen Sie hier auf, welche Vorstellungen Sie von humanem Leben haben, auch wenn dies eine eingeschränkte Form sein kann.

- 3.1 Erläutern Sie Ihre Wertevorstellungen und wie Sie diese umsetzen wollen.
- 3.2 Es ist Ihr Vermögen und Sie wünschen, dass dies Ihrer Pflege zugutekommt.
- 3.3 Sie wollen zu Hause gepflegt werden und sich möglichst selbstständig bewegen. Solange diese Option möglich ist, wollen Sie nicht in einem Pflegeheim untergebracht werden.
- 3.4 Überlassen Sie nicht alles Ihrem Bevollmächtigten. Sehen Sie sich schon heute um. Welcher Pflegedienst ist Ihnen angenehm? Hinweise dazu helfen dem Bevollmächtigten, in Ihrem Sinne zu handeln.
- 3.5 Es gibt große Unterschiede bei Pflegeheimen. Gibt es eine Einrichtung, die Ihnen besser gefällt als andere? Sprechen Sie mit der dortigen Verwaltung über die Bedingungen und Optionen, dort einmal später aufgenommen zu werden. Notieren Sie hier Ihre Wünsche.

4. Wohnung und freiheitsbeschränkende Maßnahmen

Was soll mit der Wohnung oder dem Haus nach einem Umzug ins Pflegeheim geschehen? Wann soll die Wohnung gekündigt werden?

- Welche Bestimmung ist für den Hausrat und das Inventar vorgesehen?
- Unter welchen Umständen darf der Bevollmächtigte zum Schutz das Anbringen von Bettgittern, von Bauchgurten und anderen Maßnahmen zustimmen? Dürfen Medikamente gegeben werden, die das Bewusstsein eintrüben?

5. Vermögensdinge und die gewünschte Verwendung

- 5.1 Der Bevollmächtigte soll Ihr Vermögen bewahren und aus dem Guthaben die laufenden Kosten begleichen. Darüber hinaus können Sie aber bestimmen, dass wichtige Menschen zu Festtagen eine Zuwendung oder Ihr Enkel zum Abitur ein größeres Geschenk bekommen soll. Oder Sie unterstützen eine Stiftung, einen Verein. Nennen Sie die Namen und den Umfang und die Form der Zuwendungen sowie Geschenke, die Sie machen wollen.
- 5.2 Soll Ihr Bevollmächtigter eine Aufwandsentschädigung bekommen? Besprechen Sie das mit Ihrem Bevollmächtigten und notieren Sie es hier.

6. Weitere Regelungen

In diesen Regelungen des Innenverhältnisses führen Sie einen persönlichen Dialog mit Ihrem Bevollmächtigten. Sie halten alles fest, was bei der Besprechung zur Formulierung der Vollmacht bemerkenswert war. Der Dialog ist deshalb wichtig, da Sie ja kein Auftragsbuch hinterlassen wollen, sondern Ihr Bevollmächtigter mit Einsicht Ihre Wünsche dem Sinn nach gern erfüllen soll.

- Gibt es ein Vermächtnis? Wollen Sie, dass bestimmte Menschen Sie vor Ihrem Tod noch einmal besuchen kommen und deshalb zur rechten Zeit informiert werden?
- Wollen Sie Dokumente bei einer Wohnungsauflösung einer Stiftung übertragen, soll zum Beispiel Ihr Oldtimer in ein Museum, wenn Sie sich nicht mehr darum kümmern können?
- Wen von Ihrer Verwandtschaft wollen Sie sehen und wen nicht?
- Sie können hier auch Vorstellungen für Ihr Begräbnis notieren.

7. Haftungsausschluss

- Dies ist eine wichtige Einschränkung für Ihren Bevollmächtigten.

Die Vorlage für eine Vorsorgevollmacht ist im Formularteil abgedruckt.

Unterschriften

- Bitte unterschreiben Sie gemeinsam mit Ihrem Bevollmächtigten, der Ihre Geschäfte besorgen soll. Um sicherzugehen, dass später keine Seiten eingefügt wurden, unterschreiben Sie jede Seite gesondert.

Ärztliche Bescheinigung

- Eine ärztliche Bescheinigung ist nicht unbedingt notwendig, kann aber als Nachweis für Ihre Geschäftsfähigkeit dienen. Das kann Kritikern Ihrer Verfügungen die Grundlage für eine Argumentation einer mangelnden Geschäftsfähigkeit entziehen. Die Bescheinigung ist an keine besondere Form gebunden. Ein Beispiel dafür ist hier auf der nächsten Seite abgedruckt. Die Vorlage kann kopiert werden und eventuell separat genutzt werden.

ÄRZTLICHE BESCHEINIGUNG

✖ Ärztliche Bescheinigung

Ich bestätige, dass

Familienname: ....

Vorname: ....

Geburtsdatum: ....

Adresse: ....

die Vorsorgevollmacht vom .... (Datum) im Vollbesitz seiner/ihrer geistigen Kräfte verfasst hat und geschäftsfähig ist.

....
Ort, Datum

....
Unterschrift und Arztstempel

Ich bestätige, dass der o.g. Verfasser zum Zeitpunkt der Aktualisierung seiner Vorsorgevollmacht im Vollbesitz seiner geistigen Kräfte und geschäftsfähig war.

....
Ort, Datum

....
Unterschrift und Arztstempel

Bankvollmacht

Immer wieder tritt dieser Fall ein: Der Partner hat einen Unfall, ist nicht ansprechbar oder ist plötzlich gestorben. Wenn die Konten vom Partner allein geführt wurden, haben selbst der gesetzliche Lebenspartner, die Ehefrau oder der Ehemann keine Möglichkeit, unmittelbar über die Konten zu verfügen.

Wenn das Konto nicht gemeinsam geführt wurde und jeder der Kontoinhaber nur allein darüber verfügen konnte, braucht der Partner eine gültige, bei der Bank hinterlegte umfassende Vollmacht, um Geld zu überweisen, Geld abzuheben, Finanzgeschäfte zu tätigen und ein eventuell vorhandenes Schließfach zu öffnen. Banken haben meist eigene Formulare für eine Vollmacht. Besondere Vorgaben sind bei online geführten Konten bei Direktbanken zu beachten.

Banken haben eigene Regeln

Zwar lässt sich eine Vollmacht über die Konten auch über eine Vorsorgevollmacht an einen Angehörigen oder einen Vertrauten übertragen, aber in der Realität sperren sich die Banken regelmäßig, diese Vollmacht anzuerkennen – Ausnahme: wenn die Vollmacht vom Notar beurkundet ist. Es gibt an sich keine besondere vorgeschriebene Form für eine derartige Vollmacht, aber um Rechtssicherheit zu haben, verlangen die Banken, dass Kontoinhaber und Bevollmächtigter gemeinsam in der Bankfiliale erscheinen, sich ausweisen und die bankeigene Vollmacht unterschreiben. Es ist also ratsam, dies in gesunden Tagen zu erledigen. Diese mühsame Vorgehensweise bietet Ihnen praktische Rechtssicherheit mit dem Nachteil, dass Sie die Vollmacht der Bank genau lesen und prüfen müssen, welche Vollmachten Sie denn nun eigentlich vergeben wollen. Eventuell müssen Sie diese Vollmacht an Ihre individuellen Wünsche anpassen.

Welche Vollmacht wollen Sie vergeben?

Unbeschränkte Kontovollmacht

Der Bevollmächtigte kann ohne Beschränkung über Ihr Konto verfügen. Er kann sogar den Dispokredit ausschöpfen.

Beschränkte Kontovollmacht

Der Bevollmächtigte bekommt beispielsweise einen finanziellen Rahmen, über den er monatlich verfügen darf, oder darf das Konto nicht überziehen. In der Vollmacht können Sie diese Einschränkungen definieren. Überlegen sollten Sie natürlich, ob diese Limitierungen die praktische Arbeit unnötig erschweren.

Unter Umständen empfiehlt es sich, in Ihrer Vorsorgevollmacht für die Geldgeschäfte eine neutrale Kontrollperson oder einen zweiten Bevollmächtigten zu benennen, der die Ein- und Ausgänge auf dem Konto überprüft. Bei der Ehefrau, dem Ehemann oder den eigenen Kindern ist das sicherlich weniger nötig als bei einem entfernteren Vertrauten.

Generalvollmacht

Eine generelle Vollmacht für alle Vermögensdinge, die über normale Bankgeschäfte hinausgehen, beispielsweise das Geschäft weiterführen, eine Immobilie verkaufen, ein Aktiendepot auflösen oder einen Kredit aufnehmen, muss in der Regel über einen Notar beglaubigt werden und unterliegt unter Umständen weitergehenden Kontrollen.

Mögliche zeitliche Limitierung der Bankvollmacht

Vollmacht für den Todesfall

Erst mit Ihrem Tod wird die Vollmacht wirksam. Bei einem Unfall und einer Geschäftsunfähigkeit ist diese Vollmacht unbrauchbar. Um Streit mit Erben zu vermeiden, sollte der Bevollmächtigte auch Erbe sein.

Vollmacht über den Tod hinaus

Der Bevollmächtigte kann, auch wenn er kein Erbe ist, Kosten, die nach dem Tod anfallen, beispielsweise Bestattungskosten, bezahlen.

Eine Vollmacht sollte sinnvollerweise über den Tod hinaus vereinbart werden, da bei einem Todesfall die Konten von der Bank gesperrt werden können, bis der Erbfall geklärt ist und der Erbschein vorliegt.

Direktbanken

Für ein online geführtes Konto, möglicherweise mit Unterkonten und Depot bei einer Direktbank, sollte ebenfalls vorsorglich eine Vollmacht beantragt werden. Auch wenn der Vertraute des Kontoinhabers weiß, wo er nachsehen muss, und faktisch Zugang zu den Log-in-Daten und den TAN-Nummern hat und deshalb das Konto verwalten könnte, sollte man sich klar machen, dass man sich hier auf juristisch gefährlichem Boden bewegt und der Vertraute sich unnötig angreifbar macht.

Auf den Serviceseiten Ihrer Direktbank gibt es die entsprechenden unbeschränkten Vollmachtformulare, die Sie als Kontoinhaber zusammen mit Ihrem Bevollmächtigten unterschreiben und per Post an die Bank senden. Nur wenn der Bevollmächtigte kein Kunde bei der Direktbank ist, muss er zusätzlich seine Identität per Postident-Verfahren nachweisen. Allerdings bieten nicht alle Direktbanken diese Möglichkeit. Fragen Sie nach.

In Ihrer Vorsorgeverfügung vereinbaren Sie mit dem Bevollmächtigten den Umfang und den Handlungsspielraum dieser Kontovollmacht.

Das Gemeinschaftskonto

Bei Eheleuten oder Lebenspartnerschaften mit gesetzlichem Güterstand ist das Gemeinschaftskonto (Oder-Konto), bei dem jeder Einzelne unabhängig über das Guthaben verfügen kann, aber auch dafür haftet, sehr beliebt. Das macht Sinn. Vollmachten sind dann nicht nötig und jeder der beiden Kontoinhaber kann auch allein damit wirtschaften. Bei einem gemeinsamen Wertpapierdepot gelten die gleichen Spielregeln wie beim Gemeinschaftskonto. Im Erbfall fällt auch nur die Hälfte des Guthabens unter die Erbmasse.

Kontomodelle beim Gemeinschaftskonto

Oder-Konto

Beim Oder-Konto kann jeder der beiden Kontoinhaber, ohne den anderen zu fragen, über das Guthaben und den Dispokredit verfügen. Oft haben beide Kontoinhaber eine EC- und eine Kreditkarte für dieses Konto. Ein Oder-Konto setzt voraus, dass die Partner in einem Vertrauensverhältnis stehen. Unabhängig davon, wer auf dieses Konto einbezahlt, gehören das Geld, aber auch die Schulden beiden zu gleichen Teilen.

Und-Konto

Bei diesem gemeinsamen Kontomodell können die beiden Kontoinhaber alle Bankgeschäfte nur gemeinsam tätigen und jede Überweisung muss von beiden Partnern unterschrieben werden. Dieses Modell ist für Vereine oder Organisationen gut, um so einen möglichen Missbrauch auszuschließen. Für Eheleute ist dieses Modell nicht zu empfehlen, da es nicht alltagstauglich ist.

Das Muster für eine Bankvollmacht ist im Formularteil abgedruckt.

> **Beachten Sie**
>
> Um Sicherheit zu haben, vereinbaren Sie die Bankvollmacht mit Ihrer Vertrauensperson direkt in Ihrer Filiale. Überlegen Sie sich vorher Umfang und Gültigkeitsdauer der Vollmacht. Eine Bankvollmacht beschränkt sich auf das Guthaben auf dem Konto. Soll Ihr Vertrauter auch Ihr Vermögen oder Firmenanteile verwalten und Kredite aufnehmen können, ist das nur über eine beim Notar erstellte Vollmacht möglich.
>
> Eine abgegebene Vollmacht können Sie bei Ihrer Bank jederzeit schriftlich widerrufen. Prüfen Sie, ob das Verfahren für eine Vollmacht bei Ihrer Online-Direktbank möglich und praktikabel ist. Wer Konten bei mehreren Banken hat, muss für jede einzelne Bank dort eine eigene Vollmacht vereinbaren. Das kann aufwendig sein.
>
> Banken haben in der Regel eigene Formulare und verlangen eine persönliche Präsenz in der Filiale bei der Unterzeichnung. Die Formulare der Bank sind ähnlich gestaltet wie das Muster, das hier im Formularteil abgedruckt ist.

Sorgerechts-
verfügung

Was passiert, wenn Sie sich nicht mehr um Ihre minderjährigen Kinder kümmern können?
Mit einer Sorgerechtsverfügung können Sie eine Regelung vorbereiten. Eine Krankheit, ein Unfall mit Todesfolge oder ein Koma sind Gründe, warum Eltern sich nicht mehr um ihre Kinder sorgen können. In diesem Fall setzt das Familiengericht einen Vormund für die Kinder ein. Nahe Verwandte übernehmen nicht automatisch das Sorgerecht.
Der schlimmste Fall ist, wenn beide Elternteile nicht mehr zur Verfügung stehen. Kompliziert ist dieser Fall außerdem bei Alleinerziehenden, die das alleinige Sorgerecht haben. Durch eine Sorgerechtsverfügung können Eltern dem Gericht die Entscheidung für einen Vormund vorgeben, und wenn es keine schweren Einwände gibt, ist dieser Vorschlag für das Gericht bindend.

Wer sorgt sich um die Kinder?

Wenn einer der beiden Elternteile stirbt und ein minderjähriges Kind zurücklässt, so übernimmt automatisch, ohne dass es einer weiteren Regelung Bedarf, der andere Elternteil das Sorgerecht. Dies gilt auch bei getrennt lebenden und geschiedenen Paaren mit gemeinsamem Sorgerecht.

Wenn beide Elternteile sterben oder beide das Sorgerecht nicht mehr ausüben können, geht das Sorgerecht für Minderjährige nicht automatisch an volljährige Geschwister, Tanten, Onkel oder Großeltern über. Das Familiengericht wird dann darüber entscheiden, wer als Vormund für das Kind bestellt wird. Es ist naheliegend, dass die Suche erst einmal in der Verwandtschaft der Eltern und des Kindes beginnt. Liegt eine Sorgerechtsverfügung vor, wird das Gericht diesen Vorschlägen in der Regel folgen. Das Gericht wird sich dabei immer nach dem mutmaßlichen Willen der Eltern und dem Wohl für das Kind richten. Es prüft die persönliche Bindung des Kindes zum möglichen Vormund sowie dessen persönliche und wirtschaftliche Verhältnisse.

Ist das Kind 14 Jahre alt, so hat es ein Vetorecht bei der Auswahl des Vormunds. Bei der Suche nach einem geeigneten Vormund sollten die Kinder also mit einbezogen werden und bei der Auswahl mitentscheiden können, da sonst die Verfügung vor Gericht ins Leere läuft. Da sich die Umstände ändern, ist es zudem angebracht, dass die Sorgerechtsverfügung in einem vernünftigen zeitlichen Abstand überprüft und aktualisiert wird.

Bei Alleinerziehenden, häufig ist das die Mutter, mit alleinigem Sorgerecht stellt sich die Situation schwieriger dar. Stirbt die/der Alleinerziehende oder sie/er kann das Sorgerecht nicht mehr ausüben, prüft das Gericht, ob der nicht sorgerechtsberechtigte Elternteil nun das

Sorgerechtsverfügung oder Sorgerechtsvollmacht

Eine Sorgerechtsverfügung ist für den Todesfall der Eltern oder der Sorgerechtsberechtigten gedacht. Einvernehmlich mit dem Kind, vor allem wenn es bereits 14 Jahre alt ist, nennen die Eltern eine oder in einer Rangfolge mehrere Personen, die für das Kind die Vormundschaft übernehmen sollen, wenn sie vorzeitig sterben oder krank und ohne Bewusstsein sind. Das Gericht wird dann in der Regel den Wunsch der Eltern prüfen und konform entscheiden. Die Verfügung muss handschriftlich verfasst werden.

Eine Sorgerechtsvollmacht können Eltern verfügen, wenn sie sich aus nachvollziehbaren Gründen nicht mehr in der Lage sehen, die Sorge für ihr Kind auszuüben. Diese Vollmacht muss widerrufbar und begründet sein. Das Gericht entscheidet dann, ob es dieser Vollmacht zustimmt. Vom Gesetz her ist das elterliche Sorgerecht nicht übertragbar.

> Wenn die leiblichen Eltern vorübergehend in Nöten sind, können Kinder in die Obhut von Pflegefamilien gegeben werden. Das Sorgerecht verbleibt bei den leiblichen Eltern, wenn das Sorgerecht nicht entzogen oder auf einen Vormund übertragen wurde. Bei einer Ergänzungspflegschaft wird ein Teilbereich der elterlichen Sorge auf die Pflegeeltern übertragen, während die Vormundschaft den vollständigen Ersatz der elterlichen Sorge umfasst. Pflegeeltern können auch die Vormundschaft übernehmen und je nach Fall auch eine spätere Adoption vorbereiten. Die Eignung einer Pflegefamilie wird vom Jugendamt geprüft.

Sorgerecht ausüben kann und soll. Dies ist eine individuelle Entscheidung des Gerichts, bei der das soziale Umfeld und auch das betroffene Kind befragt werden. Einzig das Wohl des Kindes steht dabei im Mittelpunkt. Wenn der andere Elternteil bislang jede Verantwortung für das Kind abgelehnt hat, ist das ein wichtiger Grund, ihn auch weiterhin vom Sorgerecht auszuschließen.

Ein in der Sorgerechtsverfügung genannter Vormund ist dann für das Gericht eine erste Empfehlung. Auch eine begründete Ablehnung einer Person ist ein wichtiger Hinweis.

Bei einer schwierig abzuwägenden Situation sollte unbedingt ein Familienanwalt in die Argumentation mit einbezogen werden.

Eine Sorgerechtsverfügung ist für den Todesfall der Eltern von minderjährigen Kindern gedacht. Aber wenn Eltern oder Alleinerziehende nicht mehr in der Lage sind, für das Kind zu sorgen, beispielsweise wegen einer ernsthaften Krankheit, können sie eine Sorgerechtsvollmacht formulieren und diese dem Gericht übergeben. Normalerweise ist das Sorgerecht an die Eltern gebunden und kann nicht an Dritte übertragen werden, sie können aber eine Vollmacht erstellen. Das Gericht wird dann über den Sachverhalt beraten und entscheiden. Diese Sorgerechtsvollmacht muss jederzeit widerrufbar sein.

Das Bürgerliche Gesetzbuch kennt eine derartige Sorgerechtsvollmacht nicht. Es liegt also im Ermessensspielraum des Gerichts, wie es mit dieser Vorlage umgeht, denn eine gesetzliche Regelung für eine Sorgerechtsverfügung vor dem Tod gibt es nicht. In Form und Inhalt wird sich die Vollmacht an der Verfügung orientieren. Der darin benannte Vormund sollte diese Vollmacht mit unterschreiben.

Es ist möglich, dass das Gericht eine Vormundschaft ablehnt und hier stattdessen die zeitlich und inhaltlich begrenzte Pflegschaft für richtig hält. Dies ist vor allem dann die angemessene Entscheidung, wenn das Gericht die Hoffnung teilt, dass die Eltern oder der alleinige Sorgerechtsträger in überschaubarer Zeit wieder die Verantwortung für das Kind übernehmen kann. Wenn das auch so für die Einschätzung der Eltern richtig ist, kann diese Option mit in die Sorgerechtsverfügung aufgenommen werden.

Auswahl des Vormunds

Der entscheidende Teil bei der Sorgerechtsverfügung ist es, die geeignete Person dafür zu finden. Naheliegend sind direkte Verwandte, aber auch eine eng befreundete Familie, die selbst Kinder hat, kommt dafür infrage. Sind die Eltern oder Schwiegereltern noch jung genug und haben sie den entsprechenden Zeithorizont, können sie sich bis zur Volljährigkeit um das Kind kümmern. Auch die Nähe zu seinem momentanen Wohnort ist ein positiver Faktor sowie die wirtschaftlichen Möglichkeiten, dem Kind die nötige Unterkunft und Entwicklungsperspektive zu bieten. Es kommt darauf an, ob sich das Kind mit der Auswahl wohlfühlt. Es ist nur eine mögliche Entscheidung, die nie eintreffen soll, aber trotzdem auftreten kann. Aus dieser Diskussion sollen sich aber keine Albträume entwickeln, sondern ein Gefühl der zusätzlichen Sicherheit.

Nach Möglichkeiten sollten die Eltern nicht nur den einen Vormund oder Pfleger benennen, sondern auch eine Ersatzperson. Es können Veränderungen eintreten oder das Kind kann im Ernstfall die ausgewählte Person ablehnen.

Ebenso sollten die Eltern namentlich und begründet die Personen aufführen, die nach ihrer Ansicht für eine mögliche Vormundschaft in keinem Fall geeignet sind. Da das Gericht in der Verwandtschaft sucht, wird es Personen in diesem Umkreis betreffen. Selbstverständlich, aber trotzdem erwähnenswert ist es, dass die sorgeberechtigten Eltern mit dem ausgewählten Vormund darüber sprechen und er nicht aus allen Wolken fällt, wenn er damit konfrontiert wird. Letztlich muss er sich dazu äußern, ob er sich der Aufgabe gewachsen fühlt.

Wenn es sich um mehrere Kinder handelt, sollten die Eltern klären, ob diese bei einem Vormund zusammenbleiben können.

> **Der Vormund**
>
> Das Amtsgericht bestellt den Vormund, der sich in der Regel um die Personen- wie auch Vermögenssorge kümmert. Bei seiner Bestellung orientiert sich das Gericht am offenkundigen oder mutmaßlichen Willen der Eltern, am Kindeswohl und an der Bindung des Kindes zum Vormund. Er muss charakterlich geeignet sein, volljährig und geschäftsfähig. Nur wenn keine privat und ehrenamtlich tätige Person als Vormund zu finden oder niemand im Umfeld geeignet ist, kann die Vormundschaft an einen berufsmäßigen Vormund, an anerkannte Vereine, die eine Vormundschaft übernehmen, oder direkt an das Jugendamt übertragen werden.
>
> Ein Vormund wird regelmäßig vom Gericht überprüft und muss wichtige Entscheidungen mit dem Gericht absprechen und sich genehmigen lassen. Berufsmäßige Betreuer werden nach dem Betreuungsvergütungsgesetz bezahlt und erhalten für ihre Arbeitszeit derzeit zwischen 19,50 bis 33 Euro je Stunde zuzüglich Mehrwertsteuer.

Es ist schwierig in Worte zu fassen, aber dennoch spielt es bei der Auswahl der geeigneten Kandidaten eine Rolle, wie weit die Lebensüberzeugungen und Werte zusammenpassen. Man kann eine andere Meinung haben, aber diese sollte sich nicht fremd anfühlen.

Indirekt können bei der Wahl eines Vormunds auch Vermögensdinge eine Rolle spielen. Soll das Kind ein größeres Vermögen erben, so ist es bedenkenswert, dass für das minderjährige Kind ein Testamentsvollstrecker bestimmt wird, der die Verwaltung des Erbes bis zur Volljährigkeit übernimmt.

Ist er der Richtige? Fragen, die Eltern sich stellen sollten:

- Mag er mein Kind?
- Mag mein Kind ihn?
- Lebt er in gesicherten Verhältnissen?
- Hat er notfalls ein Zimmer frei?
- Ist er nicht zu alt oder zu jung?
- Kann er mit Kindern umgehen?
- Hat er selbst Kinder?
- Ist er der Aufgabe gewachsen?
- Passen die Lebensüberzeugungen zusammen?

Form der Sorgerechtsverfügung

Die Sorgerechtsverfügung ist eine Verfügung des Letzten Willens und mit dem Testament vergleichbar. Damit diese gültig ist, sollte die Sorgerechtsverfügung entweder

- handschriftlich verfasst werden oder
- vom Notar beurkundet werden.
- Dies kann beispielsweise zusammen mit dem Testament geschehen.

Sowohl die Eltern oder Sorgerechtsträger als auch der mögliche Vormund sollten die Verfügung unterschreiben. Die hier aufgeführten Verfügungen dienen deshalb als Textbausteine für die eigene persönlich formulierte und niedergeschriebene Verfügung. Bei zwei Elternteilen schreiben beide jeweils eine Verfügung, da diese erst dann Gültigkeit bekommt, wenn beide Elternteile oder Sorgerechtsberechtigte nicht mehr zur Verfügung stehen.

Inhalt der Sorgerechtsverfügung

1. Empfehlung für den Vormund

Zunächst geht das Sorgerecht an einen der beiden Elternteile. Erst wenn der letzte Elternteil nicht mehr zur Verfügung steht, kann das Familiengericht einen Vormund bestimmen und die Empfehlung der Eltern prüfen. Bei mehreren Kindern ist es wünschenswert, dass alle Kinder gemeinsam zu einem Vormund kommen.

2. Gründe für den Vormund

Gründe sind die Beziehung zum Kind, Erfahrung mit Kindern, eine gute Lebenssituation, die Möglichkeit der Unterbringung – bei mehreren Geschwistern für alle Kinder – der Wunsch des Kindes. Die Entscheidungsgrundlage des Gerichts ist immer das Kindeswohl.

3. Ersatzvormund

Namen weiterer möglicher Vormundkandidaten, falls die erste Wahl nicht mehr zur Verfügung steht. Die Auswahl sollte jeweils einzeln begründet sein.
Gründe sind der Bezug zum Kind, der Kinderwunsch, die Lebenssituation und Erfahrung mit Kindern.

4. Gründe für den Ausschluss als Vormund

Wenn Sie mögliche Kandidaten ausschließen, müssen Sie das begründen. Es geht aber auch hier in der Argumentation um das Kindeswohl und nicht um eine persönliche Fehde. Das wäre sonst kontraproduktiv.

5. Unterschrift Vollmachtgeber

Ort, Datum und Unterschrift

6. Unterschrift des empfohlenen Vormunds

Der Vormund muss nicht unterschreiben, aber es unterstreicht die Ernsthaftigkeit des Anliegens.

Sorgerechtsverfügung

Die Sorgerechtsverfügung ist wie ein Testament komplett handschriftlich zu verfassen, wenn sie nicht durch einen Notar beglaubigt werden soll.
Mit diesen Textbausteinen können Sie eine eigene Sorgerechtsverfügung formulieren.

1. Empfehlung für den Vormund

Für den Fall, dass ich

… (Name, Adresse, Geburtsdatum)

mein Sorgerecht nicht wahrnehmen kann, bestimme ich für mein(e) Kind(er)

…

…

…

(jeweils Name, Adresse, Geburtsdatum)

Herrn/Frau

… (Name, Adresse, Geburtsdatum)

als Vormund.

2. Dem Wohl meines Kindes ist so am besten gedient, da

… (Begründung)

3. Ersatzvormund

Für den Fall, dass die oben genannte Person nicht als Vormund zur Verfügung steht, bestimme ich die folgenden Personen als Vormund in der nummerierten Reihenfolge.

1. …

(Name, Adresse, Geburtsdatum)

Dem Kindeswohl ist so am besten entsprochen, weil

… (Begründung)

2. ...

(Name, Adresse, Geburtsdatum)

Dem Kindeswohl ist so am besten entsprochen, weil

... (Begründung)

3. ...

(Name, Adresse, Geburtsdatum)

Dem Kindeswohl ist so am besten entsprochen, weil

... (Begründung)

4. Ausschluss als Vormund

Ich möchte nicht, dass

... (Name, Adresse)

die Vormundschaft oder die Pflege für mein(e) Kind(er) übernimmt, da dies dem Kindeswohl schaden würde. Die Gründe sind:

...

5. Unterschrift Vollmachtgeber

... (Ort, Datum, Unterschrift)

6. Unterschrift des empfohlenen Vormunds

... (Ort, Datum, Unterschrift)

Betreuungs-
verfügung

Wer in eine Notsituation gerät, teilweise oder ganz nicht mehr mündig und geschäftsfähig ist und seine Angelegenheiten nicht mehr selbst regeln kann, allein ist und keinen Partner hat, der bekommt vom Betreuungsgericht einen Betreuer zugeteilt, der auch vom Gericht kontrolliert wird. Wenn möglich, ist dies eine Person aus dem Familienumfeld.
Mit einer Betreuungsverfügung können Sie in gesunden Tagen aber selbst festlegen, wer diese Person sein soll. Eine Vorsorgevollmacht, deren Kompetenz eine Betreuungsverfügung einschließen kann, kann mit der Betreuungsverfügung kombiniert werden, beispielsweise falls eine Vorsorgevollmacht ungültig wird oder trotz einer Vollmacht eine Betreuung gerichtlich angeordnet wird. Vorsicht: Eine Betreuung durch das Gericht und durch bestellte Betreuer ist kostenpflichtig!

Brauche ich eine Betreuungsverfügung?

Wer in einer Vorsorgevollmacht einen Bevollmächtigten für den Fall, dass er seine eigenen Dinge nicht mehr regeln kann, benannt hat, der braucht eigentlich keine Betreuungsverfügung. Eigentlich – denn hier fangen die Probleme an. Das Leben ist nicht berechenbar.

Wenn der Fall eintritt, dass der Bevollmächtigte plötzlich nicht mehr zur Verfügung steht, weil er verstorben ist, kann eine Vorsorgevollmacht hinfällig werden. Wenn sich Eheleute gegenseitig bevollmächtigen, kann dies leicht passieren. Oder der benannte Bevollmächtigte steht wegen einer Erkrankung selbst unter Betreuung. Aus unterschiedlichen Gründen kann ein Bevollmächtigter der Aufgabe nicht mehr gewachsen sein und muss für verschiedene Bereiche seiner Aufgabe selbst um Hilfe bitten.

Ist in der Vorsorgevollmacht dann kein Ersatz-Bevollmächtigter genannt oder der Ersatz kann die Aufgabe ebenfalls nicht übernehmen, dann muss das Gericht eine gesetzliche Betreuung anordnen.

> **Wann wird ein Betreuer bestellt?**
>
> Bei bestimmten Erkrankungen und Notsituationen kann vom Gericht ein Betreuer bestellt werden. Wenn ein Bevollmächtigter benannt ist, ist eine Betreuung sachlich nicht notwendig, und ein Gericht wird sich nicht darum kümmern. Folgende körperliche und seelische Beeinträchtigungen können durch Unfall, Krankheit und Alterungsprozess entstehen.
>
> - **Psychische Krankheiten** mit dem nötigen Schweregrad, sodass ein eigenverantwortliches Leben nicht möglich ist und der Betroffene in seiner Fähigkeit eingeschränkt ist, Entscheidungen auf vernünftigen Erwägungen zu gründen.
> - **Eine schwerwiegende geistige Behinderung,** die durch eine Demenz entstehen kann.
> - **Seelische Behinderungen,** dazu zählen auch die Einschränkungen, die durch einen fortschreitenden Alterungsprozess entstehen können.
> - **Körperliche Behinderungen,** soweit sie die Fähigkeit zur Besorgung der eigenen Angelegenheiten wenigstens teilweise aufheben oder wesentlich behindern, beispielsweise bei einer dauernden Bewegungsunfähigkeit. Allerdings darf ein Betreuer nur bestellt werden, wenn der Betroffene in seiner Geschäftsfähigkeit ganz oder teilweise eingeschränkt ist. Es kann sich dabei etwa um Vermögens-, Renten- oder Wohnungsprobleme, aber auch um Fragen der Gesundheitsfürsorge oder der Aufenthaltsbestimmung handeln.

Die Betreuungsverfügung ist für alle, die keine Vorsorgevollmacht ausgefüllt haben, weil sie beispielsweise keine vertraute Person benennen konnten oder weil sie alleinstehend sind, eine Notwendigkeit. Liegt eine Betreuungsverfügung vor, dann ist das Gericht an Ihre Vorschläge gebunden und wird diese nur ablehnen, wenn es triftige Gründe gibt und die vorgeschlagene Person die Aufgabe nicht zu Ihrem Wohle ausüben kann. Ein fremder Berufsbetreuer darf nur dann bestellt werden, wenn sich kein ehrenamtlicher Betreuer findet.

Eine Betreuungsverfügung ist keine Vollmacht. Diese berechtigt nicht zur Vertretung bei Rechtsgeschäften. In ihr werden die Wünsche und Anliegen formuliert für den Fall, dass ein Betreuer durch das Gericht bestellt werden muss.

Mit einer umfassenden Vorsorgevollmacht legen Sie fest, wer Sie bei einer Handlungsunfähigkeit vertreten und Ihre rechtlichen und praktischen Dinge regeln soll. Der Staat und ein Gericht werden sich dann in der Regel nicht um Sie kümmern. Sie behalten die Dinge in Ihrer Obhut. Ausnahme: Das Betreuungsgericht wird trotz einer Vorsorgevollmacht tätig, wenn es um ärztliche Maßnahmen geht und/oder um eine Unterbringung, die mit Freiheitsentziehung verbunden ist, beispielsweise die Unterbringung in einer geschlossenen Psychiatrie.

Allerdings sollten Sie bedenken, dass eine Vollmacht auch missbraucht werden kann, und ohne die Überprüfung durch ein Gericht wird das nicht auffallen. Wenn Sie eine Firma haben und die Nachfolge noch nicht geregelt ist, beträchtliche Vermögenswerte besitzen oder anderweitig in der Verantwortung stehen, sollten Sie sich überlegen,

- ob nicht doch eine Betreuungsverfügung einer Vorsorgevollmacht vorzuziehen ist,
- in der Vorsorgevollmacht Teile der Vollmacht einzuschränken und auszuklammern oder
- den Bevollmächtigten in Vermögensangelegenheiten zu einer Kontrolle durch das Gericht oder einen zweiten Bevollmächtigten zu verpflichten und dies so in der Vorsorgevollmacht im Einverständnis mit Ihren Vertrauten und Angehörigen festzulegen.

Was regelt eine Betreuungsverfügung?

Im Falle der gerichtlichen Anordnung eines gesetzlichen Betreuers verhindern Sie, dass möglicherweise eine völlig fremde Person dafür eingesetzt wird, falls sich keine Person aus Ihrer Verwandtschaft dafür anbietet.

- Sie nennen einen Vorschlag für einen Betreuer und eine oder weitere Ersatzpersonen, falls Ihr erster Vorschlag ausfällt. Sie haben die Zustimmung der vorgeschlagenen Personen.
- Sie nennen Personen, die Sie ablehnen – Verwandte oder Familienmitglieder, denen Sie misstrauen.
- Sie nennen Wünsche für die Betreuung: wo Sie leben wollen; welches Heim Sie bevorzugen, falls eine Betreuung und Pflege nötig werden; welche medizinische Versorgung Sie haben wollen – am besten mit dem Verweis auf Ihre Patientenverfügung, damit das Gericht davon Kenntnis hat.

- Sie legen den Umfang der Betreuung fest, für die eine gesetzliche Vertretung nötig ist und die Sie selbst nicht mehr ausüben können.

Mit dem Tod des Betreuten erlischt der Auftrag an den Betreuer. Der Nachlass wird im Testament geregelt.

Sie leben allein

Sie haben keine Vorsorgevollmacht ausgefüllt und keinen Bevollmächtigten bestimmt. Sie leben allein, Sie haben sich von den Verwandten entfremdet oder haben schlicht keinen Kontakt. Ihren Freunden wollten Sie die Aufgabe, in einem Notfall für Sie Verantwortung zu übernehmen, nicht zumuten. Was können Sie dann tun, um eine befriedigende Lösung zu finden?

- Sprechen Sie in Ihrem Bekannten- und Freundeskreis über dieses Problem. Oft ergeben sich aus Gesprächen überraschende Wendungen und aus entfernten Bekannten werden vertrauensvolle Freunde. Soziale Verantwortung macht auch glücklich, und gebraucht zu werden vermissen heute viele Menschen.
- Erkundigen Sie sich in Ihrer Stadt oder Gemeinde, ob es einen Betreuungsverein gibt. Dieser bietet ehrenamtliche Betreuer an. Vielleicht wollen Sie auch selbst in einem Betreuungsverein mitmachen?
- Sie müssen nicht gläubig sein und auch kein Kirchgänger, aber soziale Einrichtungen der Kirche haben oft eine Kartei für ehrenamtliche Betreuer. Es lohnt sich, auch bei den Wohlfahrtsverbänden nachzufragen.

> **Aufgaben des Betreuers**
> - Vermögensaufstellung
> - Vermögenssorge zur Wahrung der Interessen des Betreuten, Rechnungserledigung, Rente, Pflegeversicherung, Verträge, Abos, Telekommunikation, TV
> - Gesundheitssorge, Regelung mit Pflegedienst, Krankenkasse, Ärzten
> - Wohnungsangelegenheiten; Sorge um eigengenutzte Immobilie, Miete, Nebenkosten
> - Vertretung gegenüber Behörden
>
> Wesentliche Eingriffe und Veränderungen in den Angelegenheiten des Betreuten muss der Betreuer mit dem Gericht abstimmen und sich genehmigen lassen. Dabei soll dem maßgeblichen Willen des Betreuten entsprochen werden. Dies betrifft beispielsweise Vermögensangelegenheiten oder Einschnitte in die persönliche Freiheit des Betreuten.

Vergleich Vorsorgevollmacht zur Betreuungsverfügung		
Situation	Vorsorgevollmacht	Betreuungsverfügung
1 | Sie haben eine Vorsorgevollmacht und eine Betreuungsverfügung abgegeben.	Sie haben einen Vertrauten, der auch Ihr Bevollmächtigter ist. Das Betreuungsgericht wird nicht eingeschaltet. Das spart Gebühren für die Betreuung.	Falls Ihr Bevollmächtigter nicht zur Verfügung steht, wird nach Ihren Verfügungen ein Betreuer bestellt. Dafür werden dann allerdings Gebühren berechnet.
2 | Sie haben keine Vorsorgevollmacht, aber eine Betreuungsverfügung.	Sie haben keinen Vertrauten, dem Sie eine Vollmacht anvertrauen möchten.	Bekannte sind für eine Betreuung bereit. Ihre Vorstellungen für eine Betreuung werden vom Gericht berücksichtigt. Der Betreuer muss gegenüber dem Gericht Rechenschaft ablegen. Sie haben privat eine Vergütung seiner Unkosten oder eine unentgeltliche Betreuung vereinbart.
3 | Sie haben eine Vorsorgevollmacht vergeben. Diese ist aber eingeschränkt. Eine Vollmacht für Vermögensdinge haben Sie ausgeschlossen. Dafür haben Sie zusätzlich eine Betreuungsverfügung ausgefüllt.	Die Vollmacht der Vorsorgevollmacht gilt nur für die benannten Bereiche. Die Vermögensvollmacht ist z. B. nicht mit eingeschlossen.	Für die Vermögensfürsorge benennt das Gericht den von Ihnen vorgeschlagenen Betreuer. Dieser wird vom Gericht überwacht. Ihre Wünsche werden entsprechend berücksichtigt. Sie haben privat eine Vergütung vereinbart.

- Berufsmäßig stehen Anwälte und Notare als Betreuer oder als Bevollmächtigte zur Verfügung. Gerade wenn Sie Vermögen haben und auch den Erbfall vorbereiten wollen, ist das eine Option. Sie können zudem verfügen, dass der Anwalt regelmäßig vom Gericht überprüft wird. Es gibt für diese Aufgaben feste Gebührensätze. Vielleicht ist der Anwalt, der Sie auch schon in anderer Angelegenheit erfolgreich vertreten hat, eine gute Wahl? Sprechen Sie einfach mal mit ihm.
- Sie können in Ihrer Betreuungsverfügung dem Gericht bei der Auswahl des Betreuers, falls dieser einmal nötig werden sollte, auch freie Hand lassen. Notieren Sie, welche Wertevorstellungen er erfüllen sollte, aber auch, wer gar nicht in Betracht kommt. Sie stehen beispielsweise der Kirche reserviert gegenüber? Dann könnte das ein Ausschlusskriterium sein.

Der praktische Ablauf bei der Bestellung eines Betreuers

Es kann ein Unfall sein oder ein Schlaganfall, der einem die Handlungsfähigkeit plötzlich raubt, aber auch der schleichende Verlust der Autonomie bei alten Menschen, die allein leben, machen einen Betreuer nötig. Das Betreuungsgericht ordnet dann eine Betreuung an und benennt den vorläufigen Betreuer.

Bessert sich die Situation, kann die vorläufige Entscheidung wieder aufgehoben werden. Das Unfallopfer ist geheilt, nach der Rehabilitationsbehandlung sind die Folgen des Schlaganfalls nicht mehr so einschneidend und der alte Mensch wird von seinen Kinder aufgenommen, die für geregelte Lebensverhältnisse sorgen und eventuell die tägliche Sorge übernehmen. Erholt sich der Betreute jedoch nicht mehr, dann wird aus der vorläufigen Betreuung eine endgültige Betreuung.

Oft kommt der Hinweis für eine nötige Betreuung vom Krankenhaus, aber auch von Außenstehenden oder vom Betroffenen selbst. Kann der Betroffene vor Gericht seine Position nicht mehr selbst darlegen, bestellt das Gericht einen Verfahrenspfleger, der den Betreuten unterstützt und seine Rechte im Verfahren vertritt.

Um die Lage richtig einschätzen zu können und im Sinne des zu Betreuenden zu handeln, bestellt das Gericht entsprechende Gutachten. Das medizinische Gutachten beurteilt die körperliche Situation und die kognitiven Fähigkeiten, der soziale Gutachter recherchiert das persönliche Lebensumfeld. Standardmäßig ruft das Gericht das Zentrale Vorsorgeregister ab und prüft, ob eine Vollmacht vorliegt. Nach einer Anhörung im privaten Umfeld des Betroffenen entscheidet dann der Richter, ob und in welchem Umfang eine gesetzliche Betreuung tatsächlich notwendig ist.

Vorsicht: Kosten für Betreuer und Verfahren!

Die Gebühren des Gerichts wie Auslagen, Dokumentenpauschale und Sachverständigenauslagen werden für eine Vermögensbetreuung erhoben, wenn mehr als 25 000 Euro Vermögen vorhanden sind. Angemessenes, selbst bewohntes Wohneigentum wird dabei nicht berücksichtigt. Pro 5000 Euro Vermögen, das die 25 000 Euro übersteigt, werden aktuell 10 Euro fällig, mindestens jedoch 200 Euro. Für ein Vermögen von 200 000 Euro wären das beispielsweise 350 Euro (200 000 – 25 000 = 175 000 : 5000 = 35 x 10 Euro = 350 Euro). Die Jahresgebühr wird erstmals bei Anordnung der Betreuung für das laufende und das Jahr nach der Betreuerbestellung erhoben.

Ist nur ein Teil des Vermögens Gegenstand der Betreuung, so ist nur für diesen Betrag die Betreuungsgebühr zu errechnen und an das Gericht zu bezahlen.

Auch wenn nur eine Betreuung für das Aufenthaltsbestimmungsrecht zu erledigen ist, fallen Gebühren an. Zusätzlich zu den genannten Gebühren werden Auslagen für Reisekosten oder Sachverständige erhoben. Auch der Verfahrenspfleger muss bezahlt werden, sogar wenn weniger als 25 000 Euro Vermögen vorhanden sind und der Betreute nicht ganz mittellos ist. Alles zusammengerechnet, kann da eine ganz nette Summe herauskommen. Das ist bei einer Betreuungsverfügung zu bedenken. Diese Kosten lassen sich vermeiden, wenn rechtzeitig einer Vertrauensperson eine Vorsorgevollmacht erteilt wird.

Für den Betreuer werden weitere Auslagen fällig, falls der Betreute nicht mittellos ist. Ein ehrenamtlicher Betreuer kann dabei entweder seinen Kostenaufwand abrechnen oder sich für eine jährliche pauschale Entlohnung von 400 Euro (ab 2023: 423 Euro) entscheiden. Diese Pauschale ist für ihn bis insgesamt 3000 Euro – wenn er z.B. mehrere Betreuungen wahrnimmt – steuerfrei.

Bei einem beruflichen Betreuer werden je nach Qualifikation und Betreuungsaufwand Fallpauschalen angesetzt. Für eine Betreuung können dabei monatlich bei hoher Qualifikation des Betreuers zwischen 100 und 400 Euro anfallen. Hat der Betreute Vermögen, dann muss er diese Kosten übernehmen. Bei vorhandenem Vermögen steigert sich auch die Fallpauschale. Berufliche Betreuer haben etwa 30 bis 40 Schützlinge, meist sind es die schwierigen Fälle. Vorrangig machen ehrenamtliche Betreuer den Job, die oft auch Familienmitglieder sind.

Form der Betreuungsverfügung

Eine bestimmte Form ist nicht nötig. Die Betreuungsverfügung kann handschriftlich abgefasst werden, mit dem Computer geschrieben und auf Papier ausgedruckt oder auch durch ein entsprechendes Formular ergänzt werden.

Wer eine Betreuungsverfügung aufsetzt und unterschreibt, muss in der Lage sein, die Bedeutung, Tragweite und Folgen, die sich daraus ergeben, zu erfassen. Deshalb ist es gut, wenn die Betreuungsverfügung von Zeugen testiert und bestätigt wird, beispielsweise von einer örtlichen Betreuungsstelle. Ein Notar ist dann nicht unbedingt notwendig.

Es ist gut, die Verfügung regelmäßig in größeren Zeitabschnitten zu bestätigen oder auch den Umständen anzupassen, denn eine Verfügung, die ein Jahr alt ist, ist besser als eine, die zehn Jahre alt ist. Wenn Sie Ihre Betreuungsverfügung aufsetzen, überlegen Sie sich:

- Wem trauen Sie die Aufgabe zu, Ihr Betreuer zu sein? Sich erst einmal in der eigenen Familie umzusehen macht Sinn. Fragen Sie Ihren Wunschbetreuer und sprechen Sie mit ihm.
- Welche Bereiche in der Verfügung sind Ihnen wichtig? Welche Maßgaben mögen Sie einem Betreuer mit auf den Weg geben? Einiges davon wird bereits in der Patientenverfügung oder in der Vorsorgevollmacht stehen.
- Wo können Sie die Betreuungsverfügung hinterlegen? Wer sollte davon wissen? Hinterlegen Sie eine Kopie für Ihren möglichen Betreuer. Registrieren Sie die Betreuungsverfügung zusammen mit Vorsorgevollmacht und Patientenverfügung im Zentralen Vorsorgeregister.

Vorlage für die Betreuungsverfügung

Sie legen in der Betreuungsverfügung fest, welche Personen Sie sich als Ihren Betreuer wünschen. Bestellt wird der Betreuer im Bedarfsfall vom Gericht, und dies auch nur, wenn es vom Gericht als notwendig eingeschätzt wird. Das persönliche Wohlergehen des Betreuten steht zusammen mit der Regelung der Vermögensangelegenheiten im Vordergrund. Alle Verfügungen haben eine Gültigkeit bis zum Tod. Der Verfügung kann jederzeit widersprochen werden, solange Sie einsichtsfähig sind. Der Aufbau einer Betreuungsverfügung enthält diese Punkte:

- Ihren Namen und die Adresse
- In welchem Fall soll die Verfügung greifen?
- Namen und Adresse des gewünschten Betreuers
- Eventuell einen weiteren Betreuer oder Ersatzbetreuer
- Welche Personen lehnen Sie als Betreuer ab?
- Hinweis auf vorhandene Patientenverfügung und Vorsorgevollmacht
- Ort, Datum und Ihre Unterschrift
- Unterschrift der Zeugen

Das Muster für eine Betreuungsverfügung ist im Formularteil abgedruckt.

Mögliche weitere Punkte sind:

1. Regelungen und Wünsche zur Gesundheit und Pflege
Sie können beispielsweise Art und Umfang der Betreuung im Pflegefall regeln sowie Hinweise für die ambulante Pflege und für eine Pflege zu Hause geben, und Sie können Ihren Vertrauensarzt festlegen.

2. Verwendung von Vermögenswerten
Wollen Sie Personen regelmäßig unterstützen? Sollen für Ihre Pflege Vermögenswerte aufgelöst werden, und wer soll davon profitieren? Soll eine Wohnung, ein Haus verkauft werden? Wer soll sich bei einer Wohnungsauflösung um das Mobiliar kümmern? Sollen Personen aus Ihrem Umfeld oder eine gemeinnützige Organisation davon Teile bekommen oder unterstützt werden? Wollen Sie Schenkungen tätigen?

3. Regelungen zum Aufenthalt
Falls ein Pflegeheim nötig wird, haben Sie bereits ein Heim angesehen, das Ihnen gefällt? Soll Ihre Wohnung dann aufgelöst werden?

4. Sonstige Wünsche an den Betreuer
Was soll mit Ihren Haustieren geschehen? Gibt es Kunstwerke, die Sie stiften oder verschenken wollen? Gibt es Angelegenheiten, die Sie noch vor Ihrem Tod befrieden wollen?

Patientenverfügung

Jede ärztliche Behandlung bedarf der Einwilligung des Patienten. Sollten Sie in einem Notfall nicht mehr dazu in der Lage sein, ist es wichtig, dass eine Patientenverfügung vorliegt und auch schnell zur Verfügung steht, die regelt, welche medizinischen Maßnahmen mit Ihrem Einverständnis ausgeführt werden dürfen. Absicht dieser Erklärung ist es, sein Leben nicht unnötig zu verlängern, mögliche Schmerzen zu mindern und menschenwürdig sterben zu können.

Diese Vorgaben berühren sensible Punkte Ihrer Wertevorstellungen und religiösen Überzeugungen zu Leben, Sterben und Tod sowie ein Wissen um medizinische Möglichkeiten und daraus resultierende Konsequenzen. Liegt keine Verfügung vor, muss der Arzt, der Bevollmächtigte oder der gerichtlich bestellte Betreuer nach Ihrem mutmaßlichen Willen über die Behandlung entscheiden. Dabei gilt: im Zweifel für das Leben.

Wie aus dem Leben gehen?

Bereits in gesunden Tagen sollten Sie sich Gedanken machen, wie es sein könnte, wenn Sie unheilbar krank, dement oder durch einen Unfall aus dem normalen, selbstbestimmten Leben gerissen werden und nicht mehr ansprechbar sind. Ein heikles Thema, und dennoch ist es wichtig. Die Medizin verfügt über große Möglichkeiten, unser Leben auch in schwierigen Momenten zu erhalten und zu verlängern. Wenn Ärzte diese Möglichkeiten nicht nutzen, machen sie sich womöglich einer unterlassenen Hilfeleistung schuldig. Dies endet oft in einem Dilemma, da in hoffnungslosen Fällen nur ein Leiden verlängert wird und ein friedvolles Sterben zwischen Schläuchen und Apparaten nicht möglich ist. Ist ein Patient wach, kann der Arzt die Umstände mit dem Patienten besprechen und seine Wünsche beachten und respektieren. Ist der Patient nicht mehr ansprechbar oder kann er die Tragweite seiner Entscheidung nicht mehr erfassen, ist es eine große Hilfe, wenn der Arzt mit einem Bevollmächtigten sprechen kann und eine Patientenverfügung mit klaren Aussagen und Anweisungen hinterlegt ist. So kann das Vorgehen des Arztes mit dem Willen des Patienten abgestimmt und es können die richtigen Entscheidungen gefällt werden.

Notfallausweis

Ihre Patientenverfügung kann nur wirksam werden, wenn sie im Notfall auch gefunden wird bzw. wenn es bekannt ist, dass Sie eine Verfügung erstellt haben.

> **Was regelt eine Patientenverfügung?**
>
> Wenn Sie sich selbst nicht mehr verständlich machen können und entscheidungsunfähig sind, können Sie, wenn Ihre Patientenverfügung vorliegt, auf die Art und den Umfang der Behandlung Einfluss nehmen.
> - Dies tritt also insbesondere bei Fällen auf, in denen Sie sehr schnell zum Notfall werden: bei Unfällen, einem Schlaganfall, bei Operationen mit lebensgefährlichem Ergebnis, bei Wachkoma.
> - Aber auch bei schleichender gesundheitlicher Verschlechterung wird die Patientenverfügung wirksam: bei fortschreitender Demenz und Hirnabbau, bei unheilbaren Erkrankungen im Endstadium und in Todesnähe.
> - Wollen Sie künstlich beatmet und mit einer Sonde ernährt werden?
> - Wollen Sie Organspender sein?
> - Sind Sie gläubig und wollen Sie seelsorgerischen Beistand?

Erstellen Sie sich einen Notfallausweis, der auf den Aufbewahrungsort (Notfallordner) einer Patientenverfügung hinweist. Fügen Sie die Adresse Ihres Bevollmächtigten und der engsten Angehörigen hinzu sowie die Ihres Hausarztes. Bestimmen Sie, ob Sie Organspender sind oder nicht. Übergeben Sie eine Patientenverfügung Ihrem Hausarzt, der diese in Ihrer Patientenakte ablegen kann.

In der Vorsorgeverfügung können Sie die Patientenverfügung aufführen und diese ebenfalls im Zentralen Vorsorgeregister der Bundesnotarkammer registrieren lassen. Krankenhäuser fragen im Vorsorgeregister nach, ob eine Patientenverfügung existiert.

Eine besondere Form für die Patientenverfügung gibt es nicht. Diese kann handschriftlich abgefasst sein, am Computer getippt und ausgedruckt werden, Sie können die Verfügung zur Abschrift diktieren oder Sie können ein Formular verwenden, welches Ihnen strukturiert alle relevanten Fragen vorgibt.

Eine Unterschrift mit Datum ist in jedem Fall notwendig. Entscheidend ist, dass der Verfasser die Bedeutung und Tragweite seiner Aussagen und Wünsche erfassen kann und dass er frei und ohne Druck entscheidet.

Zusätzlich zur Patientenverfügung kann in der Vorsorgevollmacht eine Vertrauensperson benannt werden, die als Ansprechpartner für Ärzte und Krankenhaus bei Fragen zur Behandlung zur Verfügung steht. Diese Person kann über die Patientenverfügung hinaus den Sinn deuten und so gegenüber dem behandelnden Arzt Ihren mutmaßlichen Willen zum Ausdruck bringen und bei nicht ausformulierten Fällen in Ihrem Sinne die Behandlung vereinbaren. Angehörige sind in vielen Fällen dafür die erste Wahl, aber die persönliche Verbundenheit kann die Entscheidungsfähigkeit erschweren. Die Patientenverfügung kann durch Zeugen testiert werden, was eine zusätzliche Rechtssicherheit bedeutet.

Wenn Sie nur einen Bevollmächtigten benannt und keine Patientenverfügung hinterlegt haben, kann der Bevollmächtigte alle Gesundheitsentscheidungen für Sie treffen. Zu bedenken ist, dass dies für den Vertrauten ohne schriftliches Zeugnis und Bekenntnis eine große seelische Belastung sein kann.

Eine Patientenverfügung lässt sich natürlich auch jederzeit widerrufen, dies kann auch mündlich oder durch Gesten geschehen. Haben Sie die Patientenverfügung bereits an dritte Personen weitergereicht, sollten Sie sich diese zurückgeben lassen.

Immer wieder kommt es vor, dass der Bevollmächtigte vor der Last der Entscheidungen kapitulieren muss und nicht in der Lage ist, im Notfall hier die entsprechenden Anweisungen zu geben. Eine schriftlich ausgefüllte Patientenverfügung ist dann das wichtigste Dokument für den Arzt, woraus er den mutmaßlichen Willen des Patienten ableiten kann.

Nur einen Bevollmächtigten zu bestimmen, ohne weitere Erklärungen und Bestimmungen, erweckt den Eindruck, dass man sich vor der Entscheidung drücken möchte und sie anderen aufbürden will. Machen Sie sich das bewusst und formulieren Sie in jedem Fall eine entsprechende Patientenverfügung.

> **Das Thema Sterbehilfe**
>
> Jeder Mensch hat ein Recht auf ein selbstbestimmtes Sterben, so hat es das Bundesverfassungsgericht in seiner Entscheidung vom Februar 2020 bestimmt. Sterbehilfe ist unter bestimmten Umständen mit Einwilligung des Sterbewilligen erlaubt. In der Patientenverfügung sind vor allem die passive und indirekte Sterbehilfe ein Thema. Eine assistierte Sterbehilfe setzt eine Handlungsfähigkeit voraus.
>
> **Aktive Sterbehilfe:** Ein gezielter Eingriff eines Dritten, der zum Tod führt, ist eine aktive Sterbehilfe. Diese ist in Deutschland verboten, und ein etwaiger Sterbehelfer macht sich strafbar. Der Wunsch auf aktive Sterbehilfe kann nicht in die Patientenverfügung aufgenommen werden, aber die Einstellung zu einer indirekten und passiven Sterbehilfe.
>
> **Passive Sterbehilfe:** Erlaubt war auch bisher in Deutschland der Abbruch einer Behandlung, der in der Folge zum Tod des Patienten führt. Wenn dies bei einer unmittelbar lebensbedrohlichen Situation mit irreversibler Schädigung der eindeutige Wunsch des Patienten ist, kann ein Arzt nach Abwägung aller Konsequenzen einen Krankheitsprozess ohne weitere Behandlung zum Ende kommen lassen.
>
> **Indirekte Sterbehilfe:** Bekommt der Sterbende Medikamente, die seine Schmerzen lindern oder das Bewusstsein eintrüben und im gleichen Maße die Lebensdauer verkürzen, spricht man von einer indirekten Sterbehilfe. Diese ist in Deutschland erlaubt.
>
> **Assistierte Sterbehilfe:** Den Suizid zu unterstützen, wird als Beihilfe bezeichnet. Der Sterbewillige bekommt von einem Sterbehelfer ein tödlich wirkendes Medikament, das dieser dann selbst einnimmt. Freiwillig beim Suizid die Hilfe Dritter in Anspruch zu nehmen, ist nun auch in Deutschland straffrei. In der Realität ergeben sich dazu natürlich Fragen, beispielsweise wenn der Mensch nicht mehr geschäftsfähig ist und die Grenze von assistierter Sterbehilfe zur verbotenen aktiven Sterbehilfe überschritten wird.

Vorbereitungen zur Patientenverfügung

Es geht um Leben, Sterben und Tod. Nicht jeder hat Talent für die Auseinandersetzung mit diesen Fragen. Es ist auch in Ordnung, wenn Sie nicht sofort eine Patientenverfügung erstellen. Setzen Sie sich also nicht unter Druck und nähern Sie sich dem Thema erst einmal langsam an.

Sprechen Sie mit Freunden und/oder Ihrem Lebenspartner darüber und fragen Sie Ihren Arzt nach seinen Erfahrungen mit Patienten. Wenn Sie gläubig sind, sprechen Sie auch mit einem Vertreter Ihrer Kirche. Lassen Sie sich bei der Abfassung auf jeden Fall beraten.

> **Leben, Sterben, Tod**
>
> Haben Sie schon Menschen beim Sterben begleitet? Wie könnte dieser Prozess besser verlaufen?
> - Krankheit ist eine Einschränkung. Zukunft hat eine ganz andere Bedeutung, wenn Sie sich diese als schwer kranker Mensch vorstellen. Ist es dann eine Option, das Leben loszulassen, oder wollen Sie jede denkbare medizinische Hilfe für sich in Anspruch nehmen und um jeden Tag kämpfen, auch wenn dies unter Umständen Schmerzen und schwere Behinderungen bedeutet?
> - Sind Sie allein oder haben Sie Angehörige, die für Sie da sind und Ihnen ein Leben und Sterben zu Hause in Ihrer gewohnten Umgebung ermöglichen können? Können Sie die Hilfe anderer annehmen?
> - Sind Sie gläubig und hoffen auf ein Leben nach dem Tod? Wünschen Sie sich eine Sterbebegleitung in religiöser Umgebung?

Es ist beinahe unmöglich, sich vorzustellen, wie es sich anfühlt nach einem Unfall, einem Schlaganfall oder wenn sich bei einer schleichenden Demenz die Wirklichkeit aus unserer Wahrnehmung langsam verabschiedet. Helfen kann es, wenn Sie sich in einer Gruppe mit diesem Thema beschäftigen, um über Ihre Erfahrungen, Wünsche und Hoffnungen sprechen.

In der Patientenverfügung werden sehr viele technische Punkte angesprochen, die sich in einer lebenskritischen Situation ereignen, und nur dann sind diese auch von Bedeutung. Je konkreter sie formuliert sind, desto besser können sie auch später umgesetzt werden.

Es kann hilfreich sein, wenn eine Patientenverfügung für verschiedene Lebenssituationen verfasst wird, weil nicht jede Anweisung für jeden Fall richtig und gleichbedeutend ist. Auch durch neue Lebensumstände kann eine weitere Patientenverfügung nötig werden.

- Für einen Unfall und eine plötzliche Lebensbedrohung: Eine denkbare plötzliche Situation ist bei einem Unfall, einem Herzinfarkt oder einem Schlaganfall gegeben. Hier ist es sicher richtig, in jedem Fall um das Leben zu kämpfen. Erst wenn absehbar ist, dass große Einschränkungen und ein Leben ohne Bewusstsein die Folge wären, ist die Entscheidung eines Einzelnen verständlich, dass er dann keine künstliche Beatmung und keine künstliche Ernährung mit einer Magensonde wünscht.
- Für eine sich verschlimmernde Krankheit im Endstadium: Eine Leidenszeit mit einer degenerativen Nervenkrankheit, die Bewegung und sogar die Atmung einschränkt, oder das Endstadium eines schmerzhaften Krebsbefalls wird jeweils andere Kriterien aufwerfen, was lebenswertes Leben ist und ob dieses zu einem hohen Preis ohne Chance auf Besserung für wenige Tage oder Wochen verlängert werden soll.

Eine Patientenverfügung ist kein Dokument, das Sie einmal schreiben und nicht mehr verändern. Die Anregungen und Aufzeichnungen in diesem Buch werden Ihnen helfen, das Thema bewusst und lebendig zu halten. Dementsprechend kann sich Ihre Meinung mehrfach ändern.

Organspende – ja oder nein?

In Ihrer Patientenverfügung und Ihrem Notfallpass können Sie sich selbst entscheiden, ob Sie bei Ihrem Tod als Spender infrage kommen und Organe oder Gewebe zur Verfügung stellen möchten. Ein Spender kann seine Erlaubnis auch einschränken und nur bestimmte Teile seines Körpers freigeben, beispielsweise das Herz oder Blutgefäße. Ohne eine positiv formulierte Einwilligung kann es in Deutschland nach derzeitiger Gesetzeslage keine Organspende geben. Keine Aussage bedeutet also ein »Nein«. In mehreren Nachbarländern gilt die Widerspruchslösung. Keine Aussage ist dort ein »Ja«. Gegenwärtig können Angehörige eine Einwilligung geben, wenn der Verstorbene keine definitive Ablehnung geäußert hat und es seinem mutmaßlichen Willen entspricht. Bei einer Entscheidung für oder gegen eine Organspende sind Angehörige ebenso wie Ärzte an die zu Lebzeiten getroffene Entscheidung des Verstorbenen ohne Widerspruchsrecht gebunden. Ein Organspendeausweis mit einem »Ja« oder einem »Nein« schafft also auf alle Fälle Klarheit und Sicherheit, egal wie die Rechtslage ist.

Für viele ist es ein zwiespältiges Gefühl, ein »Ersatzteillager« zu sein, zumal es immer wieder Berichte über eine irritierende, geschäftsorientierte Vergabepraxis gibt. Wenn zwei erfahrene Ärzte unabhängig voneinander den unumkehrbaren Hirntod des möglichen Spenders feststellen, ist eine Organentnahme möglich. Nach menschlichem Ermessen und wissenschaftlichen Erkenntnissen ist ein Mensch dann klinisch tot, wenn es zum irreversiblen Ende aller Hirnfunktionen aufgrund von weiträumig abgestorbener Nervenzellen kommt. Der Körper kann dabei aber noch vielfältige Reaktionen des Lebens zeigen.

Der hirntote Mensch wird anschließend weiter beatmet und möglicherweise an weitere lebenserhaltende Maschinen angeschlossen. Die künstliche Beatmung wird auch in der Patientenverfügung geregelt und kann mit einer positiven Entscheidung für eine Organspende kollidieren. Hier muss also eine entsprechende Regelung dafür getroffen werden, was Vorrang hat: der Verzicht auf künstliche Beatmung im Sterbeprozess oder die Organspende.

Angehörige sollten sich klarmachen, dass bei einer Einwilligung zur Organspende ein Abschiednehmen im Sterbeprozess nicht ohne Einschränkungen möglich ist. Der tote Körper wird weiter »lebendig« gehalten und rasch für die Transplantation vorbereitet. Das ist ein technischer Ablauf, der mit Trauerarbeit nichts zu tun hat. Es gibt viele negative Berichte dazu.

Bei einer Organspende werden lebenserhaltende Maßnahmen für die Organe nötig. Regelmäßig führt diese Konstellation zu Konflikten, da sich Patientenverfügung und Organspendeerklärung als rechtlich gleichwertige Verfügungen dann widersprechen. Bislang hat der Gesetzgeber dieses Spannungsverhältnis nicht aufgelöst.

Organspendeausweis

Diesen Organspendeausweis versenden die Krankenkassen regelmäßig an ihre Mitglieder. Dieser soll in der Brieftasche mitgeführt werden. Auf der Rückseite des Ausweises haben Sie mehrere Auswahlmöglichkeiten:

- Sie können alle Organe und Gewebe spenden.
- Sie können bestimmte Organe von der Spende ausnehmen.
- Sie können nur ganz bestimmte Organe und Gewebe zur Spende freigeben.
- Sie können die Organspende, egal aus welchem Beweggrund, komplett ablehnen.
- Eine Vertrauensperson kann für Sie entscheiden. Diese Person wird im Fall des Todes benachrichtigt. Bedenken Sie aber, dass diese Person mit der Entscheidung überfordert sein könnte!
- In Ländern mit einer Widerspruchslösung sind Sie ohne Organspendeausweis und ohne Ablehnung wie »Nein, ich widerspreche ...« automatisch ein Organspender.
- Der Bundestag hat 2020 die Widerspruchslösung diskutiert und abgelehnt. Ohne aktive Einwilligung gelten Sie in Deutschland nicht als Organspender.

Fragebogen zur Patientenverfügung

Die hier aufgeführten Fragen sind eine gute Besinnung, um die Vorgaben zur Patientenverfügung individuell und auf Ihre Vorstellungen hin auszufüllen. Ihre schriftlich formulierten persönlichen Wertevorstellungen zum Leben, zum Sterben und zu Ihren religiösen Anschauungen sind eine gute Ergänzung zu Ihrer Patientenverfügung.

Diskutieren Sie die Fragen mit Personen Ihres Vertrauens. Ihre Wünsche sind letztlich auch Wünsche an die Menschen, mit denen Sie leben.

Ihre persönlichen Wertevorstellungen

- Was war besonders wertvoll in Ihrem bisherigen Leben? Was macht Sie traurig, was macht Sie glücklich? Was hätten Sie sich anders gewünscht? War Ihr Leben erfüllt?
- Welche Träume und Visionen haben Sie für die Zukunft, was ist Ihnen ein Herzensanliegen? Was bedeutet Abschiednehmen und Sterben für Sie? Was vermissen Sie, was macht Ihnen Angst?
- Welche schweren Zeiten haben Sie hinter sich und was hat Ihnen geholfen weiterzuleben?
- Sind Sie ein Familienmensch, haben Sie viele Freunde oder sind Sie gern allein mit sich? Können Sie fremde Hilfe annehmen oder wollen Sie niemandem zur Last fallen?
- Einschränkungen, Schmerzen, Behinderung, welche Assoziationen werden damit bei Ihnen ausgelöst? Wie haben Sie das bei Ihnen nahestehenden Menschen erlebt?
- Glauben Sie an ein Leben nach dem Tod? Finden Sie in Aussagen der Religionen gute Sätze, die Ihnen helfen, mit Leben und Tod besser umzugehen?

Fragen zur medizinischen Behandlung

- Wollen Sie über Ihren Gesundheitszustand immer Bescheid wissen und auch ungünstige Prognosen kommuniziert bekommen?
- Darf der Arzt mit Vertrauten und Angehörigen über Ihren Gesundheitszustand sprechen und soll dieser von der Schweigepflicht entbunden werden?
- Wollen Sie, dass der Arzt bei der Behandlung als erste Priorität die Verlängerung Ihres Lebens im Auge hat?
- Würden Sie starke Nebenwirkungen bei der Behandlung akzeptieren, und wo liegt hier Ihre Grenze?
- Würden Sie auch neue, noch unerprobte Medikamente einnehmen, wenn Sie dafür eine Hoffnung auf ein längeres Leben erreichen können?
- Akzeptieren Sie auch Schmerzmittel, die zu Bewusstseinseintrübungen führen?
- Wollen Sie weiterbehandelt werden, obwohl Sie nicht mehr auf die Außenwelt reagieren können, starke Schmerzen haben und sich im Endstadium einer schweren Erkrankung befinden?
- Empfinden Sie eine künstliche Ernährung mit Magensonde und eine künstliche Beatmung als für Sie hinnehmbar? Welche Gefühle haben Sie dabei?
- Können Sie sich in die Rolle von verwirrten Menschen hineinversetzen, die zu ihrem eigenen Schutz vor Verletzungen im Bett mit Gurten fixiert, mit einem Gitter vor dem Bett vor dem Herausfallen bewahrt und die eventuell mit Beruhigungsmitteln sediert werden?

Fragen zur Pflege

- Haben Sie Angehörige und Vertraute, die bereit wären, Ihre Pflege zu übernehmen?
- Kommt ein Leben in einem Heim für Sie infrage? Haben Sie ein derartiges Pflegeheim schon einmal besucht? Was wäre für Sie besonders wichtig? Ist das für Sie und Ihre Angehörigen bezahlbar?
- Es gibt Organisationen, die Pflegepersonal aus dem Ausland vermitteln. Haben Sie sich dazu schon einmal informiert? Kennen Sie jemanden, der Ihnen seine Erfahrungen mitteilen kann?

Fragen zum Sterben und zum Tod

- Wenn Sie bald sterben müssten, was wollten Sie noch unbedingt regeln?
- Welche Vorstellung vom Sterben haben Sie? Wo wollen Sie sterben?
- Wer sollte Sie begleiten? Wollen Sie lieber allein sein?
- Wünschen Sie den Beistand einer Sterbehilfe, eines Psychologen? Sie sind Mitglied in einer Kirche oder stehen einer Glaubensrichtung nahe und wünschen sich geistlichen Beistand?

Die schriftliche Patientenverfügung

Betrachten Sie diese Patientenverfügung als einen Brief an Ihre Ärzte, Ihre Angehörigen und Vertrauten, und schildern Sie möglichst konkret, wie Sie sich in Grenzsituationen des Lebens eine medizinische Behandlung vorstellen.

Da es keine festgelegte Form für diese Verfügung gibt, stellen wir Ihnen hier zu allen wichtigen Fragen Textbausteine zur Verfügung. Diese Vorgaben orientieren sich am Vorschlag des Bundesministeriums der Justiz und für Verbraucherschutz, die Sie aber ändern und ergänzen können.

An diesem roten Faden können Sie sich gut orientieren und Ihre eigene Patientenverfügung erstellen. Natürlich können Sie diese nur mit Ihrem heutigen Wissen verfassen. Es kann gut möglich sein, dass Sie die Verfügung später revidieren und neu schreiben.

Ob Sie Ihre Patientenverfügung handschriftlich auf einem Blatt Papier aufsetzen, auf dem Computer tippen, ausdrucken und unterschreiben oder auf einer Kopie die zutreffenden Textbausteine ankreuzen und die nicht zutreffenden durchstreichen, bleibt Ihnen überlassen. Unterschreiben sollten Sie das Dokument in jedem Fall. Eine handgeschriebene Verfügung wird vom Leser wahrscheinlich als besonders authentisch aufgefasst. Ist Ihre Handschrift schwer lesbar, ist der auf dem Computer getippte Ausdruck die bessere Variante.

Empfohlener Aufbau einer Patientenverfügung

Die eigentlichen und elementaren Bestandteile einer Patientenverfügung sind in Farbe notiert. Die Ergänzungen in normaler Schrift sind sinnvoll und können zum Verständnis beitragen. Beschreiben Sie möglichst konkret, in welchen Situationen die Patientenverfügung gelten soll.

- **Eingangsformel**
  Persönliche Angaben, Name, Geburtsdatum
- **Situationen, in denen die Patientenverfügung gelten soll**
  Nennen Sie nur Situationen, die mit einer Einwilligungsunfähigkeit einhergehen.
- **Festlegungen zu ärztlichen/pflegerischen Maßnahmen**
  Dies ist der zentrale Punkt der Patientenverfügung. Diese medizinisch oft nicht einfach zu begreifenden Maßnahmen sollten Sie mit einem Arzt oder Fachkundigen diskutieren. Sie sollten sich der Konsequenzen bewusst sein. Zwischen verstehen und spüren, was dies jeweils bedeutet, ist manchmal ein großer Schritt. Nehmen Sie sich die Freiheit, Ihre Patientenverfügung zu einem späteren Zeitpunkt noch einmal zu ändern, wenn Ihnen Bedenken kommen.
- Wünsche zu Ort und Sterbebegleitung
  Wenn es möglich ist, werden diese Wünsche beachtet.
- Kommunikation und Aufhebung der ärztlichen Schweigepflicht
  Nur mit einer Aufhebung der Schweigepflicht, auch gegenüber den Angehörigen, darf der Arzt Auskunft über den Gesundheitszustand geben. Durch das Notvertretungsrecht für Ehegatten, das für eine Dauer von sechs Monaten gilt, ist der Arzt gegenüber dem Ehepartner ab Januar 2023 in Gesundheitsdingen automatisch von der Schweigepflicht befreit, wenn kein entgegenstehender Wille des Ehepartners ersichtlich ist.
- Aussagen zur Verbindlichkeit und zum Widerruf
- Hinweise auf weitere Vorsorgeverfügungen
  Gibt es eine zusätzliche Vorsorgeverfügung, die Gesundheitsfragen betrifft?
- Hinweis auf beigefügte Erläuterungen zur Patientenverfügung
- Organspende
  Aussage über die Ablehnung oder Bereitschaft für eine Organspende
- **Schlussformel**
  Verzicht auf weitere ärztliche Aufklärung
- Schlussbemerkungen
  Bestätigung für die bewusste, freiwillige und eigenverantwortliche Entscheidung
- **Datum, Unterschrift**
- Aktualisierung(en), Datum, Unterschrift
- Anhang: Wertvorstellungen

Das Muster für eine Patientenverfügung ist im Formularteil abgedruckt.

Testament/Letztwillige Verfügung

Wie ist die gesetzliche Erbfolge geregelt, wenn kein Testament vorliegt? Der Gesetzgeber geht immer von einer intakten, traditionellen Familiensituation aus, deshalb bedarf es heute meist einer individuellen Abfassung des Testaments.

Scheidung, Patchworkfamilien, Lebenspartnerschaften und andere von der Norm abweichende Lebenssituationen erfordern eine Korrektur der gesetzlich vorgesehenen Verteilung des Erbes. Auch besondere Wünsche müssen in einer dafür rechtlich einwandfreien Weise dargelegt werden. Um dabei Rechtssicherheit sicherzustellen, ist bei der Erstellung die Hilfe eines Rechtsanwaltes oder Notars zu empfehlen.

Mit der Annahme eines Erbes ist die Rechtsnachfolge des Erblassers verbunden. Bevor ein Erbe angenommen wird, ist deshalb zu prüfen, ob damit Schulden und Verbindlichkeiten verbunden sind.

Wer was und wie viel bekommt

Der Tod kommt nie gelegen und allzu oft unerwartet. Die Mehrzahl der Deutschen beschäftigt sich zwar mit dem Thema Vorsorge, packt das Thema Tod aber nicht an. Neben der Vorsorgevollmacht und der Betreuungsverfügung, mit denen das Leben vor dem Tod geregelt wird, ist das Testament das zentrale Dokument, mit dem Sie verfügen, was nach Ihrem Tod passieren soll. Es geht dabei nicht nur um materielle Güter.

Wenn Sie kein Testament verfassen, dann entscheiden Sie sich automatisch – ob Sie wollen oder nicht – für die gesetzliche Erbfolge. Aber auch bei einer abweichenden testamentarischen Bestimmung erben Ihr Ehepartner und Ihre Kinder zumindest einen Pflichtteil.

Die Verfasser des Bürgerlichen Gesetzbuches (BGB), welches in mehreren Paragrafen die Aufteilung des Erbes regelt, wenn kein Testament oder Erbvertrag vorliegt, haben dabei eine intakte Familie vor Augen: einen Mann, eine Ehefrau und Kinder aus einer einzigen Ehe. Die Realität sieht heute anders aus. Partner ohne Trauschein, Scheidung, Patchworkfamilien, Kinder von mehreren Partnern und Kinder, die der Partner in die neue Lebensgemeinschaft mitgebracht hat; Konstellationen, die in der gesetzlichen Erbfolge so nicht vorgesehen sind.

Was haben Sie zu vererben?

Erstellen Sie eine Liste (siehe folgende Seite), was Sie zu vererben haben und ob es spezielle Wertsachen gibt, die Sie jemandem übereignen wollen.
Bedenken Sie aber, im Erbrecht geht es um Erbquoten und nicht um einzelne Gegenstände. Der Wert der Dinge und die Vermögenswerte werden in der Erbquote verrechnet.

Die gesetzlichen Erben

In einem Schema können Sie ermitteln, wer eigentlich Ihre gesetzlichen Erben sind. Der Gesetzgeber teilt Erbberechtigte in Ordnungen ein, die in dieser Reihenfolge und nach Vermögensquoten erbberechtigt sind. Ehepartner werden gesondert behandelt.

- Erben 1. Ordnung sind die Kinder des Erblassers, uneheliche Kinder, Adoptivkinder und deren Kinder, also Enkel, Urenkel.
- Erben 2. Ordnung sind die Eltern des Erblassers sowie die Geschwister und deren Nachkommen.
- Erben 3. Ordnung sind die Großeltern des Erblassers und deren Nachkommen, also die Geschwister der Eltern: Onkel und Tanten sowie deren Nachkommen: Cousin/s, Cousine/n.

Im Buch ausfüllen oder als Vorlage kopieren

Vermögen und Wertgegenstände   Schätzwert

Eigengenutzte Immobilie

Ferienwohnung

Weiterer Grundbesitz

Geldvermögen

Fonds, Aktiendepot

Wertgegenstände

Gold, Silber, Schmuck

Münzsammlung, Briefmarken

Kunst

Auto

Möbelstücke

Anderes

Anderes

Anderes

Anderes

Anderes

Anderes

Anderes

Gut fließt mit dem Blut

Grundregel I: Gibt es einen Erben in der 1. Ordnung, so kann ein möglicher Erbe aus der 2. Ordnung nicht mehr erben. Gibt es keinen Erben in der 1. und 2. Ordnung, dann erben die Erben aus der 3. Ordnung. Ein Erbe in der höheren Ordnung schließt also einen Erben im nächsten Rang aus. Juristen erwähnen oft den Merksatz: »Gut fließt mit dem Blut« – nach unten.

Beispiel: Der Erblasser ist nicht verheiratet und hat einen einzigen Sohn. Dann erbt dieser alles. Seine Eltern (2. Ordnung) erben nichts, da es einen Erben in der 1. Ordnung gibt. Wäre der Sohn bereits verstorben, dann würden sich die Enkelkinder des Erblassers aus der 1. Ordnung vor den Eltern (Erben 2. Ordnung) zu gleichen Teilen das Erbe aufteilen.

Grundregel II: Innerhalb einer Ordnung erben die jeweils nächsten Verwandten. Nachfolgende gehen leer aus.

Beispiel: Der Erblasser ist nicht verheiratet und hat keine Kinder. Es gibt also keinen Erbberechtigten in der 1. Ordnung. Seine Eltern sind die nächsten Verwandten aus der 2. Ordnung. Sie erben dann alles, seine Geschwister nichts.

In einem zweiten Fall hat der Erblasser keine Frau und keine Kinder, und seine Eltern sind tot. Er hat aber eine Schwester, die verstorben ist, aber zwei Kinder hinterlassen hat. Seine Schwester wäre die nächste Verwandte der 2. Ordnung, da sie aber tot ist, treten die Nichten und Neffen erbberechtigt als die nächsten Verwandten in der 2. Ordnung an ihre Stelle.

Grundregel III: Ist nur noch ein Verwandter aus der übergeordneten Ordnung am Leben, so schließt dieser alle möglichen Erben einer nachfolgenden, verwandtschaftlich ferneren Ordnung aus.

Die Grafik auf Seite 104 illustriert die erwähnten Grundregeln und demonstriert die Aufteilung in die verschiedenen Ordnungen.

Übersicht der gesetzlichen Erbfolge

Erblasser
↓
Erben 1. Ordnung: → Kinder → Enkel → Kindeskinder
↓
Erben 2. Ordnung: → Eltern → Geschwister → Neffen und Nichten → Kindeskinder
↓
Erben 3. Ordnung: → Großeltern → Onkel und Tanten → Cousins und Cousinen → Kindeskinder

104 TESTAMENT/LETZTWILLIGE VERFÜGUNG

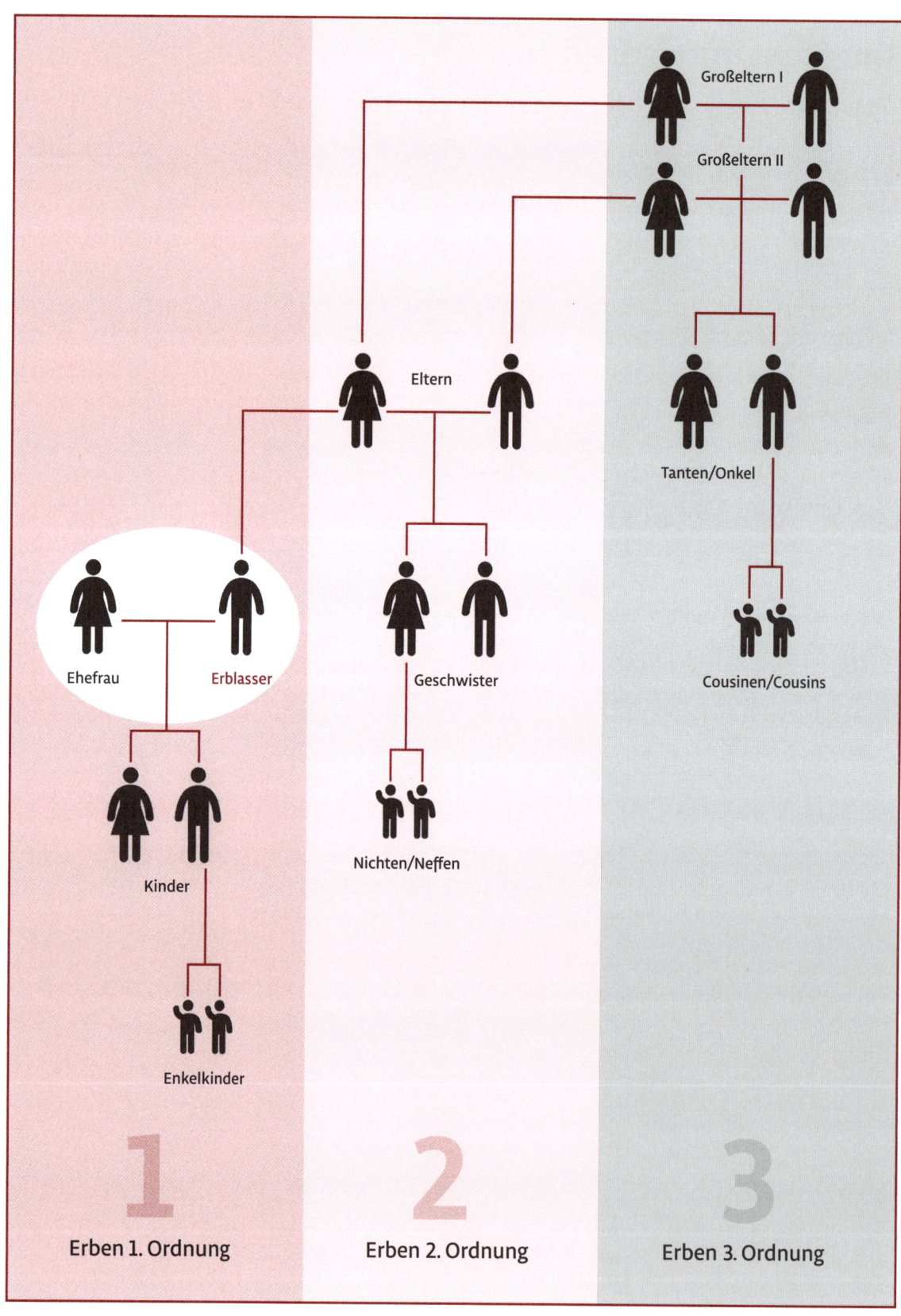

Schema zum Eintragen Ihrer persönlichen Erbfolge

Erben 1. Ordnung: Erblasser hat Kinder und Ehepartner.
→

....
Erblasser und Ehepartner

↓

Im Buch ausfüllen oder als Vorlage kopieren

....
Kinder plus Kinder aus früheren Beziehungen

↓

....
Enkelkinder, erbberechtigt, falls erbberechtigter Elternteil gestorben ist

↓

Erben 2. Ordnung sind neben dem Ehepartner erbberechtigt, falls Erblasser keine Kinder hat.

↓

....
Eltern des Erblassers

↓

....
Geschwister des Erblassers; sie sind nur erbberechtigt, falls Eltern und Ehepartner des Erblassers gestorben sind.

↓

....
Kinder der Geschwister; sie sind nur erbberechtigt, falls erbberechtigter Elternteil und Ehepartner des Erblassers gestorben sind.

↓

Erben 3. Ordnung sind erbberechtigt, falls kein Ehepartner, keine Kinder, Eltern, Geschwister, Nichten und Neffen des Erblassers vorhanden sind.

↓
→   →

....
Großeltern   Tanten und Onkel   Cousinen und Cousins

Beachten Sie: Der überlebende Ehepartner erbt alles, wenn es keine Erbberechtigten aus der 1. und 2. Ordnung gibt sowie die Großeltern (3. Ordnung) des Erblasser bereits verstorben sind.

Der Ehepartner

Ist der Erblasser verheiratet, so hat der Ehepartner eine Sonderrolle bei der Aufteilung der Erbschaft. Ehepartner und der/die Erbe(n) aus der gesetzlichen Erbfolge teilen sich das Erbe. Da es verschiedene Formen der Partnerschaft gibt, werden diese bei der Erbschaft unterschiedlich berücksichtigt:

- Grundsätzlich ist der überlebende Ehepartner oder gesetzliche Lebenspartner mit ¼ neben den eigenen Kindern, unehelichen Kindern des Partners, Kindern aus früheren Partnerschaften des Partners und Adoptivkindern aus der 1. Ordnung beteiligt, neben Erben aus der 2. Ordnung – wenn es keine Kinder gibt – zu ½.
- Der überlebende Ehepartner erbt alles, wenn es keine Erbberechtigten aus der 1. und 2. Ordnung gibt sowie die Großeltern (3. Ordnung) des Erblasser bereits verstorben sind.
- Der Ehepartner hat auch einen Anspruch auf alle zur Haushaltsführung gehörenden Gegenstände.

Voraussetzung für eine Erbberechtigung des Ehepartners ist natürlich, dass die Ehe noch besteht. Wenn die Scheidung bereits beantragt war, ist der Ehepartner nicht mehr erbberechtigt. Leben beide zum Zeitpunkt des Erbfalls im Trennungsjahr, ist die Scheidung noch nicht vollzogen und es besteht Anspruch auf das Erbe. Geschiedene frühere Lebenspartner sind nicht erbberechtigt.

Erbanteil des Ehepartners je nach Güterstand

Gesetzlicher Güterstand

Haben die Partner im gesetzlichen Güterstand, der sogenannten Zugewinngemeinschaft, gelebt, so erhöht sich der Erbteil um ¼, als pauschaler Ausgleich für den Zugewinn.

Gibt es Kinder in der 1. Ordnung, erbt der Ehepartner also ¼ plus ¼ gleich ½. Gibt es keine weiteren Erben in der 1. Ordnung, sondern nur die Eltern in der 2. Ordnung, so bekommt der Ehepartner ½ plus ¼ gleich ¾. Onkel und Tanten und deren Kinder sind in der Zugewinngemeinschaft vom Erbe ausgeschlossen, wenn ein erbberechtigter Lebenspartner vorhanden ist. Der überlebende Ehepartner bekommt also das ganze Vermögen, wenn keine Kinder und auch keine Eltern des Erblassers vorhanden sind.

Gütergemeinschaft

Im Falle der Gütergemeinschaft steht dem überlebenden Partner zunächst die Hälfte des Gesamtguts aus der Gütergemeinschaft zu. Zur Aufteilung kommt dann die andere Hälfte. Von dieser Hälfte bekommt er ¼, falls es Kinder gibt, das sind in der Summe ⅝ des gesamten Vermögens. Wenn es nur Erben der 2. Ordnung gibt, bekommt er die Hälfte, also in der Summe auf das ganze Vermögen gesehen, ¾.

Gütertrennung

Bei einer Gütertrennung erbt der überlebende Partner vom Nachlass des Partners neben einem oder zwei Kindern zu gleichen Teilen, bei einem Kind also ½ und bei zwei Kindern ⅓. Bei mehreren Kindern bleibt es immer bei mindestens ¼.

Die verschiedenen Güterstände in der Ehe

Zugewinngemeinschaft: Wenn nichts anderes vereinbart wurde, dann leben Ehepaare automatisch im Güterstand der Zugewinngemeinschaft. Alles, was jeweils im Besitz der beiden Partner vor der Eheschließung war, bleibt auch nach der Eheschließung im Vermögen jedes Einzelnen. Auch nach der Eheschließung haben die beiden Partner ihr eigenes Vermögen und haften nicht für Schulden des anderen. Allerdings kann der Einzelne über sein Vermögen nur mit gewissen Einschränkungen verfügen. Er braucht die Einwilligung des Partners, wenn er beispielsweise sein Vermögen als Ganzes verschenken will oder gemeinsames Mobiliar verkaufen möchte. Im Falle einer Scheidung wird der Zugewinn, der in der Ehezeit entstanden ist, hälftig aufgeteilt. Schenkungen und Erbschaften zählen nicht zum Zugewinn.

Wird bei der Eheschließung ein Ehevertrag aufgesetzt, dann gibt es hier die Unterscheidung der Gütergemeinschaft und der Gütertrennung.

Gütergemeinschaft: Bei der Gütergemeinschaft wird das Vermögen der beiden Partner zum gemeinschaftlichen Vermögen beider, also zum Gesamtgut. Zum Gesamtgut gehört auch das Vermögen, das die beiden Partner während der Gütergemeinschaft erwerben. Da hier immer beide Partner haften, wird diese Rechtsform selten gewählt. Auch beim vorbehaltlosen Übergang der einzelnen Vermögen zum gemeinsamen Vermögen kann bei großen Vermögensunterschieden Schenkungssteuer anfallen.

Gütertrennung: Mit einem Ehevertrag können die Partner eine Gütertrennung vereinbaren. Die Vermögen bleiben dann für beide getrennt. Die Ehepartner verwalten dieses jeweils unabhängig und können allein darüber verfügen. Ein Ausgleich des Zugewinns erfolgt nicht, wenn die Gemeinschaft aufgelöst wird. Wohl können dann aber gemeinsam erworbene Gegenstände wie Mobiliar oder ein Auto aufgeteilt werden.

Wenn der Lebenspartner stirbt, bekommt der überlebende Partner			
	Nebenerben 1. Ordnung (Kinder)	Keine Kinder Nebenerben 2. Ordnung (Eltern, Geschwister)	Keine Erben 1. und 2. Ordnung Nebenerben 3. Ordnung (Großeltern)
Zugewinngemeinschaft	die Hälfte	drei Viertel	drei Viertel, bei Tod der Großeltern alles
Gütertrennung	die Hälfte: ein Kind ein Drittel: zwei Kinder ein Viertel: drei und mehr Kinder	die Hälfte	die Hälfte, bei Tod der Großeltern alles
Gütergemeinschaft Nachlass ist die Hälfte des Gesamtgutes	ein Viertel	die Hälfte	die Hälfte, bei Tod der Großeltern alles

Erben kann kompliziert sein

Vom Gesetz wird geregelt, wer welchen Anteil vom Nachlass bekommt. Ohne ergänzende Hinweise des Erblassers kann das aber trotzdem kompliziert werden. Oft gehört zum Erbe eine Immobilie, die dann aufgeteilt werden oder ausbezahlt werden muss. Der eine will verkaufen, der Nächste will vermieten und der andere möchte das Haus oder die Wohnung selbst nützen. Hier spielen oft Emotionen eine Rolle. Wer bekommt die Bilder – welchen Wert haben diese überhaupt? –, wer die Möbel und wer den Schmuck? Und da ein Gegenstand nicht geteilt werden kann, kann es leicht zum Streit kommen.

Nur ein Testament mit klaren Anweisungen kann hier helfen, den Frieden zu erhalten. Es ist allerdings nicht ungewöhnlich, dass manches Testament wie eine böse Botschaft aus dem Jenseits genau diesen Streit provozieren soll. Hier heißt es für die Erben, einen kühlen Kopf zu bewahren.

Womit man auch als Erbe rechnen muss

Bei manchem selbst verfassten Testament könnte man denken, es sei eine späte Rache. Da wird ein Alleinerbe bestimmt, und die anderen erbberechtigten Familienmitglieder bleiben außen vor. Natürlich kann der Erblasser selbst bestimmen, wer sein Erbe sein soll, dennoch ist das oft nicht ganz gerecht.

Der Witz »Reden Sie noch miteinander oder haben Sie schon geerbt?« ist leider häufig Realität. Vorwitzige, konkurrenzbetonte Familienmitglieder mit Talent in Psychostrategien schaffen es immer wieder, ein Elternteil auf ihre Seite zu ziehen und beim Spiel »Wer bekommt das größte Stück vom Kuchen?« als Sieger zu brillieren. Um obendrein dann mit Unschuldsmiene kundzutun, von diesem plötzlich auftauchenden und sie begünstigenden Testament habe man auch nichts gewusst. Das sei schon der selbstständige und unabhängige Willen des Vaters oder der Mutter gewesen. Jeder hat solche Geschichten in vielen Variationen schon gehört oder erlebt. Von einer freiwilligen gerechten Neuverteilung des Erbes jenseits der Testamentsverfügung wollen die meisten »überraschten« Alleinerben aber nichts wissen.

Der Pflichtteil

Die Verfasser des BGB scheinen diese Spielchen gekannt zu haben. Sie haben deshalb verfügt, dass dem überlebenden Ehepartner sowie den Kindern und Kindeskindern des Erblassers und bei kinderlosen Erblassern den Eltern zumindest der sogenannte Pflichtteil zusteht.
Die Pflichtteilsberechtigten haben gegen den testamentarisch eingesetzten Erben einen Anspruch auf Geldzahlung in Höhe der Pflichtteilsquote. Der Pflichtteil ist immer halb so groß wie der gesetzliche Erbteil.
Zwei Geschwister würden sich nach dem Tod des letzten Elternteils das Erbe hälftig aufteilen. Wird ein Geschwisterteil zum Alleinerben eingesetzt, so kann das andere, enterbte Geschwister wenigstens ein Viertel für sich beanspruchen und die Geldsumme einklagen. Sachwerte können nicht gefordert werden. Dass die beiden Geschwister sich hinterher nicht mehr so viel zu sagen haben, ist auch verständlich. Stiefkinder in einer Patchworkfamilie haben keinen Anspruch auf einen Pflichtteil.

Testament offen und transparent besprechen

Nur Transparenz und ein rechtzeitiges offenes Gespräch können helfen, eine missliche Situation zu vermeiden. Wenn jeder zu Lebzeiten des Erblassers über die Verfügungen im Testament weiß und auch die Verteilung kennt, mag das zu Diskussionen führen, aber letztlich auch Frieden schaffen. Es gibt schließlich manchmal auch gute Gründe für eine ungleiche Verteilung, wenn beispielsweise die Nachfolge in einem Unternehmen gesichert werden muss oder wenn ein Familienmitglied vor dem Erbfall bereits eine Schenkung für den geplanten Hausbau bekommen hat und deshalb nicht mehr zu gleichen Teilen erben soll.

Bei schwierigen Erbsituationen mit vielen Erben und somit einer Erbengemeinschaft ist es zusätzlich für den Erblasser bedenkenswert, einen Moderator einzusetzen, wenn er Streit vermeiden will. Viele Erben mit unterschiedlichen Interessen werden sich beim Vollzug des Testamentes selten auf die notwendigen einstimmigen Entscheidungen verständigen können.

»Woran erkennt man das Haus einer Erbengemeinschaft? An der bröckelnden Fassade.« Dieser Witz beschreibt die Situation einer zerstrittenen Erbengemeinschaft, die ein Haus geerbt hat und alle Maßnahmen einstimmig beschließen muss. Es gibt aber auch etliche Beispiele, wo mehrere Erben wunderbar harmonieren.

> **Nur bei Erbunwürdigkeit kann der Pflichtteil entfallen.**
>
> Nur bei schwerwiegenden Gründen wie diesen, die natürlich auch nachgewiesen werden müssen, ist das gerechtfertigt, wie beispielsweise:
>
> - Wer versucht, den Erblasser vorsätzlich zu töten.
> - Wer den Erblasser vorsätzlich daran hindert, ein Testament zu verfassen oder ein vorliegendes aufzuheben.
> - Wer den Erblasser arglistig täuscht oder ihm droht, ein Testament in seinem Sinn zu verfassen oder aufzuheben.
> - Wer gegenüber dem Erblasser Urkunden fälscht oder unterdrückt.
>
> Es müssen also schon triftige Gründe sein, wenn der Erblasser einem Pflichtteilsberechtigten seinen Pflichtteil vorenthalten möchte. Die Verfehlungen müssen offenkundig und nachgewiesen sein. Das Erbe muss nach dem Erbfall angefochten werden.
>
> Ohne Begründung kann ein pflichtteilsberechtigter Erbe nicht übergangen werden. Diesen Anspruch auf den Pflichtteil muss dieser aber innerhalb von drei Jahren nach Kenntnis des Erbfalles einfordern.

Pflichtteil und Pflichtteilergänzungsanspruch

Zusätzlich zum Pflichtteil kann der Berechtigte den Ergänzungsanspruch geltend machen. Hat der Erblasser vor seinem Tod einen Teil oder sein ganzes Vermögen freigiebig und ohne entsprechende reale Gegenleistung verschenkt, um vielleicht den Anteil für den Pflichtteil zu reduzieren, so zählt diese Schenkung dennoch ganz oder in Teilen zur Erbmasse dazu.

Abschmelzen der Schenkung

Liegt die Schenkung ein Jahr zurück, so werden zehn Prozent abgezogen und für jedes weitere Jahr weitere zehn Prozent. Liegt die Schenkung zehn Jahre oder mehr zurück, dann kann diese Summe nicht mehr der Erbmasse zugeschlagen werden, und der Pflichtteilsergänzungsanspruch erlischt.

Schenkung an Ehepartner und Nießbrauchrecht bei einer Immobilie

Eingeschränkt ist dieses jährliche Abschmelzen, wenn die Schenkung an die Ehefrau erfolgte oder mit einem weiteren Nießbrauch verbunden ist und der Ertrag ihm weiter zugutekommt. Oder wenn der Schenkende das Geschenk weiter selbst nutzte oder ein vollumfängliches Nießbrauchrecht hatte. Dies ist beispielsweise bei einer Immobilie der Fall, die sich der schenkende Erblasser zum Nießbrauch vorbehalten hatte.

Vererben in der Patchworkfamilie

Ist für nur einmal verheiratete Ehepaare ein Testament eine sinnvolle Sache, so gilt dies umso mehr für eine Patchworkfamilie.

In einer Patchworkfamilie ergibt sich bei einer gesetzlichen Erbfolge folgende Situation: Gibt es kein Testament und sind die Partner nicht verheiratet, erben beim Tod eines Partners nur dessen leibliche Kinder. Das können einseitig nur seine Kinder oder aber auch, wenn vorhanden, die gemeinsamen Kinder sein.

Wenn die Partner im gesetzlichen Güterstand der Zugewinngemeinschaft verheiratet waren, erbt der überlebende Partner die Hälfte und seine leiblichen Kinder die andere Hälfte. Die Kinder des Partners, die Stiefkinder, sind nicht pflichtteilsberechtigt und gehen leer aus. Stiefkinder sind nicht gesetzlich erbberechtigt, aber steuerrechtlich eigenen Kindern gleichgestellt.

Beispiel für die Erbfolge in einer Patchworkfamilie

In einer Familie leben die Ehepartner in Zugewinngemeinschaft mit je einem eigenen leiblichen Kind, aber ohne gemeinsame Kinder zusammen.

1. Fall: Der (Stief-)Vater stirbt zuerst

Besitzt der (Stief-)Vater ein Haus, so erbt bei seinem Tod der überlebende Ehepartner 50 Prozent von Haus und Vermögen und der leibliche Sohn des Vaters ebenfalls 50 Prozent von Haus und Vermögen. Stirbt später die (Stief-)Mutter, erbt deren leibliche Tochter das gesamte Vermögen ihrer Mutter. Dazu gehört dann auch die geerbte Haushälfte, die ursprünglich dem Stiefvater gehörte. Das Kind des Vaters erhält beim Tod der Stiefmutter nichts, da es mit der Stiefmutter nicht verwandt ist.

2. Fall: Die (Stief-)Mutter stirbt zuerst

Wäre aber zuerst die (Stief-)Mutter gestorben, hätte das Kind des Vaters das gesamte Haus des Vaters bei dessen Tod allein geerbt sowie die Hälfte des Vermögens der Stiefmutter, die bei deren Tod ja der Ehepartner bekommen hätte.

Die Höhe des zu erbenden Vermögens ist also davon abhängig davon, welcher Elternteil zuerst verstirbt. Die Kinder des länger Lebenden in der Patchworkfamilie sind bei einer gesetzlichen Erbfolge im Vorteil. Mit einem Testament lässt sich diese Situation ausgleichen. Stiefkinder können dann wie leibliche Kinder erben und haben den gleichen Steuerfreibetrag wie leibliche Kinder.

1. Fall: (Stief-)Vater/Ehemann stirbt zuerst, anschließend (Stief-)Mutter

(Stief-)Vater/Ehemann
+ leiblicher Sohn

(Stief-)Mutter/Ehefrau
+ leibliche Tochter

(Stief-)Vater/Ehemann besitzt
Haus + Geld/Vermögen

(Stief-)Mutter besitzt
Geld/Vermögen

Sohn erbt ½ Haus und
½ Vermögen des Vaters

Tochter erbt ½ Haus, ½ Vermögen des
Stiefvaters, Vermögen der Mutter

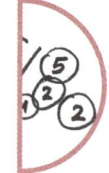

2. Fall: (Stief-)Mutter/Ehefrau stirbt zuerst, anschließend (Stief-)Vater

Sohn erbt ganzes Haus,
Vermögen des Vaters,
½ Vermögen der Stiefmutter

Tochter erbt
½ Vermögen der Mutter

Der Staat erbt mit: die Erbschaftssteuer

Auf eine Erbschaft fällt Erbschaftssteuer an. Regelmäßig wird über eine Neugestaltung diskutiert, eine Einigung dazu ist aber nicht in Sicht. Bei Verwandten gibt es großzügige Freibeträge, und erst wenn diese überschritten werden, erhebt das Finanzamt eine Steuer.

Die Freibeträge sind abhängig vom Verwandtschaftsgrad. So können Sie als Erblasser abweichend von der gesetzlichen Erbfolge und unter Beachtung der Pflichtanteile Ihren nicht verheirateten Lebenspartner als Erben einsetzen. Er wird aber nicht so viel Freude daran haben, da er lediglich eine Freigrenze von 20 000 Euro hat und mit der Erbschaftssteuerklasse III den die Freigrenze übersteigenden Betrag versteuern muss. Bei einer Schenkung zu Lebzeiten des Erblassers gelten die gleichen Steuerbelastungen.

Übersteigt das zu vererbende Vermögen die Freigrenze, so kann der Erblasser alle zehn Jahre eine Schenkung gewähren und durch diese Gestaltungsvariante mögliche Erbschaftssteuern vermeiden. Tritt der Erbfall vor einem Ablauf der zehn Jahre ein, wird die Schenkung mit dem Erbe zusammengezählt, und es fallen jenseits der Freigrenzen Erbschaftssteuern an.

Die Freigrenze der Schenkung entspricht auch den Freigrenzen bei der Erbschaft. Der Erblasser kann so seinen Kindern oder Adoptivkindern eine Wohnung oder ein Grundstück im Wert von 400 000 Euro schenken, und bei einem Erbfall haben diese Kinder weiter eine Freigrenze von 400 000 Euro. Theoretisch vererben sich so 800 000 Euro, ohne Steuern zu bezahlen. Wenn bei zwei Kindern aber nur ein Kind eine Schenkung bekommt, könnte das andere Kind bei einem Erbfall innerhalb von zehn Jahren den Pflichtergänzungsanteil zusätzlich zum Pflichtteil einfordern. Deshalb sollten Schenkungen so wie das ganze Testament bei mehreren gleichberechtigten Erben transparent besprochen und gestaltet werden.

Verwandtschaftsgrad	Freibetrag
Ehegatten, eingetragene Lebenspartner	500 000 Euro
Kinder, Stiefkinder aus Patchworkpartnerschaft	400 000 Euro
Enkel	200 000 Euro
Eltern, Großeltern	100 000 Euro
alle anderen Erben	20 000 Euro

Erben werden in drei Steuerklassen eingeteilt

Steuerklasse I: Ehegatten, Kinder, Adoptivkinder, Stiefkinder, Enkel, Urenkel, Eltern, Großeltern
Steuerklasse II: Geschwister, Neffen, Nichten, Stiefeltern, Schwiegerkinder, Schwiegereltern, geschiedene Ehegatten
Steuerklasse III: alle weiteren Erben

Aus diesen Steuerklassen ergeben sich unterschiedlich gestaffelte Erbschaftssteuersätze für die die Freibeträge überschreitenden Summen:

Zu versteuernde Erbschaft oder Schenkung nach Abzug der Freibeträge			
€	Steuerklasse I	Steuerklasse II	Steuerklasse III
bis 75 000	7 Prozent	15 Prozent	30 Prozent
bis 300 000	11 Prozent	20 Prozent	30 Prozent
bis 600 000	15 Prozent	25 Prozent	30 Prozent
bis 6 000 000	19 Prozent	30 Prozent	30 Prozent
bis 13 000 000	23 Prozent	35 Prozent	50 Prozent
bis 26 000 000	27 Prozent	40 Prozent	50 Prozent
über 26 000 000	30 Prozent	43 Prozent	50 Prozent

Immobilien steuerfrei erben

Eine Ausnahme gibt es beim Erben von Immobilien. Der verwitwete Partner kann ohne Bedingungen steuerfrei in der selbst bewohnten Immobilie bleiben. Die einzige Auflage ist, dass er auch die nächsten zehn Jahre dort seinen Lebensmittelpunkt hat. Bei einem vorzeitigen Verkauf wird Erbschaftssteuer fällig.

Auch Kinder erben eine Immobilie der Eltern steuerfrei, wenn diese nicht mehr als 200 Quadratmeter Wohnfläche hat und sie für mindestens zehn Jahre dort wohnen wollen. Alle anderen Verwandten müssen eine Immobilie nach ihrer Erbschaftssteuerklasse und nach Abzug ihres Freibetrags nach verschiedenen Preisermittlungsverfahren etwa in der Höhe des Verkehrswerts versteuern.

> ### Checkliste für das Testament
> - Welche Erben wollen Sie bedenken?
> - Wer sind Ihre gesetzlichen Erben und welchen gesetzlichen Pflichtanteil haben diese?
> - Fällt für Ihre gesetzlichen Erben Erbschaftssteuer an?
> - Wollen Sie Erben außerhalb der gesetzlichen Erben berücksichtigen? Welche Erbschaftssteuer fällt dabei an?
> - Entsteht beim Erbe der gesetzlichen Erben eine Erbengemeinschaft, beispielsweise für eine Immobilie? Ist eine moderierende Person sinnvoll?
> - Wollen Sie oder haben Sie bereits vorab eine Schenkung in Betracht gezogen, um Erbschaftssteuer zu vermeiden? Dabei den Pflichtteilsergänzungsanspruch bedenken!

Welche Situation trifft auf Sie zu?

Fallgeschichte I: Ein Paar, verheiratet in Zugewinngemeinschaft ohne Ehevertrag, hat zwei minderjährige Kinder.

Wenn der eine Ehepartner stirbt, erbt der andere die eine Hälfte. Die andere Hälfte erben die Kinder zu je ¼. Da die Kinder minderjährig sind, ist der überlebende Lebenspartner gesetzlicher Vertreter für die Kinder, die aus der Partnerschaft hervorgegangen sind, und kann aber nur beschränkt über das Vermögen der Kinder verfügen, beispielsweise beim Verkauf einer Immobilie aus der Erbmasse.

Gibt es noch ein weiteres Kind, auch aus einer früheren Beziehung des Erblassers, teilen sich die Kinder zusammen die Hälfte. Bei drei erbberechtigten Kindern sind das je ⅙.

Eine Fallvariante ist es, wenn keine Kinder vorhanden sind. Dann erben der Ehepartner ¾ und die Eltern ¼ oder, falls diese verstorben sind, die Geschwister des Erblassers ¼.

➲ Wollen sich die Ehepartner zum Alleinerben einsetzen, müssen sie ein Testament verfassen. Da die Erben miteinander verwandt sind, haben sie hohe Freibeträge und günstige Sätze für die Erbschaftssteuer. Die Kinder sind aber pflichtteilsberechtigt.

Fallgeschichte II: Ein Paar lebt ohne Trauschein zusammen und jeder Partner bringt ein Kind aus einer früheren Beziehung in die Patchworkfamilie mit.

Stirbt einer der Partner, ist jeweils das eigene Kind Alleinerbe. Der Lebenspartner geht leer aus.
➲ Die Partner können sich in einem Testament zu Erben einsetzen. Das leibliche Kind hat einen Anspruch auf den Pflichtteil von ½ der Erbmasse. Allerdings beträgt der Freibetrag für den Partner dann nur 20 000 Euro, und für darüber hinausgehende Beträge sind hohe Erbschaftssteuern zu bezahlen. Die Partner müssen überlegen, ob eine Ehe nicht doch eine Option ist und wie sie die Kinder fair und gleich behandeln können.

Fallgeschichte III: Ein Alleinstehender ohne Kinder hat noch eine Mutter und eine Schwester, die verheiratet ist, mit der er aber zerstritten ist.

Wenn er stirbt, erben seine Mutter und seine Schwester je die Hälfte. Erben der 1. Ordnung sind nicht vorhanden, der Vater ist verstorben, weshalb seine Schwester mit einer Hälfte erbberechtigt ist.
➲ Der Erblasser muss ein Testament verfassen, wenn er nicht will, dass seine Schwester erbt. Er kann seine Mutter zur Alleinerbin einsetzen. Ein Pflichtteilsanspruch ist nur bei Ehepartnern, Erben der 1. Ordnung sowie den Eltern bei kinderlosen Erblassern gegeben.

Wenn seine Mutter stirbt, wird seine ungeliebte Schwester dennoch erben. Vielleicht ist ein Versöhnungsgespräch sinnvoll oder der Erblasser sucht einen anderen Erben, einen gemeinnützigen Verein oder eine Stiftung.

Auch die Adoption eines hoffnungsvollen Kindes ist eine Lösung. Dieses Kind wäre dann Erbe 1. Ordnung und vor Mutter und Schwester erbberechtigt. Dies aus der einzigen Motivation heraus zu tun, um Mutter und Schwester zu enterben, ist allerdings kein guter Start für eine an sich gute Sache.

> **Was kann man in einem Testament regeln?**
>
> Es geht im Testament zunächst darum, wie die Vermögenswerte nach dem Tod des Erblassers verteilt werden sollen. Grundsätzlich kann das frei bestimmt werden, allerdings haben der Ehepartner, die Erben 1. Ordnung und die Eltern des Erblassers, wenn der Erblasser kinderlos ist, Anspruch auf den Pflichtteil, der die Hälfte des gesetzlichen Anspruches ausmacht. Setzt der Erblasser den Katzenverein zu seinem Alleinerben ein und enterbt den einzigen Sohn als gesetzlichen Alleinerben, so hat der Sohn keinen Anspruch mehr auf das ganze Erbe, kann aber vom Katzenverein als Pflichtteil die Hälfte des Erbes in einer Geldsumme einfordern.
>
> Sie können ...
> - abweichend von der gesetzlichen Erbfolge Personen wie Freunde, Geliebte oder Enkelkinder bedenken, aber auch Institutionen, Stiftungen, Vereine, Organisationen als Erben einsetzen.
> - eine Verfügung für einen Vermögensfond oder ein Vermächtnis einrichten, der die Finanzierung eines Projektes sicherstellt, die Zuwendungen an Personen anweist oder eine Person begünstigt mit der Maßgabe, beispielsweise die Versorgung von Haustieren zu übernehmen. In der Sache ist das keine Erbschaft, sondern ein Anspruch gegenüber den Erben.
> - jemanden vom Erbe ausschließen, beziehungsweise auf den Pflichtteil zurücksetzen.
> - einen Ersatzerben bestimmen, falls der vorgesehene Erbe vorher stirbt.
> - Vor-, Nach- oder Schlusserben mit und ohne Einschränkungen bestimmen, die dann zeitlich nacheinander Erben Ihres Vermögens werden.
> - bei einem gemeinsamen Testament einen Alleinerben und Schlusserben einsetzen.
> - bei mehreren Erben genau bestimmen, wie der Nachlass aufgeteilt wird. Deutlich erkennbar die Gegenstände und Sachwerte dem einzelnen Erben zuteilen!
> - bei komplizierten Erbverhältnissen eine moderierende Person vorschlagen.
> - die Teilung des Nachlasses aussetzen, um beispielsweise den Erhalt eines Familienbetriebes zu sichern.

Fallgeschichte IV: Das ältere Paar hat sich gegenseitig zum Alleinerben eingesetzt. Beim Ableben des einen Partners haben die fünf Kinder auf den Pflichtteil verzichtet. Der überlebende Partner will seinen Nachlass ordnen.

Wenn der Erblasser verstirbt, sind seine Kinder zu gleichen Teilen Erben. Ist eines der Geschwister zum Erbfall bereits verstorben, erben dessen Kinder, die Enkel des Erblassers, seinen Anteil. Bei fünf erbberechtigten Geschwistern ist das ⅕. Sind die Enkel minderjährig, werden sie von der Schwiegertochter oder dem Schwiegersohn vertreten.

➲ Der Erblasser sollte sein Testament mit den Erbberechtigten und den gesetzlichen Vertretern der minderjährigen Erbberechtigten besprechen und eine gemeinsame, transparente Lösung vereinbaren. Bei einer schwierigen Erbengemeinschaft ist eventuell ein Testamentsvollstrecker eine gute Idee.

Ist der Erblasser sehr vermögend, kann er auch einen Teil des Erbes bereits als Schenkung zu gleichen Teilen vorab vergeben, um die Freibeträge auszunützen.

Form und Gestaltung des Testamentes

Jeder kann selbstständig ein Testament verfassen, aber er muss es von der ersten bis zur letzten Seite handschriftlich tun. Es muss mit Ort und Datum unterschrieben werden und mit »Testament« oder »Mein Letzter Wille« im Titel gekennzeichnet sein. Der Verfasser muss über 18 Jahre alt und zum Zeitpunkt der Abfassung testierfähig sein. Das Testament selbst muss eindeutig sein und sollte nicht vielfältig interpretiert werden können.

Ein am Computer verfasstes, ausgedrucktes und unterschriebenes Testament ist also ungültig! Ein selbst verfasstes Testament muss auch gefunden werden. Eine öffentliche Registrierung beim Amtsgericht und im Zentralen Vorsorgeregister ist deshalb sicherlich sinnvoll, da es im Todesfall sonst unberücksichtigt bleibt.

> **Testierfähigkeit**
>
> Jeder Mensch ist grundsätzlich testierfähig, wenn er nicht dement ist, an einer Psychose oder Bewusstseinsstörung leidet. Wenn es hier Zweifel gibt, kann ein psychiatrisches Gutachten beim Facharzt Sicherheit bringen. Denn es ist ein Irrtum, dass ein Notar oder Rechtsanwalt eine Testierfähigkeit positiv bestätigen kann, auch wenn im Testament des beurkundenden Notars vermerkt ist, dass er sich von der Testierfähigkeit überzeugt hat. Liegt eine gesundheitliche Störung vor, kann das Testament dennoch angefochten werden.

Sensibel zu behandeln ist, wenn Personen im Testament begünstigt werden, zu denen der Erblasser in einem Abhängigkeitsverhältnis stand. Zwischen Testierfähigkeit und Beeinflussbarkeit ist ein weiter Spannungsbogen. So können vorsorglich Beschäftigte in einem Pflegeheim von den Bewohnern nicht bedacht werden.

Ehegatten können ein gemeinsames Testament niederschreiben. Das kann so erfolgen, dass ein Ehepartner das gemeinsame Testament handschriftlich abfasst und unterschreibt. Der Ehepartner setzt dann seine Unterschrift mit Ort und Datum dazu.

Diese gemeinsame Verfügung kann allerdings nur zu Lebzeiten unter Mitwirkung des anderen Ehepartners widerrufen und geändert werden. Das Testament hat dann über den Tod des einen Ehepartners für den überlebenden Ehepartner auch bei Änderung der Lebensumstände bindende Kraft.

Das öffentliche oder notarielle Testament wird mündlich gegenüber einem Notar erklärt oder schriftlich verfasst und dem Notar übergeben. Ein Notar berät bei der Abfassung des Testamentes und weist auf mögliche Probleme hin. Er überzeugt sich augenscheinlich von der Testierfähigkeit und hinterfragt, ob es rechtlich bindende Einschränkungen wie ein früheres gemeinsames Testament gibt.

Das notarielle Testament wird amtlich verwahrt und nach dem Tod des Erblassers eröffnet. Ein notarielles Testament ist gebührenpflichtig. Der Preis richtet sich nach dem Wert des Vermögens. Für die amtliche Verwahrung werden einmalig 75 Euro fällig, und die Registrierung im Zentralen Testamentsregister kostet zusätzlich mindestens 15 Euro. Oft lohnen sich die Ausgaben, da ein unklares und widersprüchliches Testament eventuell anders ausgelegt wird. Diese Gefahren sind bei einem notariellen Testament weniger gegeben. Auch kann ein notarielles Testament den Erbschein ersetzen, der bei einem fehlenden notariellen Testament nach dem Erbfall nötig ist, um ein Konto und Wertpapierdepot zu übernehmen oder sich in das Grundbuch für die geerbte Immobilie eintragen zu lassen. Die Kosten für den Erbschein können doppelt so hoch sein wie die Gebühren für ein notarielles Einzeltestament.

Das kostet ein Testament beim Notar

Übersicht für die Notarkosten zuzüglich 19 % Mehrwertsteuer für ein notarielles Testament. Hinzu kommen Auslagen wie Schreibgebühren, Telefon und Porto.

Geschäftswert in €	Einzeltestament in €	Kosten für gemeinschaftliches Testament/Erbvertrag in € + Mwst. oder Kosten für den Erbschein beim Amtsgericht, aber ohne Mwst.
10 000	75	150
25 000	115	230
50 000	165	330
100 000	270	540
200 000	435	870
500 000	935	1870

> **Erbschein**
>
> Zum Nachweis des Erbrechts ist ein Erbschein nötig, um beispielsweise einen Grundbucheintrag für ein geerbtes Grundstück oder eine Immobilie vornehmen zu lassen oder um vom Konto des Erblassers Geld abzuheben, wenn dem Erben keine Bankvollmacht für das Konto vorliegt. Diese Bankvollmacht sollte immer zusätzlich zur Vorsorgevollmacht bei der Bank vereinbart werden.
>
> Der Erbschein ist beim Nachlassgericht des Amtsgerichts zu beantragen. Je nach Höhe des Nachlasses ist dafür eine Gebühr zu entrichten (siehe Tabelle links). Eine Mehrwertsteuer fällt beim Erbschein nicht an.
>
> Liegt ein notarielles Testament vor, ist ein Erbschein oft nicht mehr nötig.

Ein **Erbvertrag** ist eine Sonderform und kann, anders als ein Testament, zu Lebzeiten nicht mehr widerrufen werden. Es ist ein bindender Vertrag für ein Erbrecht zwischen dem Erblasser und dem Erben. So kann der Vater beispielsweise bereits frühzeitig den Sohn für die Erbfolge des Familienbetriebs einbinden. Der Erblasser kann dennoch weiter uneingeschränkt über sein Vermögen bestimmen, kann aber keine Schenkungen vornehmen. Bei einem zweiseitigen Erbvertrag können sich z. B. zwei Ehepartner gegenseitig zum Erben einsetzen und auch den Schlusserben bestimmen. Ein Erbvertrag muss bei einem Notar abgeschlossen werden, und die Vertragspartner müssen anwesend sein.

Testament selbst machen oder zum Notar gehen?

Es gibt beim Testament keine Verpflichtung, zum Notar zu gehen. Letztlich hängt die Entscheidung für ein eigenhändiges Testament oder das Testament vom Notar von Ihrer persönlichen Situation ab.

Das selbst erstellte Testament

Natürlich können Sie Ihr Testament selbst verfassen, handschriftlich und unterschrieben mit Ort und Datum. Sie besprechen das mit Ihren Erben, die den Hinterlegungsort kennen – vielleicht Ihre Notfallmappe. Wenn Sie sichergehen wollen, geben Sie Ihren Letzten Willen beim Amtsgericht zur Aufbewahrung ab. So ist das Testament auch vor Unterschlagung und Fälschung sicher. Unabhängig von der Vermögenssumme kostet dies einmalig 75 Euro.

- Sie sind Ihr eigener Herr und können ohne Aufwand auch jederzeit Ihr Testament ändern oder neu aufsetzen.
- Es fallen keine Kosten an, bis auf die fakultativen einmaligen Gebühren für eine Hinterlegung beim Amtsgericht/Nachlassgericht.

- Bei einer einfachen Vermögenssituation und klarer Erbfolge ohne besondere Vermächtnisse ist das eine gute Lösung.
- Sie sind jung und bei guter Gesundheit und wollen dennoch ein Testament erstellen? Für ein notarielles Testament haben Sie noch Zeit im Leben, aber bei einem unerwarteten Ableben ist Ihr Letzter Wille dokumentiert.

Das notarielle Testament

Der Gang zum Notar ist teuer, aber so bekommen Sie mit hoher Sicherheit ein klares, umsetzbares Testament. Sie werden beraten und können die Konsequenzen Ihres Testamentes abschätzen. Sie bekommen gute Vorschläge, wie Sie Ihre Wünsche umsetzen können. Gründe für ein notarielles Testament sind:

- Das Testament ist teuer, aber ersetzt den Erbschein für Ihre Erben. Der Notar kümmert sich um die amtliche Aufbewahrung und Registrierung.
- Ihre Erbsituation ist kompliziert und Sie brauchen Beratung über die Folgen.
- Sie wollen Vermächtnisse oder Auflagen einbringen und Ihr Erbe richtig gestalten. Es gibt hilfsbedürftige Personen, deren Versorgung sichergestellt werden muss. Auch die steuerliche Seite soll richtig bedacht sein.
- Sie befürchten Erbstreitigkeiten. Formfehler könnten das Testament gefährden.
- Nicht alle Details sind Ihnen klar und Sie brauchen Hinweise für Gestaltungsmöglichkeiten.
- Sie wollen einen Erbvertrag aufsetzen und haben die Nachfolge für einen Betrieb oder ein großes Vermögen mit schwieriger Familiengeschichte zu regeln.

Vermächtnisse als Gestaltungsmöglichkeit

Ein häufig verwendetes Element in Testamenten ist das Vermächtnis. Der Erblasser bestimmt in seinem Testament einen Alleinerben mit allen Vollmachten, der auch für die Erfüllung der Vermächtnisse, die Aufteilung und Erfüllung der Pflichtteilsansprüche verantwortlich ist, und umgeht so eine Erbengemeinschaft.

Dem Vermächtnisnehmer wird aus dem Erbe ein bestimmter Vermögensanteil zugesprochen, der auch bei gesetzlichen Erben zumindest den Pflichtteilsanspruch am gesamten Erbe abdecken soll. Er wird nicht Teil einer Erbengemeinschaft, hat aber nach dem Erbfall gegenüber den Erben Anspruch auf das Vermächtnis oder einen Gegenwert in Geld. Mit der Abwicklung des Erbes hat er nichts zu tun. Kann durch das Vermächtnis der Pflichtanteil der gesetzlichen Erben nicht erfüllt werden, so kann der Erblasser mit einer Teilungsanordnung, verknüpft an das Vermächtnis, einen Ausgleich für die benachteiligten Erben anordnen. Andererseits kann auch der Erbe sein Vermächtnis ablehnen, falls das Vermächtnis die Pflichtanteilsansprüche nicht erfüllt.

Bei einem Vermächtnis einen Ersatzvermächtnisnehmer zu bestimmen kann vorausschauend sein, falls der zuerst genannte Vermächtnisnehmer selbst bereits verstorben ist. Ein Vermächtnis kann in vielfältiger Weise eingesetzt werden. Hier einige Beispiele:

- Eine Person oder eine Institution bekommen eine einmalige Summe **Geld** oder eine dauerhafte monatliche **Rente** aus dem Nachlass. Zu klären ist, woraus diese Rente bezahlt wird – aus einem Fonds, aus Barvermögen, aus der Rendite einer Immobilie –, wie lange die Rente bezahlt werden soll und bis zu welchem Höchstbetrag. Auch müssen die steuerlichen Freigrenzen beachtet werden.
- Einem Erben wird ein **Grundstück**, ein **Ferienhaus** oder eine **Immobilie** ganz oder in Teilen zugesprochen.
- Ein Erbe bekommt eine **Wertsache** – ein Auto, einen Kunstgegenstand – als Vermächtnis.
- Ein Erbe bekommt einen genau bezeichneten Vermögenswert wie ein Aktiendepot oder eine Firmenanleihe.
- Ein Erbe bekommt das Recht, eine Immobilie zu bewohnen, wird aber nicht Eigentümer. Zu klären ist, wer die Nebenkosten und die Instandhaltung bezahlt. Zusätzlich zum **Wohnrecht** ist auch ein **Nießbrauch** möglich. Zudem kann der Vermächtnisnehmer dann auch Mieteinahmen lebenslang oder für die Dauer des Vermächtnisses bekommen, falls er die Immobilie nicht selbst bewohnt. Diese Form eines Vermächtnisses wäre dann mit einem Rentenvermächtnis vergleichbar.

Inhalte, Regelungen und Vorbereitungen für ein Testament

Das Testament muss Ihre Verhältnisse widerspiegeln. Vorlagen können eine Hilfe sein, aber niemals sollten Sie Ihre Wirklichkeit in diese Form pressen und ein Formular abschreiben. Bevor Sie Ihr Testament verfassen, sehen Sie sich Ihre Lebens- und Vermögenssituation an.

- Wer sind Ihre gesetzlichen Erben?
- Wer sollen Ihre Erben sein? Wer sollen die Ersatzerben sein?
- Wollen Sie einen Alleinerben einsetzen, der alle Vollmachten besitzt und die Anteile an die weiteren Erben und Pflichtteilserben ausbezahlt und organisiert?
- Wollen Sie einen Erben enterben bzw. auf den Pflichtanteilsanspruch zurücksetzen?
- Wollen Sie ein oder mehrere Vermächtnisse einsetzen? Pflichtanteilsansprüche sind dabei zu berücksichtigen!
- Vermeiden Sie einen Testamentsvollstrecker, da die Erben dann keinen direkten Zugriff mehr auf das Erbe haben.

- Was wollen Sie vererben? Erstellen Sie eine Auflistung Ihrer Vermögenswerte, Ihrer Konten und Depots sowie eine Inventarliste von Wertgegenständen. Für Konten ist eine Bankvollmacht nötig, die eventuell vorab über den Tod hinaus gemeinsam mit Ihrem Erben bei der Bank vereinbart wird. Für die Grundbucheintragung bei Immobilien ist ein Erbschein oder günstiger ein notarielles Testament nötig, aus denen der Erbe eindeutig hervorgeht.
- Wer soll Ihre persönlichen Dinge regeln?
- Wer soll sich um die Beisetzung kümmern?
- Wer soll der Erbe oder Beauftragte für Ihr digitales Erbe sein? Dazu ist eine Vollmacht nötig und auch eine Befreiung vom Telekommunikationsgeheimnis für Ihre Provider und Anbieter digitaler Dienste. Notieren Sie Zugangsdaten und Passwörter für Ihren Vertrauten und Beauftragten.
- Ordnen Sie Ihre persönlichen Dinge wie vorn in diesem Buch dargestellt. Wo liegen die Ordner mit Versicherungen und Unterlagen zu Ihrem Vermögen und zu Ihren Verpflichtungen? Welche Konten haben Sie, gibt es Schließfächer, wo befinden sich Bankkarten und Zugangsdaten für Online-Konten? Informieren Sie Ihren Vertrauten darüber, oder hinterlassen Sie einen Brief mit den nötigen Informationen.
- Wo soll das Testament hinterlegt werden?

Inhaltspunkte für ein Testament

Das Testament wird komplett handschriftlich verfasst. Es kann folgende Inhalte umfassen. Es können Punkte davon nicht relevant sein, aber auch zusätzliche individuelle enthalten.

1. Das Testament muss in der Überschrift bezeichnen, was es ist: Mein Testament.
2. Ich, Name und Geburtstag.
3. Alte Testamente widerrufen.
4. Vermögen klar aufteilen an einen Alleinerben oder an mehrere Erben.
5. Erben/Alleinerben genau benennen, eventuell Vorerben und Nacherben bestimmen.
6. Wer von den gesetzlichen Erben nicht erben soll, namentlich vom Erbe ausschließen oder einfach nicht erwähnen. Diese Person ist dann auf den Pflichtanteil reduziert.
7. Einzelwerte, Gegenstände oder eine Geldsumme als Vermächtnis den Erben mit Namen und Geburtstag eindeutig zuordnen.
8. Aufgaben anordnen. Wer soll was machen, wer soll sich um was kümmern?
9. Einen Erben für die Aufgabe einsetzen, wenn Auflagen zu erfüllen sind oder ein Erbe in einer Erbengemeinschaft geteilt werden muss.
10. Wünsche für die Todesanzeige und die Beisetzung. Wer soll sich darum kümmern?
11. Wer kümmert sich um das digitale Erbe? Sollen Inhalte verschlossen bleiben? Wer küm-

mert sich um Verträge, Vereinbarungen und sonstige persönliche Dinge, die nicht unmittelbares Erbe sind?
12. Besondere Anliegen.
13. Ort, Datum, Unterschrift.
14. Ergänzungen anfügen und ebenfalls mit Ort, Datum und Unterschrift bestätigen.

Widerruf eines Testaments

Wenn Sie ein Testament widerrufen wollen, sollten Sie das Exemplar, das in Ihrer eigenen Verwahrung liegt, einfach vernichten. Wenn Sie nur einen Teil ändern wollen, können Sie das unten auf der Seite handschriftlich einfügen und mit Ort und Datum unterschreiben.

Widerrufen Sie zu Lebzeiten einseitig ein mit dem Ehepartner abgegebenes gemeinschaftliches Testament, muss dies beim Notar beurkundet und der Ehepartner informiert werden. Wechselbezügliche Verfügungen können nach dem Tod eines Partners vom überlebenden Partner nicht widerrufen werden.

Liegt das Testament beim Amtsgericht, können Sie bei persönlichem Erscheinen die Rückgabe aus der amtlichen Verwahrung verlangen. Das Testament ist damit ungültig geworden, auch wenn Sie es anschließend zu Hause verwahren.

Gibt es in einem Zweifelsfall mehrere Testamente, so ist immer das neueste und jüngste Testament gültig, denn ein neues Testament setzt ein älteres außer Kraft.

Andererseits bleibt ein Testament gültig, auch wenn sich die Lebensumstände geändert haben. Gibt es ein Testament, das nicht geändert wurde und das den Ex-Lebenspartner begünstigt, so erbt dieser, auch wenn das Paar längst getrennt ist.

Prüfen Sie also regelmäßig, ob sich Änderungen ergeben haben, und schieben Sie eine Anpassung nicht auf die lange Bank. Es kann schneller zu spät sein, als Sie denken.

Auch bei Lebensversicherungen wird ein Begünstigter eingetragen. Dies muss regelmäßig den Lebensverhältnissen angepasst und der Versicherung schriftlich gemeldet werden, sonst bekommt ein vergessener, längst Verflossener als Begünstigter die Ausschüttung.

Die wichtigsten Mustertestamente

Das gemeinschaftliche Ehegattentestament

Die beiden Partner sind verheiratet oder leben in einer gesetzlichen Lebenspartnerschaft. Sie haben keine Kinder und wollen sich gegenseitig als alleinigen Erben einsetzen, falls ein Partner stirbt. Ein Ehepartner schreibt das Testament handschriftlich nieder, und beide Ehepartner unterschreiben mit Ort und Datum.

Testament

Wir, die Eheleute (Vorname, Nachname, Geburtsname) geboren am …

und (Vorname, Nachname, Geburtsname) geboren am …

wohnhaft in …

setzen uns hiermit gegenseitig zu alleinigen Erben unseres gesamten Vermögens ein.

Einen Schlusserben bestimmen wir nicht.

Die getroffene Verfügung in diesem gemeinsamen Testament wird unwirksam, falls ein Partner die Scheidung einreicht.

Ort, Datum, Unterschrift

Ort, Datum, Unterschrift

Das Berliner Testament

Die beiden Partner sind verheiratet oder leben in einer gesetzlichen Lebenspartnerschaft. Sie haben eheliche Kinder. In diesem besonderen Ehegattentestament setzen sich die Ehepartner gegenseitig zu Alleinerben ein und bestimmen, dass die Kinder oder Dritte erst nach dem Tod des letztversterbenden Ehepartners Schlusserben sein sollen. Ziel und Zweck des Testaments ist es sicherzustellen, dass der Erblasser dem überlebenden Ehepartner den Nachlass ungeteilt übertragen kann. Diese Form des Testamentes wird als »Berliner Testament« bezeichnet. Die Herkunft des Namens ist nicht ganz geklärt, verweist aber wohl darauf, dass diese Praxis Rückschlüsse auf ein Verfahren im preußischen Recht nimmt. Jedenfalls sind gemeinschaftliche Ehegattentestamente in Europa eher nicht üblich, da immer nur eine Person Erblasser sein kann.

Das Pflichtteilsrecht der Kinder kann nicht mit Sicherheit ausgeschlossen werden. Da die gemeinsamen Kinder aber als Schlusserben bestimmt sind, verzichten diese in der Regel auf den Pflichtteil. Der überlebende Ehepartner ist Vollerbe und kann, wenn es keine Bestimmung für die Schlusserben gibt, grundsätzlich über den Nachlass frei entscheiden.

Zu beachten ist:

- Ein Berliner Testament ist nur für verheiratete Ehepartner oder gesetzliche Lebenspartnerschaften möglich.

- Unverheiratete Lebenspartner können vor dem Notar einen Erbvertrag abschließen und sich gegenseitig als Alleinerben einsetzen.
- Ein Widerruf der wechselseitigen Verfügung ist nach dem Ableben des anderen Partners nicht mehr möglich. Eine Klausel zur Auflösung bei einer Scheidung ist möglich.
- Bei einer Patchworkkonstellation, also wenn der überlebende Partner nicht auch gleichzeitig leiblicher Vater oder leibliche Mutter der Kinder ist, können die Kinder namentlich als Schlusserben genannt werden. Dann sind leibliche Kinder und die Stiefkinder des zuletzt versterbenden Eheteils nach dem Erbschaftsgesetz steuerlich gleichgestellt. Pflichtteilsberechtigt sind die Stiefkinder des zuletzt versterbenden Eheteils allerdings nicht.
- Heiratet der überlebende Eheteil noch einmal, können die Kinder dennoch beim Tod des zweiten Eheteils ihr Schlusserbe antreten. Der neue Ehepartner ist dann zwar ebenfalls Pflichtteilserbe, was deshalb mit einer Klausel für einen Anfechtungsverzicht ausgeschlossen werden muss. Diese Klausel sollte besser der Notar formulieren.
- Denkbar ist auch, dass die Kinder bereits beim ersten Erbfall die Immobilie der Eltern erben und der überlebende Elternteil ein Nießbrauchrecht bekommt. Zu regeln sind dann außerdem Instandhaltungskosten und laufende Kosten.
- Da der überlebende Ehepartner den ganzen Nachlass erbt, ist dies steuerlich ungünstig.
- Verzichten Kinder im ersten Erbfall auf den Pflichtteil, können diese im zweiten Erbfall enterbt werden, also nur den Pflichtteil bekommen. Auch wenn sie als Schlusserben eingesetzt sind, könnte das Erbe im zweiten Erbfall aufgebraucht sein.

Um alle Konsequenzen und Varianten für ein Berliner Testament widerspruchsfrei zu formulieren, ist eine Beratung beim Notar oder Rechtsanwalt empfehlenswert.

Testament

Wir, die Eheleute (Vorname, Nachname, Geburtsname), geboren am ...,

und (Vorname, Nachname, Geburtsname), geboren am .... wohnhaft in ....,

treffen für unseren Tod diese Verfügungen:

Bisherige Testamente heben wir hiermit vollständig auf.

Wir setzen uns hiermit gegenseitig zu alleinigen Vorerben unseres gesamten Vermögens ein.

Schlusserben des Letztversterbenden sollen unsere Kinder zu gleichen Teilen sein:

Vorname, Nachname, geboren am ... , wohnhaft in ...

Vorname, Nachname, geboren am ... , wohnhaft in ...

Oder als Variante statt zu »gleichen Teilen«:

Die wechselseitig bindenden Verfügungen kann der überlebende Eheteil in einem neuen Testament mit einer veränderten Erbquote für unsere Kinder im Schlusserbfall abändern. Schlusserben können aber nur unsere ehegemeinschaftlichen Kinder sein und keine Dritten.

Wir verzichten gegenseitig auf das mögliche Anfechtungsrecht (§ 2079 BGB) für unsere gegenseitigen Verfügungen, falls ein weiterer Pflichtteilsberechtigter hinzutritt. Wir schließen auch ein Anfechtungsrecht Dritter aus.

Wenn einer der Schlusserben nicht mehr Erbe wird, treten seine Kinder an seine Stelle.

Fordert eines unserer Kinder beim Tod des zuerst Versterbenden seinen Pflichtteil, so erhält es auch beim Tod des Nächstversterbenden nur den Pflichtteil, es wird in diesem Falle nicht mehr Erbe.

Für den Fall, dass wir beide in kurzer Zeit nacheinander versterben, z. B. bei einem Unfall, so beerben uns die genannten Schlusserben.

Ort, Datum, Unterschrift

Ort, Datum, Unterschrift

Das Testament für Alleinstehende

Der Erblasser ist alleinstehend und hat keine Kinder. Seine Eltern sind tot, und er möchte sein Vermögen zu gleichen Teilen an die beiden Kinder seiner Schwester vererben. Es gibt also keine Pflichtteilserben. Ein Geldvermächtnis soll gespendet werden. Seine Schwester soll die Umsetzung des Testamentes erledigen und bekommt dafür eine einmalige Entlohnung.

Hilfreich kann es sein, wenn Vermögensteile klar und eindeutig an die Erben verteilt werden. Eventuell muss dann zusätzlich ein Wertausgleich erfolgen, falls die Vermögensteile einen unterschiedlichen Wert haben.

Testament

Ich, (Vorname, Nachname), geboren am …,
derzeit wohnhaft in …,
möchte meinen Nachlass regeln:

Bisherige Testamente hebe ich hiermit vollständig auf.

Zu jeweils einem Drittel setze ich meine Nichte
(Vorname, Nachname), geboren am …, wohnhaft in …,
und meinen Neffen
(Vorname, Nachname), geboren am …, wohnhaft in …,
als meine Erben ein. Sollte meine Nichte oder mein Neffe als Erbe ausfallen, erbt der andere das Drittel zusätzlich.
Ein Drittel meines Vermögens als Geldsumme soll an die Hilfsorganisation »Ärzte ohne Grenzen« verteilt werden.

Solange meine Nichte und mein Neffe noch nicht volljährig sind, soll meine Schwester den Nachlass treuhänderisch für diese verwalten und die Aufteilung vornehmen. Nach der Volljährigkeit soll meine Nichte, als Ältere der beiden, diese Aufgabe übernehmen.
Meine Schwester soll meine Beerdigung vorbereiten sowie Verträge, Verbindlichkeiten und meinen digitalen Nachlass abwickeln und das Geldvermächtnis für »Ärzte ohne Grenzen« erledigen. Als Entlohnung soll sie eine einmalige Geldsumme von 5000 Euro aus dem Nachlass entnehmen. Ersatzweise soll meine Nichte nach ihrer Volljährigkeit diese Aufgaben übernehmen und auch die Entlohnung zusätzlich zum Erbe erhalten.

Ort, Datum, Unterschrift

Die beste Aufbewahrung

**Sie haben eine Vorsorgevollmacht, die Betreuungsverfügung und Patientenverfügung ausgefüllt. Sie haben mit den Bevollmächtigten gesprochen und deren Einwilligung eingeholt. Diese ganze Arbeit hat aber nur dann einen Sinn, wenn die Verfügungen und Vollmachten im Bedarfsfall auch zur Verfügung stehen.
Ab Januar 2022 startet das elektronische Urkundenarchiv für Notariatsunterlagen.**

Sicher verwahrt und jederzeit einsehbar

Behalten Sie die Vollmachten zunächst bei sich und geben Sie diese nicht aus Ihrer Hand, aber informieren Sie Ihre Bevollmächtigten, wo diese im Bedarfsfall zu finden sind.

Stellen Sie einen Notfallordner zusammen und legen Sie diese Dokumente dort ab. Stellen Sie den Ordner an den verabredeten Ort und organisieren Sie, dass er dort auch immer greifbar ist. Auf einem Deckblatt und in einem übersichtlichen Register verzeichnen Sie die Inhalte dieses Ordners.

Sensible Daten wie die Liste der Kennwörter, die Übersicht der digitalen Accounts oder die Zugangsdaten zu den Konten sollten Sie dagegen eher in einen abschließbaren Schrank geben, sodass nur die informierten Berechtigten dort im Notfall Zugang haben.

Zentrales Vorsorgeregister

Empfehlenswert ist es, die Vorsorgevollmacht, die Betreuungsverfügung und die Patientenverfügung im Zentralen Vorsorgeregister registrieren zu lassen. Im Vorsorgefall können beispielsweise Gerichte oder Kliniken rund um die Uhr sehr schnell Informationen bekommen:

- ob eine Vollmacht und eine Verfügung vorhanden sind,
- welche wichtigen Punkte und Inhalte geregelt sind,
- wer die/der Bevollmächtigte ist,
- wer nicht Bevollmächtigter werden soll
- und an welchem Ort die Unterlagen aufbewahrt sind.

Auch im Hinblick auf das zukünftige automatische Vertretungsrecht für Eheleute in Gesundheitsangelegenheiten kann der Eintrag im Zentralen Vorsorgeregister wichtig sein. Ist die Ehe zerrüttet und Sie wollen bei Handlungsunfähigkeit nicht vom Ehepartner vertreten werden, so können Sie dies direkt im Zentralen Vorsorgeregister eintragen, welches von Ärzten und Gerichten abgefragt und eingesehen werden kann.

Die Dokumente selbst werden dort nicht hinterlegt und es ist damit auch keine Vollmachterteilung verbunden. Senden Sie die Vollmachten selbst nicht an das Zentrale Vorsorgeregister.

Änderungen wie eine Adressänderung oder ein zusätzlicher Ersatzbevollmächtigter, aber auch ein Widerruf können unter Vorlage der Eintragungsbestätigung mit der Register- und Buchungsnummer vom Vollmachtgeber eingetragen oder gemeldet werden.

Lassen Sie Ihre Vollmacht und Ihre Verfügungen von einem Notar erstellen, so wird dieser als Service die Registrierung im Zentralen Vorsorgeregister für einmalig 8,50 Euro anbieten.

Eine Vorsorgevollmacht vom Notar erstellen zu lassen ist Pflicht, wenn in der Vollmacht auch Eintragungen im Handelsregister oder im Grundbuch eingeschlossen sind.

Die Registrierung können Sie direkt online unter *www.vorsorgeregister.de* vornehmen. Auf der Internetseite der Bundesnotarkammer gibt es weitere nützliche Informationen über die Vorsorgedokumente.

Das Formular zur Registrierung auf dieser Seite kann auch in Papierform ausgedruckt und dann ausgefüllt werden. Anschließend stecken Sie das Formular in einen Umschlag und versenden es auf dem Postweg.

Wer aber alles online erledigt, kann sich Gebühren sparen. Im günstigsten Fall, bei einer Online-Bearbeitung und der Teilnahme am Lastschriftverfahren, kostet die Registrierung einmalig 13,00 Euro. Für eine andere Zahlweise (+ 2,50 Euro), eine Meldung auf Papier (+ 3,00 Euro), mehr als einen Bevollmächtigten (je weitere Person 2,50 bis 3,00 Euro), nachträgliche Änderungen und Korrekturen fallen zusätzliche Kosten an.

- Bundesnotarkammer, Zentrales Vorsorgeregister
- Postfach 080151, 10001 Berlin
- Service-Hotline Internet: 0800-35 50 500 (gebührenfrei)
- www.vorsorgeregister.de

Verwahrung des Testaments

Ein Testament können Sie zu Hause in der Schublade aufbewahren. Das ist einfach und billig. Allerdings könnte es im entscheidenden Augenblick nicht auffindbar sein oder noch schlimmer: Niemand weiß davon. Trotz der handschriftlichen Niederlegung gab und gibt es immer wieder Versuche, ein Testament zu fälschen.

Wenn Sie dieses und andere Risiken vermeiden wollen, können Sie Ihr selbst verfasstes Testament beim Amtsgericht/Nachlassgericht in amtliche Verwahrung geben.

Ein beim Notar beurkundetes Testament wird beim Notar aufbewahrt, immer in amtliche Verwahrung gegeben sowie zusätzlich beim Zentralen Testamentsregister registriert. So können Sie sicher sein, dass es im Sterbefall auch eröffnet wird.

Vorsicht: Ein aus der amtlichen Verwahrung entnommenes Testament gilt als widerrufen und ist damit ungültig, auch wenn Sie es anschließend zu Hause aufbewahren!

Die amtliche Verwahrung selbst kostet einmalig 75 Euro, und bei Zahlung beim Nachlassgericht kostet der Eintrag in das Zentrale Testamentsregister zusätzlich 15 Euro.

Antrag auf Eintragung einer **bestehenden** Vorsorgeurkunde

Bitte senden Sie das ausgefüllte und **unterschriebene Formular per Post** an die folgende Adresse zurück: Zentrales Vorsorgeregister, Postfach 08 01 51, 10001 Berlin.
Bitte senden Sie uns nicht die Vorsorgeurkunde selbst!

Bitte Hinweise beachten. Pflichtangaben sind mit * gekennzeichnet.

BUNDESNOTARKAMMER
ZENTRALES VORSORGEREGISTER

Seite 1 von 2

Daten der Vorsorgeurkunde

1* Datum der Vorsorgeurkunde

2 Vollmacht zur Erledigung von
- ☐ Vermögensangelegenheiten
- ☐ Angelegenheiten der Gesundheitssorge
  - ☐ Maßnahmen nach § 1904 Absatz 1 Satz 1 und Absatz 2 BGB ausdrücklich umfasst
  - ☐ Maßnahmen nach § 1906a Absatz 1 und 4 BGB ausdrücklich umfasst
- ☐ Angelegenheiten der Aufenthaltsbestimmung
  - ☐ Maßnahmen nach § 1906 Absatz 1 und 4 BGB ausdrücklich umfasst
- ☐ sonstigen persönlichen Angelegenheiten

3 Vorsorgeurkunde enthält Anordnungen oder Wünsche
- ☐ für den Fall, dass das Betreuungsgericht einen Betreuer bestellt (**Betreuungsverfügung**)
- ☐ hinsichtlich Art und Umfang medizinischer Versorgung (**Patientenverfügung**)

4 Weitere Angaben (z. B. Aufbewahrungsort der Vorsorgeurkunde)

Daten des Verfügenden / Vollmachtgebers

5* Anrede
○ Frau   ○ Herr   ● keine

6 Titel
☐ Professor   ☐ Doktor

7* Vorname(n)

8* Nachname

9 Geburtsname

10* Geburtsort

11* Geburtsdatum

12 Land

13* Straße   *Hausnummer

14 Adresszusatz

15* Postleitzahl   *Ort

16 E-Mail-Adresse

P

Nachname des Verfügenden / Vollmachtgebers*

Geburtsdatum*

BUNDESNOTARKAMMER
ZENTRALES VORSORGEREGISTER

Seite 2 von 2

Zahlungsweise* ☐ Lastschrift ☐ Überweisung

17 IBAN

18 BIC

19 Kontoinhaber

Hiermit ermächtige ich die Bundesnotarkammer, Gläubiger-Identifikationsnummer DE19REG00000101186, einmalig eine Zahlung von meinem oben genannten Konto mittels Lastschrift einzuziehen. Zugleich weise ich mein Kreditinstitut an, die von der Bundesnotarkammer auf mein Konto gezogene Lastschrift einzulösen. Ich kann innerhalb von acht Wochen, beginnend mit dem Belastungsdatum, die Erstattung des belasteten Betrages verlangen. Es gelten dabei die mit meinem Kreditinstitut vereinbarten Bedingungen. Der Einzug erfolgt unter einer individuellen Mandatsreferenz, die mir mit Rechnungserstellung mitgeteilt werden wird.

Ort, Datum   Unterschrift des Kontoinhabers*

Daten des ☐ **Bevollmächtigten mit** ☐ Einzelvertretungsmacht ☐ Gesamtvertretungsmacht
☐ **vorgeschlagenen Betreuers**

20* Anrede
○ Frau ○ Herr ○ keine

21 Titel
☐ Professor ☐ Doktor

22* Vorname(n)

23* Nachname

24 Geburtsname

25 Geburtsdatum

26 Land

27* Straße   *Hausnummer

28 Adresszusatz

29* Postleitzahl   *Ort

30 Telefonnummer

Ich - der **Verfügende / Vollmachtgeber** - beantrage die Eintragung der vorstehenden Daten.

Ort, Datum   Unterschrift des Verfügenden / Vollmachtgebers*

Formularteil

Die einzelnen Dokumente

Auf den folgenden Seiten finden Sie Musterformulare und Vordrucke.

Uneingeschränkte Generalvollmacht im Außenverhältnis
Uneingeschränkte Generalvollmacht im Innenverhältnis

Eine Generalvollmacht schließt eine Vertretung in Gesundheitsangelegenheiten nicht ein. Sie kann aber, wenn sie vom Notar beglaubigt ist, ein wichtiges Dokument sein, gerade bei einer weitreichenden Vertretung in geschäftlichen Belangen.

Vorsorgevollmacht im Außenverhältnis
Vorsorgevollmacht im Innenverhältnis

Sind Sie nicht mehr handlungsfähig, dann können Sie durch eine Vorsorgevollmacht für den Ehepartner oder eine Vertrauensperson eine amtliche Betreuung abwenden.

Bank- und Depotvollmacht

Nur wenn eine Bankvollmacht vorliegt, kann im Notfall der Ehepartner oder eine Vertrauensperson in Vollmacht über Ihr Konto verfügen. Oftmals haben Banken eigene Formulare, die in der Bankfiliale unterschrieben werden müssen.

Betreuungsverfügung

Wenn eine amtliche Betreuung notwendig ist, können Sie so vorab dem Betreuungsgericht eine Person vorschlagen, die diese Aufgabe übernehmen soll. Das ist meist besser als ein unbekannter amtlicher Betreuer.

Patientenverfügung

Damit Ihre Vorstellungen und Wünsche für eine medizinische Behandlung berücksichtigt werden, wenn Sie nicht mehr persönlich handlungsfähig sind, gibt es eine Patientenverfügung.

Uneingeschränkte Generalvollmacht im Außenverhältnis

✪ Uneingeschränkte Generalvollmacht

Im Vollbesitz meiner geistigen Fähigkeiten setze ich

....
Vorname, Name, geb. am, Adresse

Frau/Herrn

....
Vorname, Name, geb. am, Adresse

zu meinem Bevollmächtigten ein.

Die Bevollmächtigung erfolgt zur Vermeidung einer möglicherweise anzuordnenden gerichtlichen Betreuung.

Die Vollmacht ist wirksam, solange die bevollmächtigte Person die Vollmachtsurkunde besitzt und bei Vornahme eines Rechtsgeschäfts die Urkunde im Original vorlegen kann. Diese Vollmacht gilt über meinen Todesfall hinaus.

Der Bevollmächtigte ist damit berechtigt, nach meinem Tode die umfassende Vermögensverwaltung zu übernehmen – bis zum Abschluss einer Testamentsvollstreckung.

Diese Bevollmächtigung gilt auch für Bankgeschäfte jeglicher Art. Mit den jeweilgen Kreditinstituten haben wir eine umfassende Bankvollmacht vereinbart.

....
Ort, Datum, Unterschrift des Vollmachtgebers

....
Ort, Datum, Unterschrift des Bevollmächtigten

....
Beglaubigung der Unterschrift durch den Notar

Uneingeschränkte Generalvollmacht im Innenverhältnis

UNEINGESCHRÄNKTE GENERALVOLLMACHT IM INNENVERHÄLTNIS, SEITE 1/1

✖ Regelung des Innenverhältnisses der uneingeschränkten Generalvollmacht zwischen Vollmachtgeber und Bevollmächtigtem

Nachfolgende Vereinbarung regelt die Anwendung der Vollmacht von

....
Vorname, Name, geb. am

im Folgenden Vollmachtgeber genannt, vom ....
Datum der Vorsorgevollmacht

im Innenverhältnis zwischen dem Vollmachtgeber und dem/der Bevollmächtigten

....
Vorname, Name, geb. am

im Folgenden Bevollmächtigter genannt.

Die im Außenverhältnis uneingeschränkt gültige Vollmacht darf der Bevollmächtigte nur in dem nachfolgend genannten Umfang nutzen:

1. Beginn der Vertretung
1.1 Im Falle einer vorübergehenden oder dauerhaften Entscheidungs- und Geschäftsunfähigkeit verpflichtet sich der Bevollmächtigte gegenüber dem Vollmachtgeber, von der Vollmacht allein in dessen Interesse und zu dessen Wohlergehen und nur dann Gebrauch zu machen.
1.2 Der Eintritt einer Entscheidungsunfähigkeit muss durch ein ärztliches Attest festgestellt werden.

2. Weitere Regelungen

....

....

....

....
Ort, Datum, Unterschrift des Vollmachtgebers

....
Ort, Datum, Unterschrift des Bevollmächtigten

Vorsorgevollmacht im Außenverhältnis

✳ Vorsorgevollmacht

Ich (Vollmachtgeber/in),

....
Name, Vorname

....
Geburtsdatum, Geburtsort

....
Adresse

....
Telefon, Telefax, E-Mail

erteile hiermit Vollmacht an (bevollmächtigte Person)

....
Name, Vorname

....
Geburtsdatum, Geburtsort

....
Adresse

....
Telefon, Telefax, E-Mail

Diese Vertrauensperson wird hiermit bevollmächtigt, mich in allen Angelegenheiten zu vertreten, die ich im Folgenden angekreuzt oder angegeben habe. Durch diese Vollmachtserteilung soll eine vom Gericht angeordnete Betreuung vermieden werden. Die Vollmacht bleibt daher in Kraft, wenn ich nach ihrer Errichtung geschäftsunfähig geworden sein sollte.

1. Gesundheitssorge, Pflege und Freiheitsbeschränkung

Die bevollmächtigte Person darf mich in allen Angelegenheiten der Gesundheitssorge vertreten und Entscheidungen fällen, ebenso über alle Einzelheiten einer ambulanten oder (teil-)stationären Pflege. Sie ist befugt, meinen in der Patientenverfügung festgelegten Willen durchzusetzen. Die Patientenverfügung liegt bei/liegt nicht bei. ❏ ja ❏ nein

Sie darf in sämtliche Maßnahmen zur Untersuchung des Gesundheitszustandes und zur Durchführung einer Heilbehandlung einwilligen, diese ablehnen oder die Einwilligung in diese Maßnahmen widerrufen, auch wenn mit der Vornahme, dem Unterlassen oder dem Abbruch dieser Maßnahmen die Gefahr besteht, dass ich sterbe oder einen schweren oder länger dauernden gesundheitlichen Schaden erleide (§ 1904 Absatz 1 und 2 BGB). ❏ ja ❏ nein

....
Ort, Datum, Kürzel des Vollmachtgebers

Sie darf Krankenunterlagen einsehen und deren Herausgabe an Dritte bewilligen. Ich entbinde alle mich behandelnden Ärzte und nichtärztliches Personal gegenüber meiner bevollmächtigten Vertrauensperson von der Schweigepflicht. ❏ ja ❏ nein

Sie darf meine behandelnden Ärzte gegenüber Dritten von der Schweigepflicht befreien. ❏ ja ❏ nein

Solange es zu meinem Wohl erforderlich ist, darf sie
- über meine freiheitsentziehende Unterbringung (§ 1906 Absatz 1 BGB) ❏ ja ❏ nein
- über ärztliche Zwangsmaßnahmen im Rahmen der Unterbringung (§ 1906 Absatz 3 BGB) ❏ ja ❏ nein
- über freiheitsentziehende Maßnahmen (z. B. Bettgitter, Medikamente u. Ä.) in einem Heim oder in einer sonstigen Einrichtung (§ 1906 Absatz 4 BGB) entscheiden. ❏ ja ❏ nein

2. Aufenthalt und Wohnungsangelegenheiten

Sie darf meinen Aufenthalt bestimmen. ❏ ja ❏ nein

Sie darf Rechte und Pflichten aus dem Mietvertrag über meine Wohnung einschließlich einer Kündigung wahrnehmen und meinen Haushalt auflösen. ❏ ja ❏ nein

Sie darf einen neuen Wohnungsmietvertrag abschließen und kündigen. ❏ ja ❏ nein

Sie darf einen Vertrag nach dem Wohn- und Betreuungsvertragsgesetz (Vertrag über die Überlassung von Wohnraum mit Pflege- oder Betreuungsleistungen, ehemals: Heimvertrag) abschließen und kündigen. ❏ ja ❏ nein

3. Behörden- und Ämtervertretung

Sie darf mich vertreten bei:
- Behörden ❏ ja ❏ nein
- Versicherungen ❏ ja ❏ nein
- Renten- und Sozialleistungsträgern ❏ ja ❏ nein

4. Vertretung vor Gericht und Beauftragung von Rechtsanwälten

Sie darf mich gegenüber Gerichten vertreten und Prozesshandlungen aller Art vornehmen. ❏ ja ❏ nein

Sie darf Rechtsanwälte zur außergerichtlichen oder gerichtlichen Klärung von Rechtsstreitigkeiten beauftragen. ❏ ja ❏ nein

....
Ort, Datum, Kürzel des Vollmachtgebers

5. Vermögenssorge, Banken

Sie darf mein Vermögen verwalten und hierbei alle Rechtshandlungen und Rechtsgeschäfte im In- und Ausland vornehmen, Erklärungen aller Art abgeben und entgegennehmen sowie Anträge stellen, abändern, zurücknehmen, namentlich

- über Vermögensgegenstände jeder Art verfügen. ❏ ja ❏ nein
- Zahlungen und Wertgegenstände annehmen. ❏ ja ❏ nein
- Verbindlichkeiten eingehen. ❏ ja ❏ nein
- Willenserklärungen bezüglich meiner Konten, Depots und Safes abgeben. Sie darf mich im Geschäftsverkehr mit Kreditinstituten vertreten. ❏ ja ❏ nein
- Schenkungen in dem Rahmen vornehmen, der einem Betreuer rechtlich gestattet ist. ❏ ja ❏ nein

Folgende Geschäfte soll sie nicht wahrnehmen können:

....

....

....

6. Post, Internet und Kommunikation

Sie darf die für mich bestimmten Postsendungen entgegennehmen und öffnen sowie über den Fernmeldeverkehr entscheiden. Sie darf alle hiermit zusammenhängenden Willenserklärungen (z.B. Vertragsabschlüsse, Kündigungen) abgeben. ❏ ja ❏ nein

Sie darf Einschreibesendungen, Zahlungsanweisungen und »eigenhändig vertrauliche« Sendungen entgegennehmen. ❏ ja ❏ nein

Sie ist berechtigt, meine digitalen Angelegenheiten einzusehen und zu regeln. Dies beinhaltet den Zugriff auf alle Passwörter, Accounts, Benutzernamen, Verträge, E-Mail-Accounts. ❏ ja ❏ nein

Sie ist berechtigt, Mobilfunkverträge in meinem Namen zu kündigen und abzuschließen. Sie hat die Vollmacht, die Verbindungsübersicht einzusehen. ❏ ja ❏ nein

In diesem Zusammenhang befreie ich die Online-Dienstleister von ihrer Verschwiegenheitspflicht nach dem Telekommunikationsgesetz gegenüber meinem Bevollmächtigten und fordere diese auf, die Auskunftsansprüche zu erfüllen. ❏ ja ❏ nein

....
Ort, Datum, Kürzel des Vollmachtgebers

7. Sonstige Vertragsangelegenheiten
Verwaltung (einschließlich Abschluss, Kündigung) aller sonstigen Verträge.   ❏ ja ❏ nein

8. Untervollmacht
Sie darf eine Untervollmacht erteilen.   ❏ ja ❏ nein

9. Betreuungsverfügung
Falls trotz dieser Vollmacht eine gesetzliche Vertretung (»rechtliche Betreuung«) erforderlich sein sollte, bitte ich, die oben bezeichnete Vertrauensperson als Betreuer zu bestellen.   ❏ ja ❏ nein

10. Geltung über den Tod hinaus
Die Vollmacht gilt über den Tod hinaus.   ❏ ja ❏ nein

11. Weitere Regelungen

....

....

....

....
Ort, Datum, Unterschrift der Vollmachtnehmerin/des Vollmachtnehmers

....
Ort, Datum, Unterschrift der Vollmachtgeberin/des Vollmachtgebers

....
Zeuge: Name, Vorname, Adresse, Beruf, Bezug zum Ersteller der Vorsorgevollmacht

....
Zeuge: Name, Vorname, Adresse, Beruf, Bezug zum Ersteller der Vorsorgevollmacht

Ich bestätige hiermit, dass der/die Verfügende die Regelung im Bewusstsein ihrer Bedeutung vorgenommen hat und dabei keine Zweifel an seiner/ihrer Geschäftsfähigkeit bestanden haben.

....
Ort, Datum, Unterschrift

Vorsorgevollmacht im Innenverhältnis

✱ Regelung des Innenverhältnisses zwischen Vollmachtgeber und Bevollmächtigtem

Nachfolgende Vereinbarung regelt die Anwendung der Vollmacht von

....
Vorname, Name, geb. am

im Folgenden Vollmachtgeber genannt, vom ....
Datum der Vorsorgevollmacht

im Innenverhältnis zwischen dem Vollmachtgeber und

....
Vorname, Name, geb. am

im Folgenden Bevollmächtigter genannt. Die im Außenverhältnis uneingeschränkt gültige Vollmacht darf der Bevollmächtigte nur in dem nachfolgend genannten Umfang nutzen.

1. Beginn der Vertretung

1.1 Im Falle einer vorübergehenden oder dauerhaften Entscheidungs- und Geschäftsunfähigkeit verpflichtet sich der Bevollmächtigte gegenüber dem Vollmachtgeber, von der Vollmacht allein in dessen Interesse und zu dessen Wohlergehen und nur dann Gebrauch zu machen.

1.2 Der Eintritt einer Entscheidungsunfähigkeit muss durch ein ärztliches Attest festgestellt werden.

Die Geschäftsunfähigkeit soll durch meinen Arzt .... festgestellt werden.

1.3 Die Bestätigung der Geschäftsunfähigkeit/Entscheidungsunfähigkeit muss im Abstand von .... Monaten wiederholt werden.

....
Ort, Datum, Kürzel des Vollmachtgebers

2. Mehrere Bevollmächtigte

2.1 Der Bevollmächtigte

....
(Vorname, Name, Geburtsdatum, Geburtsort)

soll primär alle Aufgaben als Bevollmächtigter wahrnehmen. Erst wenn er nicht mehr in der Lage ist, die Vollmacht auszuüben, oder Unterstützung wünscht, soll der Bevollmächtigte

....
(Vorname, Name, Geburtsdatum, Geburtsort)

an seiner Stelle handeln.

2.2 Der Bevollmächtigte

....
(Vorname, Name, Geburtsdatum, Geburtsort)

soll sich ausschließlich um die finanziellen Angelegenheiten des Vollmachtgebers kümmern.

Der Bevollmächtigte

....
(Vorname, Name, Geburtsdatum, Geburtsort)

soll den Vollmachtgeber in allen persönlichen Angelegenheiten vertreten, insbesondere in Gesundheitsfragen.

Der Bevollmächtigte

....
(Vorname, Name, Geburtsdatum, Geburtsort)

soll den Vollmachtgeber vertreten in

....

....
Ort, Datum, Kürzel des Vollmachtgebers

Bei Überschneidungen der Aufgaben oder Unstimmigkeiten soll abschließend der Bevollmächtigte

....
(Vorname, Name, Geburtsdatum, Geburtsort)

die Entscheidung treffen.

2.3 Die Bevollmächtigten sind nicht berechtigt, ihre Vollmachten gegenseitig zu widerrufen.
2.4 Eine Untervollmacht darf keinesfalls an

....

....

vergeben werden.

3. Gesundheitsangelegenheiten und Pflege

3.1 Der Bevollmächtigte muss bei Vertretung in medizinischen Angelegenheiten die Vorstellungen des Vollmachtgebers berücksichtigen. Der in der vorliegenden Patientenverfügung niedergelegte Wille ist zu beachten und muss gegenüber Ärzten und dem Pflegeheim zur Beachtung gebracht werden.

3.2 Das Einkommen und das Vermögen des Vollmachtgebers sind für die bestmögliche Pflege einzusetzen. Dafür darf der Bevollmächtigte Vermögenswerte auflösen und verkaufen.

3. 3 Der Bevollmächtigte soll solange wie möglich versuchen, dass der Vollmachtgeber sein Leben in Eigenständigkeit in seiner vertrauten Umgebung zu Hause realisieren kann.

Weitere Regelungen für die Pflege zu Hause:

....

....

3.4 Bei Bedarf soll der folgende Pflegedienst beauftragt werden:

....

....
Name, Adresse, Telefon, E-Mail-Adresse

....
Ort, Datum, Kürzel des Vollmachtgebers

3.5 Sollte eine ambulante Pflege nicht (mehr) möglich sein, sollen die Bevollmächtigten den Vollmachtgeber möglichst in folgender Einrichtung unterbringen:

....

....
Name, Adresse, Telefon, E-Mail-Adresse

Wünsche zur Pflegeeinrichtung wie Qualität, Ortsnähe, Kosten, Einzelzimmer:

....

....

....

4. Wohnungsangelegenheiten und Einschränkungen der persönlichen Freiheit

4.1 Bettgitter, Gurte, beruhigende Medikamente und andere beengende, die Freiheit beschränkende Maßnahmen dürfen nur kurzfristig angewandt werden, wenn es nach pflegerischen Maßstäben vorübergehend keine andere Wahl gibt.

4.2 Bei einem Umzug in ein Pflegeheim kann die Wohnung/das Haus nur aufgelöst/gekündigt werden, wenn nach .... Monaten deutlich ist, dass keine Rückkehr möglich ist.

4.3 Bei einem Umzug in das Heim können nach .... Monaten der Hausstand und das Inventar aufgelöst werden. Vor einer Verwertung sollen die wertvollen Einzelteile, Kunstgegenstände, Erinnerungsstücke und Nutzgegenstände verkauft werden oder diesen Personen als Geschenk angeboten werden:

....
Verkauf oder Geschenk an: Name, Gegenstand

....
Verkauf oder Geschenk an: Name, Gegenstand

....
Verkauf oder Geschenk an: Name, Gegenstand

....
Verkauf oder Geschenk an: Name, Gegenstand

....
Ort, Datum, Kürzel des Vollmachtgebers

VORSORGEVOLLMACHT IM INNENVERHÄLTNIS, SEITE 5/6

4.4 Weitere Regelungen zum Hausstand und persönliche Erinnerungsstücke betreffend:

....

....

....

....

5. Finanzen und Geschenke

5.1 Der Bevollmächtigte soll aus dem Einkommen des Vollmachtgebers folgende (regelmäßige) Zahlungen und/oder Geldzuwendungen, Geschenke an folgende Personen vornehmen:

....
Betrag, Person, Grund, Häufigkeit

....
Betrag, Person, Grund, Häufigkeit

....
Betrag, Person, Grund, Häufigkeit

....
Betrag, Person, Grund, Häufigkeit

5.2 Der Bevollmächtigte/die Bevollmächtigten soll/en aus dem Vermögen/Einkommen des Vollmachtgebers eine regelmäßige Aufwandsentschädigung erhalten.

....
Bevollmächtigter, Grund, Betrag, Häufigkeit

....
Bevollmächtigter, Grund, Betrag, Häufigkeit

....
Bevollmächtigter, Grund, Betrag, Häufigkeit

....
Ort, Datum, Kürzel des Vollmachtgebers

6. Sonstige Regelungen und Wünsche

....

....

....

....

7. Haftungsausschluss

Der Bevollmächtigte haftet gegenüber dem Vollmachtgeber, den Erben, dem Betreuungsgericht und den Behörden nur für vorsätzliche und grob fahrlässige Handlungen sowie für grobe Missachtung der hier festgelegten Regelungen und Wünsche.

Unterschrift Vollmachtgeber

....
Vorname, Name, Geburtsdatum, Geburtsort

....
Ort, Datum, Unterschrift

Unterschrift Bevollmächtigter

....
Vorname, Name, Geburtsdatum, Geburtsort

....
Ort, Datum, Unterschrift

Unterschrift Bevollmächtigter

....
Vorname, Name, Geburtsdatum, Geburtsort

....
Ort, Datum, Unterschrift

Bank- und Depotvollmacht

BANK- UND DEPOTVOLLMACHT, SEITE 1/2

✪ Konto-/Depot-/Schrankfachvollmacht

Konto-/Depot-/Schrankfachinhaber/Vollmachtgeber

....
Name und Anschrift

....
Name und Anschrift der Bank/Sparkasse

Ich (nachstehend der »Vollmachtgeber« genannt) bevollmächtige den nachstehend genannten Bevollmächtigten

....
Name, Vorname (auch Geburtsname), Geburtsdatum

....
Anschrift, Telefon

den Vollmachtgeber im Geschäftsverkehr mit der Bank/Sparkasse zu vertreten. Die Vollmacht gilt für alle bestehenden und künftigen Konten und Depots des Vollmachtgebers bei der vorgenannten Bank/Sparkasse und für vom Vollmachtgeber von der Bank/Sparkasse gemietete Schrankfächer. Im Einzelnen gelten folgende Regelungen:

1. Die Vollmacht berechtigt gegenüber der Bank/Sparkasse dazu,
   - über das jeweilige Guthaben (zum Beispiel durch Überweisungen, Barabhebungen, Schecks) zu verfügen,
   - Zahlungsaufträge und Einzugsaufträge zu erteilen, zu ändern und zu widerrufen,
   - Festgeldkonten und sonstige Einlagenkonten sowie Girokonten auf Guthabenbasis einzurichten,
   - eingeräumte Kredite in Anspruch zu nehmen,
   - von der Möglichkeit vorübergehender Kontoüberziehungen im banküblichen Rahmen Gebrauch zu machen,
   - An- und Verkäufe von Wertpapieren (mit Ausnahme von Finanztermingeschäften) und Devisen zu tätigen und die Auslieferung an sich zu verlangen,
   - Abrechnungen, Kontoauszüge, Wertpapier-, Depot- und Erträgnisaufstellungen sowie sonstige die Konten/Depots und Schrankfächer betreffenden Mitteilungen und Erklärungen entgegenzunehmen und anzuerkennen,
   - Freistellungsaufträge zu erteilen oder zu ändern,
   - Debitkarten* und Zugang zum Online-Banking oder Telefonbanking zu beantragen sowie die entsprechende Online-Banking- oder Telefonbanking-Vereinbarung zu ändern.

*Begriff institutsabhängig, zum Beispiel EC- bzw. Maestro-Karte oder Kundenkarte

2. Die Vollmacht umfasst auch den Zugang zu den vom Vollmachtgeber von der Bank/Sparkasse gemieteten Schrankfächern.
3. Zur Erteilung von Untervollmachten ist der Bevollmächtigte nicht berechtigt.
4. Die Vollmacht kann vom Vollmachtgeber jederzeit gegenüber der Bank/Sparkasse widerrufen werden. Widerruft der Vollmachtgeber die Vollmacht gegenüber dem Bevollmächtigten, so hat der Vollmachtgeber die Bank/Sparkasse hierüber unverzüglich zu unterrichten. Der Widerruf gegenüber der Bank/Sparkasse und deren Unterrichtung sollten aus Beweisgründen möglichst schriftlich erfolgen.
5. Die Vollmacht erlischt nicht mit dem Tod des Vollmachtgebers; sie bleibt für die Erben des verstorbenen Vollmachtgebers in Kraft. Widerruft einer von mehreren Miterben die Vollmacht, so kann der Bevollmächtigte nur noch diejenigen Miterben vertreten, die seine Vollmacht nicht widerrufen haben. In diesem Fall kann der Bevollmächtigte von der Vollmacht nur noch gemeinsam mit dem Widerrufenden Gebrauch machen. Die Bank/Sparkasse kann verlangen, dass der Widerrufende sich als Erbe ausweist.
6. Zur Auflösung der Konten und Depots und zur Kündigung des Schrankfachmietvertrages ist der Bevollmächtigte erst nach dem Tode des Vollmachtgebers berechtigt; bei mehreren Konto-/Depot-/Schrankfachinhabern besteht diese Berechtigung für den von allen Konto-/Depot-/Schrankfachinhabern entsprechend bevollmächtigten Vertretern erst nach dem Tode aller Konto-/Depot-/Schrankfachinhaber.

Wichtige Hinweise für den Vollmachtgeber: Ab wann und unter welchen Voraussetzungen der Bevollmächtigte von dieser Vollmacht Gebrauch machen darf, richtet sich nach den gesondert zu treffenden Vereinbarungen zwischen dem Vollmachtgeber und dem Bevollmächtigten. Unabhängig von solchen Vereinbarungen kann der Bevollmächtigte gegenüber der Bank/Sparkasse ab dem Zeitpunkt der Ausstellung dieser Vollmacht von ihr Gebrauch machen. Die Bank/Sparkasse prüft nicht, ob der »Vorsorgefall« beim Vollmachtgeber eingetreten ist.

....
Ort, Datum, Unterschrift des Vollmachtgebers

....
Ort, Datum, Unterschrift des Bevollmächtigten = Unterschriftsprobe

Ihre Bank/Sparkasse ist gesetzlich verpflichtet, den Bevollmächtigten anhand eines gültigen Personalausweises oder Reisepasses zu identifizieren. Zur Erteilung der Konto-/Depot-/Schrankfachvollmacht suchen Sie daher bitte in Begleitung Ihres Bevollmächtigten Ihre Bank/Sparkasse auf.

Quellenhinweis: Muster für eine Kontovollmacht von der deutschen Kreditwirtschaft
Die Vorlage wurde vom Bundesministerium der Justiz und für Verbraucherschutz herausgegeben.

Betreuungsverfügung

✪ Betreuungsverfügung

Ich,

....
Name, Vorname

....
Geburtsdatum, Geburtsort

....
Adresse

....
Telefon, Telefax, E-Mail

lege hiermit für den Fall, dass ich infolge von Krankheit oder Behinderung meine Angelegenheiten ganz oder teilweise nicht mehr selbst besorgen kann und deshalb ein Betreuer für mich bestellt werden muss, Folgendes fest:

Zu meinem Betreuer/meiner Betreuerin soll bestellt werden:

1. ....
Name, Vorname

....
Geburtsdatum, Geburtsort

....
Adresse

....
Telefon, Telefax, E-Mail

2. ....
Name, Vorname

....
Geburtsdatum, Geburtsort

....
Adresse

....
Telefon, Telefax, E-Mail

Falls die vorstehende Person nicht zum Betreuer oder zur Betreuerin bestellt werden kann, soll folgende Person bestellt werden:

1. ....
Name, Vorname

....
Geburtsdatum, Geburtsort

....
Adresse

....
Telefon, Telefax, E-Mail

2. ....
Name, Vorname

....
Geburtsdatum, Geburtsort

....
Adresse

....
Telefon, Telefax, E-Mail

Auf keinen Fall soll zum Betreuer/zur Betreuerin bestellt werden:

1. ....
Name, Vorname

....
Geburtsdatum, Geburtsort

....
Adresse

2. ....
Name, Vorname

....
Geburtsdatum, Geburtsort

....
Adresse

❑ Ich habe eine Patientenverfügung verfasst, die sich an folgendem Ort befindet:

....

❑ Ich habe eine Vorsorgevollmacht erstellt, die sich an folgendem Ort befindet:

....

Zur Wahrnehmung meiner Angelegenheiten durch den Betreuer/die Betreuerin habe ich folgende Wünsche:

1. Wünsche zu Gesundheit und Pflege

....

....

2. Verwendung von Vermögenswerten

....

....

3. Regelung zum Aufenthalt

....

....

4. Sonstige Wünsche

....

....

Die obigen Angaben habe ich im Vollbesitz meiner geistigen Kräfte gemacht.

....
Ort, Datum, Unterschrift

Zeuge

....
Name, Vorname

....
Adresse

....
Beruf, Bezug zum Ersteller der Betreuungsverfügung

....
Telefon, Telefax, E-Mail

Ich bestätige hiermit, dass der/die Verfügende die Regelung im Bewusstsein ihrer Bedeutung vorgenommen hat und dabei keine Zweifel an seiner/ihrer Geschäftsfähigkeit bestanden haben.

....
Ort, Datum, Unterschrift

Patientenverfügung

✪ Patientenverfügung

Eingangsformel

Ich

....
Name, Vorname

geboren am .... in ....

wohnhaft in ....

bestimme hiermit für den Fall, dass ich meinen Willen nicht mehr bilden oder verständlich äußern kann:

Situationen, für die diese Verfügung gelten soll

❏ unmittelbarer Sterbeprozess
Die Lebenskraft nimmt innerhalb kurzer Zeit schnell ab, die Kommunikation verläuft nur noch schwer oder gar nicht mehr.

❏ Endstadium einer lebensgefährdenden und tödlich verlaufenden Erkrankung
Der kommende Tod scheint unaufhaltsam. Ein Organversagen bahnt sich an oder die Therapie hat versagt oder wurde wegen der Nebenwirkungen abgebrochen.

❏ schwere Gehirnschädigung (sowohl direkt durch Unfall, Schlaganfall, Entzündung als auch indirekt durch Sauerstoffunterversorgung des Gehirns nach Herzstillstand, Wiederbelebung, Schock, Lungenversagen)
Es ist möglich, dass in solchen Situationen die Fähigkeit zu Empfindungen erhalten ist und dass ein Aufwachen aus diesem Zustand nicht ganz sicher auszuschließen, aber unwahrscheinlich ist. In seltenen Fällen können sich bei Wachkoma-Patienten nach mehreren Jahren noch günstige Entwicklungen einstellen.

❏ weit fortgeschrittener Gehirnabbauprozess (z.B. bei Demenz)
Im Verlauf der Erkrankung werden die Patienten zunehmend unfähiger, Einsichten zu gewinnen und mit ihrer Umwelt verbal zu kommunizieren, während die Fähigkeit zu Empfindungen erhalten bleibt. Im Spätstadium erkennt der Kranke selbst nahe Angehörige nicht mehr und ist schließlich auch nicht mehr in der Lage, trotz Hilfestellung Nahrung

und Flüssigkeit auf natürliche Weise zu sich zu nehmen. Die sozialen Fähigkeiten sind erloschen.

❏ schwere, langfristige Pflegebedürftigkeit
Essen und trinken sind auch mit Unterstützung nicht mehr möglich. Eine Magensonde und ein Flüssigkeitstropf sind unumgänglich zur Erhaltung grundsätzlicher Lebensfunktionen.

❏ andere lebensgefährdende medizinische Situationen, die mit einer Einwilligungsunfähigkeit einhergehen:

....

Festlegungen zu Einleitung, Umfang oder Beendigung bestimmter ärztlicher Maßnahmen

Lebenserhaltende Maßnahmen
In den oben genannten und hier beschriebenen Situationen:
❏ Sterbeprozess ❏ Endphase einer tödlich verlaufenden Erkrankung
❏ Gehirnschädigung ❏ Demenz ❏ schwere Pflegebedürftigkeit ❏ andere Situation:

....

wünsche ich,
❏ dass alles medizinisch Mögliche und Sinnvolle getan wird, um mich am Leben zu erhalten,

....
oder
❏ dass alle lebenserhaltenden Maßnahmen unterlassen werden. Hunger und Durst sollen auf natürliche Weise gestillt werden, gegebenenfalls mit Hilfe bei der Nahrungs- und Flüssigkeitsaufnahme. Ich wünsche fachgerechte Pflege von Mund und Schleimhäuten sowie menschenwürdige Unterbringung, Zuwendung, Körperpflege und das Lindern von Schmerzen, Atemnot, Übelkeit, Angst, Unruhe und anderen belastenden Symptomen.

....

Schmerz- und Symptombehandlung

In den oben genannten und hier beschriebenen Situationen:
❑ Sterbeprozess ❑ Endphase einer tödlich verlaufenden Erkrankung
❑ Gehirnschädigung ❑ Demenz ❑ schwere Pflegebedürftigkeit ❑ andere Situation:

....

wünsche ich eine fachgerechte Schmerz- und Symptombehandlung,
❑ aber ohne bewusstseinsdämpfende Wirkungen,
oder
❑ wenn alle sonstigen medizinischen Möglichkeiten zur Schmerz- und Symptomkontrolle versagen, auch Mittel mit bewusstseinsdämpfenden Wirkungen zur Beschwerdelinderung.
❑ Die unwahrscheinliche Möglichkeit einer ungewollten Verkürzung meiner Lebenszeit durch schmerz- und symptomlindernde Maßnahmen nehme ich in Kauf.

Künstliche Ernährung und Flüssigkeitszufuhr

Das Stillen von Hunger und Durst als subjektive Empfindungen gehört zu jeder lindernden Therapie. Viele schwer kranke Menschen haben allerdings kein Hungergefühl; dies gilt praktisch ausnahmslos für Sterbende und wahrscheinlich auch für Wachkoma-Patientinnen oder -Patienten. Das Durstgefühl ist bei Schwerkranken zwar länger als das Hungergefühl vorhanden, aber künstliche Flüssigkeitsgabe hat nur sehr begrenzten Einfluss darauf.

In den oben genannten und hier beschriebenen Situationen:
❑ Sterbeprozess ❑ Endphase einer tödlich verlaufenden Erkrankung
❑ Gehirnschädigung ❑ Demenz ❑ schwere Pflegebedürftigkeit ❑ andere Situation:

....

wünsche ich,
❑ dass eine künstliche Ernährung und Flüssigkeitszufuhr begonnen oder weitergeführt wird, wenn damit mein Leben verlängert werden kann,
oder
❑ dass eine künstliche Ernährung und/oder eine künstliche Flüssigkeitszufuhr zur Beschwerdelinderung und nicht zur Lebensverlängerung erfolgen soll
oder
❑ dass keine künstliche Ernährung, unabhängig von der Form der künstlichen Zuführung der Nahrung (z.B. Magensonde durch Mund, Nase oder Bauchdecke, venöse Zugänge), und keine künstliche Flüssigkeitszufuhr erfolgen.

Wiederbelebung

Viele medizinische Maßnahmen können sowohl Leiden vermindern als auch Leben verlängern. Das hängt von der jeweiligen Situation ab. Wiederbelebungsmaßnahmen sind nicht leidensmindernd, sondern dienen der Lebenserhaltung. Gelegentlich kann es im Rahmen von geplanten medizinischen Eingriffen (z. B. Operationen) zu kurzfristigen Problemen kommen, die sich durch Wiederbelebungsmaßnahmen ohne Folgeschäden beheben lassen.

In den oben genannten und hier beschriebenen Situationen:

❏ Sterbeprozess ❏ Endphase einer tödlich verlaufenden Erkrankung
❏ Gehirnschädigung ❏ Demenz ❏ schwere Pflegebedürftigkeit ❏ andere Situation:

....

wünsche ich

❏ Versuche der Wiederbelebung

oder

❏ die Unterlassung von Versuchen der Wiederbelebung.

❏ dass eine Notärztin oder ein Notarzt nicht verständigt wird bzw. im Fall einer Hinzuziehung unverzüglich über meine Ablehnung von Wiederbelebungsmaßnahmen informiert wird.

Nicht nur in den oben beschriebenen Situationen, sondern in allen Fällen eines Kreislaufstillstands oder Atemversagens

❏ lehne ich Wiederbelebungsmaßnahmen ab

oder

❏ lehne ich Wiederbelebungsmaßnahmen ab, sofern diese Situationen nicht im Rahmen ärztlicher Maßnahmen (z. B. Operationen) unerwartet eintreten.

Künstliche Beatmung

In den oben genannten und hier beschriebenen Situationen:

❏ Sterbeprozess ❏ Endphase einer tödlich verlaufenden Erkrankung
❏ Gehirnschädigung ❏ Demenz ❏ schwere Pflegebedürftigkeit ❏ andere Situation:

....

wünsche ich

❏ eine künstliche Beatmung, falls dies mein Leben verlängern kann,

oder

❏ dass keine künstliche Beatmung durchgeführt bzw. eine schon eingeleitete Beatmung eingestellt wird, unter der Voraussetzung, dass ich Medikamente zur Linderung der Luftnot erhalte. Die Möglichkeit einer Bewusstseinsdämpfung oder einer ungewollten Verkürzung meiner Lebenszeit durch diese Medikamente nehme ich in Kauf.

Dialyse

In den oben genannten und hier beschriebenen Situationen:
❑ Sterbeprozess ❑ Endphase einer tödlich verlaufenden Erkrankung
❑ Gehirnschädigung ❑ Demenz ❑ schwere Pflegebedürftigkeit ❑ andere Situation:

....

wünsche ich
❑ eine künstliche Blutwäsche (Dialyse), falls dies mein Leben verlängern kann,
oder
❑ dass keine Dialyse durchgeführt bzw. eine schon eingeleitete Dialyse eingestellt wird.

Antibiotika

In den oben genannten und hier beschriebenen Situationen:
❑ Sterbeprozess ❑ Endphase einer tödlich verlaufenden Erkrankung
❑ Gehirnschädigung ❑ Demenz ❑ schwere Pflegebedürftigkeit ❑ andere Situation:

....

wünsche ich
❑ Antibiotika, falls dies mein Leben verlängern kann,
oder
❑ Antibiotika nur zur Beschwerdelinderung
oder
❑ keine Antibiotika.

Blut/Blutbestandteile

In den oben genannten und hier beschriebenen Situationen:
❑ Sterbeprozess ❑ Endphase einer tödlich verlaufenden Erkrankung
❑ Gehirnschädigung ❑ Demenz ❑ schwere Pflegebedürftigkeit ❑ andere Situation:

....

wünsche ich
❑ die Gabe von Blut oder Blutbestandteilen, falls dies mein Leben verlängern kann,
oder
❑ die Gabe von Blut oder Blutbestandteilen nur zur Beschwerdelinderung
oder
❑ keine Gabe von Blut oder Blutbestandteilen.

Wünsche zu Ort und Begleitung
Ich möchte
❏ zum Sterben ins Krankenhaus verlegt werden
oder
❏ wenn möglich zu Hause bzw. in vertrauter Umgebung sterben
oder
❏ wenn möglich in einem Hospiz sterben.

Ich möchte
❏ Beistand durch folgende Personen:

....

....

❏ Beistand durch eine Vertreterin oder einen Vertreter folgender Kirche oder Weltanschauungsgemeinschaft:

....

❏ Beistand durch einen überkonfessionellen Sterbehelfer.

Kommunikation und Aufhebung der ärztlichen Schweigepflicht
❏ Ich entbinde meine Ärzte von der Schweigepflicht gegenüber folgenden Personen:

....

....

❏ Falls der Zeitpunkt meines Todes absehbar ist, möchte ich mich von meinen Angehörigen und Freunden verabschieden. Ich bitte, diese Personen zu benachrichtigen:

....

....

Aussagen zur Verbindlichkeit, zur Auslegung und Durchsetzung und zum Widerruf der Patientenverfügung

❏ Der in meiner Patientenverfügung geäußerte Wille zu bestimmten ärztlichen und pflegerischen Maßnahmen soll von den behandelnden Ärztinnen und Ärzten und dem Behandlungsteam befolgt werden. Mein(e) Vertreter(in) soll dafür Sorge tragen, dass mein Patientenwille durchgesetzt wird.

❏ In Lebens- und Behandlungssituationen, die in dieser Patientenverfügung nicht konkret geregelt sind, ist mein mutmaßlicher Wille möglichst im Konsens aller Beteiligten zu ermitteln. Dafür soll diese Patientenverfügung als Richtschnur maßgeblich sein. Bei unterschiedlichen Meinungen über anzuwendende oder zu unterlassende ärztliche/pflegerische Maßnahmen soll der Auffassung folgender Person besondere Bedeutung zukommen:
❏ meiner/meinem Bevollmächtigten ❏ meiner Betreuerin/meinem Betreuer
❏ der behandelnden Ärztin/dem behandelnden Arzt ❏ dieser Person: ....

❏ Wenn die behandelnden Ärztinnen und Ärzte und mein(e) Bevollmächtigte(r)/Betreuer(in) aufgrund meiner Gesten, Blicke oder anderer Äußerungen die Auffassung vertreten, dass ich entgegen den Festlegungen in meiner Patientenverfügung doch behandelt oder nicht behandelt werden möchte, dann ist möglichst im Konsens aller Beteiligten zu ermitteln, ob die Festlegungen in meiner Patientenverfügung noch meinem aktuellen Willen entsprechen. Bei unterschiedlichen Meinungen soll in diesen Fällen der Auffassung folgender Person besondere Bedeutung zukommen:
❏ meiner/meinem Bevollmächtigten ❏ meiner Betreuerin/meinem Betreuer
❏ der behandelnden Ärztin/dem behandelnden Arzt ❏ dieser Person: ....

Hinweise auf weitere Vorsorgeverfügungen

❏ Ich habe zusätzlich zur Patientenverfügung eine Vorsorgevollmacht für Gesundheitsangelegenheiten erteilt und den Inhalt dieser Patientenverfügung mit der von mir bevollmächtigten Person besprochen:

....
Name, Anschrift, Telefon/Telefax/E-Mail

❏ Ich habe eine Betreuungsverfügung zur Auswahl der Betreuerin oder des Betreuers erstellt und den Inhalt dieser Patientenverfügung mit der/dem Betreuerin/Betreuer besprochen).

....
Name, Anschrift, Telefon/Telefax/E-Mail

Wertevorstellungen
❏ Zum Verständnis meiner Wertevorstellungen habe ich einen Anhang beigefügt.

Organspende
❏ Ich stimme einer Entnahme meiner Organe nach meinem Tod zu Transplantationszwecken zu.
❏ Ich habe einen Organspendeausweis ausgefüllt.

Komme ich nach ärztlicher Beurteilung bei einem sich abzeichnenden Hirntod als Organspender in Betracht und müssen dafür ärztliche Maßnahmen durchgeführt werden, die ich in meiner Patientenverfügung ausgeschlossen habe, dann
❏ geht die von mir erklärte Bereitschaft zur Organspende vor.
❏ gehen die Bestimmungen in meiner Patientenverfügung vor.

Oder:
❏ Ich lehne eine Entnahme meiner Organe nach meinem Tod zu Transplantationszwecken ab.

Schlussformel
❏ Soweit ich bestimmte Behandlungen wünsche oder ablehne, verzichte ich ausdrücklich auf eine weitere ärztliche Aufklärung.

Schlussbemerkungen
❏ Mir ist die Möglichkeit der Änderung und des Widerrufs einer Patientenverfügung bekannt.
❏ Ich bin mir des Inhalts und der Konsequenzen meiner darin getroffenen Entscheidungen bewusst.
❏ Ich habe die Patientenverfügung in eigener Verantwortung und ohne äußeren Druck erstellt.
❏ Ich bin im Vollbesitz meiner geistigen Kräfte.

....
Ort, Datum, Unterschrift

Beratung
Ich habe mich vor der Erstellung dieser Patientenverfügung beraten lassen durch:

....

....

Ärztliche Aufklärung

Der Arzt meines Vertrauens/mein Hausarzt ist:

....
Titel, Vorname, Name

....
Adresse

....
Telefon, E-Mail-Adresse

Herr/Frau

wurde von mir am ....
bezüglich der möglichen Folgen dieser Patientenverfügung aufgeklärt.

....
Datum, Unterschrift, Stempel der Ärztin/des Arztes

Bestätigung der Einwilligungsfähigkeit durch Arzt oder Notar

Die Einwilligungsfähigkeit kann durch den Arzt oder auch einen Notar bestätigt werden. Dies ist aber nicht notwendig.

Hiermit bestätige ich

....

....

dass Herr/Frau

....

sich über den Inhalt der Patientenverfügung und deren Konsequenzen bewusst ist.
Er ist in vollem Umfang einwilligungsfähig.

....
Ort, Datum, Unterschrift

Aktualität

❑ Diese Patientenverfügung gilt so lange, bis ich sie widerrufe.
❑ Diese Patientenverfügung soll

❑ nach Ablauf von ....

❑ bis zum ....

ihre Gültigkeit verlieren, es sei denn, dass ich sie durch meine Unterschrift erneut bekräftige.

....
Ort, Datum, Unterschrift

Um meinen in der Patientenverfügung niedergelegten Willen zu bekräftigen, bestätige ich diesen nachstehend
❑ in vollem Umfang.

....

❑ mit folgenden Änderungen:

....

....

....

....
Ort, Datum, Unterschrift

Regelmäßige Aktualisierung

Die Glaubwürdigkeit der Aussagen und Festlegungen in dieser Verfügung werden regelmäßig durch eine datierte Unterschrift bestätigt und in ihrer Aussagekraft durch gegenwärtige Erfahrungen und Lebensumstände ergänzt.
Hinweise auf Gespräche mit dem Hausarzt, gerade bei Veränderungen des Gesundheitszustandes, oder mit der Familie und anderen Vertrauenspersonen können im Notfall mit einbezogen werden.

Ort	Datum	Unterschrift	Bemerkung

Ansprechpersonen

Falls in kritischen Situationen eine Anhörung meiner Angehörigen und anderer Vertrauenspersonen nötig sein sollte, soll dieser Person oder diesen Personen Gelegenheit zur Äußerung gegeben werden, falls dies ohne zeitlichen Verzug möglich ist.

....
Name, Vorname, Geburtsdatum

....
Adresse, Telefon, Messenger, E-Mail

....
Name, Vorname, Geburtsdatum

....
Adresse, Telefon, Messenger, E-Mail

Folgende Person(en) soll(en) bei einer Entscheidung nicht mit einbezogen werden:

....
Name, Vorname, Adresse

....
Name, Vorname, Adresse

....

Persönliche Ergänzungen zur meiner Patientenverfügung

Ich ....
Name, Vorname, Adresse

(Meine Einstellungen zu Leben und Tod, religiöse Motive und Überzeugungen, gegenwärtige Lebenserfahrungen, Krankheitszustand, Überlegungen zu möglichen medizinischen Maßnahmen und persönlichen Grenzen für eine lebensverlängernde Behandlung ...)

....

....

....

....

....

....

....

....

....

....

....

....

Ort, Datum, Unterschrift ....

Persönliche Ergänzungen zur meiner Patientenverfügung

Ich ....
Name, Vorname, Adresse

(Meine Einstellungen zu Leben und Tod, religiöse Motive und Überzeugungen, gegenwärtige Lebenserfahrungen, Krankheitszustand, Überlegungen zu möglichen medizinischen Maßnahmen und persönlichen Grenzen für eine lebensverlängernde Behandlung ...)

....

....

....

....

....

....

....

....

....

....

....

....

Ort, Datum, Unterschrift ....